SYSTEM

DES

IN DEUTSCHLAND GELTENDEN

KIRCHENRECHTS

VON

FRIEDRICH BLUHME,

DOCTOR BEIDER RECHTE UND DER THEOLOGIE, KÖNIGLICHEM GEHEIMEN JUSTIZRATH UND ORDENTLICHEM PROFESSOR DER RECHTE, ORDINARIUS DES SPRUCHCOLLEGIUMS DER JURISTENFACULTÄT ZU BONN.

ZWEITE VERBESSERTE AUSGABE.

BONN

BEI ADOLPH MARCUS

1868.

ENCYCLOPAEDIE

DER

IN DEUTSCHLAND GELTENDEN

RECHTE.

DRITTE ABTEILUNG.

DAS ÖFFENTLICHE RECHT.

VON

DR. FRIEDRICH BLUHME.

ZWEITE LIEFERUNG.

ZUR ZWEITEN UND DRITTEN AUSGABE GEHÖRIG.

BONN

BEI ADOLPH MARCUS

1868.

SYSTEM

DES

IN DEUTSCHLAND GELTENDEN

KIRCHENRECHTS

VON

FRIEDRICH BLUHME,

DOCTOR BEIDER RECHTE UND DER THEOLOGIE, KÖNIGLICHEM GEHEIMEN JUSTIZ-RATH UND ORDENTLICHEM PROFESSOR DER RECHTE, ORDINARIUS DES SPRUCHCOLLEGIUMS DER JURISTENFACULTÄT ZU BONN.

ZWEITE VERBESSERTE AUSGABE.

BONN

BEI ADOLPH MARCUS

1868.

SEINER KÖNIGLICHEN HOHEIT

DEM KRONPRINZEN

FRIEDRICH WILHELM

IM ANDENKEN

AN

FRÜHER GESTATTETE VORTRÄGE

EHRFURCHTSVOLL

GEWIDMET.

Inhaltsübersicht.

Quellen und Literatur.

I. Kanonisches Recht.

Ueber die Quellen s. Encyclopädie Buch I, §. 112...119. – Die selbständige Quellen- und Literargeschichte von Doujat (praenotiones canonicae 678, zulezt 776...79) ist weder durch Glück's praecognita (786) noch durch Bickell's gründliche, aber leider unvollendet gebliebene Geschichte des Kirchenrechts (843. 849) entbehrlich geworden. Das Wesentlichste findet sich reichhaltig verarbeitet in den nachbenanten Lehrbüchern von Walter, Richter, Schulte.

II. Gemeines deutsches Kirchenrecht.

1. Just. Henning Böhmer († 1749) Ius ecclesiasticum protestantium. Halae 714..736. ed. IV. 738. ed. V. 756...89. 5 Quartbde, gewöhnlich mit dem Ius parochiale desselben Verfassers zusammengebunden.
2. G. Wiese († 1824) Handbuch des gemeinen in Teutschland üblichen Kirchenrechts. 799...804. 3 Bde.
3. Ferd. Walter Lehrbuch des KR. aller christlichen Confessionen. 822. ed. IX. 842. X. 846. XI. 854. XII. 856. XIII. 861.
4. K. F. Eichhorn († 1854) Grundsäze des Kirchenrechts der katholischen u. evangelischen Religionspartei in Deutschland. 831. 33. 2 Bde.
5. Aemil. Lud. Richter († 1864) Lehrbuch des katholischen und evangelischen Kirchenrechts mit besonderer Rüksicht auf deutsche Zustände. 842. 844. 848. 853. 858. ed. VI von Dove 867.
6. Aem. Richter Geschichte der evangel. Kirchenverfassung in Deutschland. 851.
7. Otto Mejer Institutionen des gemeinen deutschen Kirchenrechts. 845. Zweite Ausg. 856.

8.9. Die zwiefachen Werke (Lehrbuch und System) von Phillips (1845—1864, noch unvollendet) und Schulte (1856...1868) beschränken sich auf das katholische Kirchenrecht; für Phillips scheinen auch die von Schulte sorgsam berüksichtigten Bearbeitungen durch akatholische Juristen kaum zu existiren.

10. Fri. Kunstmann Grundzüge eines vergleichenden Kirchenrechts der christlichen Confessionen. München 867.

III. Deutsche Territorialkirchenrechte.

Allgemeine Quellensamlungen:

11. Ferd. Walter fontes iuris ecclesiastici antiqui et moderni. 862.
12. Aem. Richter die evangelischen Kirchenordnungen des sechzehnten Jahrhunderts. 846. 2 Bde. 4.
13. R. W. Dove Samlung der wichtigsten neuen Kirchenordnungen u. s. w. des evangelischen Deutschlands. 865.
14. Moser allg. Kirchenblatt für das evangel. Deutschland seit 1853 (enthält nur amtliche Mitteilungen).

A. PREUSSEN.

I. Allgemeines Landeskirchenrecht.

Quellen: Allg. Landrecht für die preussischen Staaten Th. II Tit. 1 (Eherecht) Tit. 11 (Kirchen und geistliche Gesellschaften) Tit. 12 (Schulrecht). vgl. Richter Beiträge S. 12...20.

Militärkirchenordnung vom 12. Februar 1832 (Vogt II, 189...205).

Kirchenordnung f. d. evgl. Gemeinden d. Prov. Westphalen u. d. Rheinprovinz v. 5. März 1835. (Neueste Ausg. v. Bluhme, 867.) — Grundzüge einer Gemeindeordnung f. d. evgl. Gemeinden der östlichen Provinzen v. 29. Juni 1850 (Aktenstücke 851 S. 1 ff.) u. Kreissynodalordngen v. 1861. 1862.

Verfassungsurkunde v. 31. Jan. 1850 Art. 12...19.

Quellensamlungen:

15. Mittheilungen aus d. Vwaltg. der geistl. und Unterrichts-Angelegenheiten in Pr. 847. 848.
16. Aktenstücke aus der Vwaltg. des Ministeriums d. geistl. Angel. für d. inneren evangel. Ksachen, v. 26. Jan. 1849 bis 11. Juni 1850.

17. Aktenstücke aus d. Vwaltg. des evgel. Oberkirchenraths. 850 ff., bisher 17 Hefte in 6 Bänden.
18. Fürstenthal Samlung aller das Kirchen- und Schulwesen betr. Geseze 838...844. 4 Bde. und Nachtrag.
19. Ad. Hecker Handbuch der kirchl. Gesezgebung Preussens. 846. 2 Bde.
20. Polykarp Jos. Vogt Kirchen- und Eherecht der Katholiken und Evangelischen in den Pr. Staaten. Breslau 856. 857. 2 Bde.
21. Albr. Altmann Praxis der Preuss. Gerichte in Kirchen- Schul- und Ehesachen (alphabetisch). 862.
22. Aem. L. Richter Beiträge zum Preuss. Kirchenrechte. Aus dessen Nachlass herausgegeben v. Hinschius. 865.

Bearbeitungen:

23. K. G. Boche der preussische legale evangelische Pfarrer. Halle 830. 836. 852. ed. IV. von W. Altmann und A. Altmann. 867 ff.
24. C. A. Laspeyres Geschichte und heutige Verfassung der kathol. Kirche Preussens. Bd. I. 840.
25. L. v. Rönne Staatsrecht d. preuss. Monarchie. Bd. I. 856. S. 638...696.
26. H. F. Jacobson das evangel. Kirchenrecht des preuss. Staates. 864. 866. 2 Bde.

2. Preussische Provinzialkirchenrechte.

27. v. Kamptz die Provinzial- und statutarischen Rechte der preussischen Monarchie. 1826...1828. III Bde. vgl. Jacobson (num. 26) Abth. I. S. 31...104.

PROVINZ PREUSSEN, POSEN.

28. H. F. Jacobson Geschichte der Quellen des Kirchenrechts des preussischen Staats. Th. I: die Provinzen Preussen und Posen. 837. 2 Bde.
29. J. C. F. Borck (Lorkowski, Oesterreich) Handbuch über die Kirchen- und Schul-Gesezgebung im Pr. St., mit besonderer Berüksichtigung der Prov. Preussen. 844. 2 Bde.

SCHLESIEN.

30. J. G. Worbs die Rechte der evangel Gemeinden in Schlesien an Kirchen und Kirchengütern. Sorau 825.

BRANDENBURG.

31. v. Mühler Geschichte der evangelischen Kirchenverfassung der Mark Brandenburg. 846.

SACHSEN.

32. J. F. Ehrhardt der evangelische Geistliche im Pr. Staat mit bes. Hinsicht auf die Provinz Sachsen. 847. ed. III. 855.

WESTFALEN UND RHEINLAND.

33. Max Goebel Geschichte des christlichen Lebens in der rheinisch-westphälischen evangelischen Kirche. Bd. II. 1852.
34. P. J. Hermens Handbuch der gesamten Staatsgesezgebung über den christl. Kultus in den Preuss. Provinzen am linken Rheinufer. 833...852. 4 Bde.
35. Jacobson Geschichte der Quellen des evangelischen Kirchenrechts der Provinzen Rheinland und Westfalen, nebst Urkundensamlung von ungedrukten Gesezen. 844. 2 Bde.

NASSAU.

36. J. W. Otto Handbuch des Kirchenrechts der evang. Kirche in Nassau. Nürnberg 828, mit Zusäzen 832.

HESSEN-CASSEL.

37. Konr. W. Ledderhose Anleitung zum Hessenkassel. KR. 785. Neu bearb. von Chr. Hartm. Pfeiffer. 821.
38. J. W. Bickell und H. Hupfeld über die Reform der protestantischen Kirchenverfassung in Kurhessen. 831.
39. G. L. Büff kurhess. Kirchenrecht, mit Rüksicht auf Ledderhose. 861.

HANNOVER.

Neueste Quellen: Göttinger Convention der conföderirten niedersächsischen Gemeinden v. 14. Sept. 1839 (Dove S. 312). — Gesez über Kirchen- und Schulvorstände v. 14. Oct. 1848, mit Zugaben 1864. — Kirchenvorstands- und Synodalordnung v. 9. Oct. 1864. (Dove S. 63.)

40. J. K. Fürchteg. Schlegel kurhann. KR. 801...806. 5 Bde.
41. E. Spangenberg das Territorial-KR. im Kgr. Hannover, in Lippert's Annalen Heft 2...4.
42. Chr. Herm. Ebhardt Geseze f. d. Königr. Hannover von

813...839. Bd. IV S. 1...493, und f. d. Bezirk des Consistoriums zu Hannover 845. 2 Bde.

Otto Mejer Institutionen (oben num. 7).

43. (Hugues) zur Orientirung über die Zustände, Hofnungen und Bedürfnisse der reform. K. im Kgr. Hannover. 857.

44. F. Brandes zur Wiedervereinigung der beiden evangelischen Kirchen. Fünf Reden. 868.

SCHLESWIG-HOLSTEIN-LAUENBURG.

45. Matthiae Beschreibung der Kirchenverfassung in Schleswig und Holstein. Flensburg 778. 786. 2 Bde.

46. N. Falck Handbuch des Schlesw.-Holst. Privatrechts. Bd. III Abth. 2 S. 676...760. vgl. Mejer (num. 7) §. 64, 7. §. 84, 9.

WALDECK und PYRMONT.

Quellen: Consistorialordnung v. 2. März 1853. — Superintendenturordnung v. 10. Sept. 1853. (Moser Kirchenblatt 1854 num. 6.) — Gemeindeordnung f. d. evgl. K. v. 1. Aug. 1857. (Moser 1857 S. 409...422. 1864 S. 165 f.)

47. G. Curtze Geschichte der ev. Kvfssg. im F. Waldeck. 850.

48. Desselben kirchl. Gesezgebung des F. Waldeck. 851.

B. ÜBRIGE DEUTSCHE STAATEN.

Vgl. Mejer (num. 7) §. 63. 64. 84.

ANHALT.

49. C. Fr. Arndt Handbuch der im Herz. Anhalt-Dessau geltenden gesezl. Vorschriften, welche das Kirchen- und Schulwesen betr. 837.

BADEN.

Quellen: Gesez v. 9. Oct. 1860, die rechtl. Stellung der Kirchen im Staate betr. (Walter S. 405). — Verfassg. der vereinigten evgl. K. v. 5. Sept. 1861 (Walter S. 411, Dove S. 148).

50. Jos. Ant. Sauter fundamenta iuris eccl. cath. 805...816, in der dritten Ausg. (825. 826. 6 Voll.) besonders auf Baden bezüglich.

51. Das kath. Kirchenrecht in Baden. Eine Saml. u. s. w. Freib. 839.

52. P. L. Roman Versuch eines badischen evang. luth. KR. 806.

53. Jac. Hei. Riegger Saml. von Gesezen üb. d. evgl. Kirchen- Schul- Ehe- und Armenwesen in B. seit 1806. 833 ff. 7 Bde.

54. Longner die Rechtsverhältnisse der Bischöfe in der oberrhein. Kprovinz. 840 (umfast auch Württemberg, Hessen, Nassau und Frankfurt).
55. Streitschriften über die kath. Zustände (841. Nebenius 842), über die gemischten Ehen und das Kirchenhoheitsrecht (848), über die Forderungen des Episcopats seit d. 21. März 1848.
56. L. A. Warnkönig über den Conflict des Episcopats der oberrheinischen Kirchenprovinz mit den Landesregierungen. 853.
57. Longner Beiträge z. Gesch. d. oberrh. Kprovinz. 863.

BAYERN.

Quellen (Walter S. 204 ff., Dove S. 92 ff.):
58. Andr. Müller Repertorium der landesherrl. Verordnungen in Kirchensachen u. s. w., nebst den würzburgischen bis 1829 erschienenen Diöcesanverordnungen. Augsb. 829. 2 Bde.
59. G. F. Döllinger Saml. der im Gebiete der inneren Staatsverwaltung des Königr. Bayern bestehenden Verordnungen. Bd. VIII. Abth. 1...3. München 838 ff. –
60. (Berthold) Handbuch des bayer. KR. Insbruk 811. 2 Bde
61. C. A. Gründler das im K. Bayern geltende KirchenR. 839.
62. v. Dobeneck systemat. Zusammenstellung der geltenden allg. Bestimmungen für die protestant. Kirche im Königr. Bayern. 844.
63. Mich. Permaneder Handbuch des gemeingültigen kathol. KR., insbesondere Bayerns. 846. 2 Bde. Dritte Ausg. 857.

Aeltere Systeme des gemeinen K.R. mit besond. Rüksicht auf Bayern: Schenkl (786...853), Gärtner (817), Brendel (823...840).
64. Karl Fürst von Oettingen-Wallerstein Beiträge zum bayrischen Kirchen-Staatsrechte. 846.
65. Fr. Hommel Recht der Kirche, Union und die bayrisch-protestantische Landeskirche. 853.
66. G. Henner die kathol. Kirchenfrage in B. 854.
67. F. A. Aull Handbuch über die Verwaltung des Kvermögens in B. 855.
68. H. Wand Handbuch der Verfassung u. Verwaltg. der evgl. Kirche der Pfalz. 859.

BRAUNSCHWEIG.

Gesez v. 30. Novbr. 1851, betr. die Errichtung von Kirchenvorständen in den evang. Gemeinden. (Moser 1855. S. 60...64; Dove S. 276); vgl. Mejer (num. 7) §. 64. 84.

69. Jo. Chr. Stübner histor. Beschreibung der Kvfassung in den Br. Landen seit der Reformation. Goslar 800. 2 Bde.
70. F. A. Ludewig die Kirchenverfassung im Herzogth. Br. 834.

FREIE HANSESTÄDTE.

Quellen: Lübek: Reformirte KOrdng 1825, lutherische (Moser 1861 S. 73...83, Dove S. 293) 1860.
71. J. G. Thumsener Ansichten von Kirchengewalt, ius circa sacra u. s. w. in Hinsicht auf Bremen. 837.
72. Ueber Hamburg: Rheinwald's Repertorium Bd. VI. S. 121 ff.
73. N. A. Westphalen Geschichte des Entwurfs der hamburgischen KOrdnung von 1710. Hamburg 846.
74. H. Sengelmann die Gegenwart der evgl. luth. Kirche Hamburgs, dargestellt aus ihrer Vergangenheit. 862.

HESSEN-DARMSTADT.

Quellen: Edict, die Organisation der Behörden für die evgl. K.Angelegenheiten betr., vom 6. Juni 1832 (Moser 853. S. 403 ff.). — Diöcesanstatuten für das Bistum Maynz 1837.
75. Ern. Zimmermann Verfassung der K. und Schule im Grosh. Hessen. 832.
76. Schumann Saml. der das K. und Schulwesen betr. landesherrl. u. bischöflichen Verordnungen und Erlasse. Mainz 840.
77. W. Köhler († 1847) Handbuch d. kirchl. Gesezgebung des Gr. Hessen. Bd. I. 847. — Es solten noch 4 bis 5 Bände folgen.
78. F. Fr. Fertsch (Prof. in Friedberg) Handb. des bes. KR. der evang. K. im Gr. Hessen. 853.

MEKLENBURG.

Quellen: Revidirte KOrdng, neu abgedrukt 855. 4. — H. J. F. Gesenius kirchl. Gesezsamlg von 1797...1847. 839. 847. 2 Hefte.
79. (F. W. Casp. Siggelkow) Handb. des Meklenb. Kirchen- u. Pastoralrechts. 780. 83. 97. Fortgesezt von Ackermann, und als Gesezsamlung von Gesenius (s. oben).
80. (Deiters) Handbuch der im Grh. M. Schwerin gültigen Kirchengeseze. Wismar 836 ff. 4 Lieferungen.
81. Die katholische Religionsübung in M. Schwerin, geschichtlich und rechtlich. 852. vgl. Linde Gleichberechtigung u. s. w. 853.
82. O. Mejer Kirchenzucht u. Consistorial-Competenz nach Meklenb. Rechte. 854. vgl. Mejer (num. 7) §. 64. 84.

ÖSTERREICH.

Quellen: Codex iuris ecclesiastici Iosephini, oder Samlung aller geistl. Verordnungen unter der Regierung Josef's II. Frkf. (Presb.) 788. 89. 2 Bde. – Oesterr. bgl. Gesezbuch Th. I. Hauptst. 3. 4. — Concordat vom 18. Aug. 1855. – Verordng v. 9. April 1861, betr. d. Regelung der Angelegenh. der evgl. K. in den deutsch-slavischen Kronländern, modificirt als Kirchenverfassungsgesez vom 6. Januar 1866. (Dove Zeitschrift Jahrg. VI S. 337 f. 465 f. VII, 131 f.)

83. Schwerdling praktische Anwendung aller unter Leopold II. ... unter der Regierung Marien Theresiens und Josephs II. bis Franz I. in geistlichen Sachen ergangenen Verordnungen. Cilli 793. Wien 790. 816...829. 8 Bde.
84. Jo. Lud. v. Barth-Barthenheim Oesterreichs geist. Angelegenheiten in ihren politisch-administrativen Beziehungen. Wien 826. 827. 840. 843.
85. Kutschker Saml. der Verordnungen, nach welchen sich die Curatgeistlichkeit ... zu richten hat. Olmütz 847 ff. 4 Bde.
86. J. A. Mor. Brühl acta ecclesiastica, Concordate, Verträge u. sonstige kirchl. Urkunden. Abth. VI: Oesterreich. Frkf. 851.
87. G. Rechberger Handbuch des österr. KR. Linz 807. ed. III. v. Gapp. 816. 2 Bde. — Enchiridion iuris ecclesiastici austriaci. 809. 818. 19. ed. IV. 824. 2 Bde
88. A. W. Gustermann österr. KR. 807. ed. II. 812. 3 Bde.
89. Jos. Helfert († 1847) Rechte und Verfassung der Akatholiken in dem österr. Kaiserstaate. Wien 826. 827. 843.
90. Desselben Handbuch des KR. aus den gemeinen und österreich. Quellen zusammengestellt. 840. Mit neuem Titel als vierte Ausg. 849.
91. Th. Pachmann Lehrbuch des KR. mit Berüksichtigung der österreich, Verordnungen. 849. 853. 866. 3 Bde.
92. Karl Kuzmany (Prof. der practischen Theologie zu Wien) Lehrbuch des allgemeinen und österr. evangel. KR. Nebst Urkundenbuch. Wien 856. 2 Bde.
93. Moy de Sons († 1867) Archiv f. kath. KR. mit bes. Rüksicht auf Oesterreich. Insbruk seit 1857.
94. Gust. Porubszky die Rechte der Protestanten in Oest. Wien 867.

OLDENBURG.

Quellen: Revidirtes Verfassungsgesez der evangel.-luther. Kirche vom 11. April 1853 (Moser Kblatt 1853 num. 23. Dove S. 235. 325.).

95. H. G. Folte (Pastor) das geistl. Amt nach seinen verfasslichen Verhältnissen u. gesezl. Verpflichtungen in der Oldenb. Landeskirche. 857.

KÖNIGREICH SACHSEN.

Quellen: Mandat v. 19. Febr. 1827, die Verhältnisse der kath. K. betr. (Walter S. 444). — Regulativ v. J. 1845, die Ausübung d. weltl. Hoheitsrechte über d. kath. K. betr. — Entwurf einer Kvorstands- u. Synodal-Ordnung f. d. evgl.-luth. K. 1865.

Quellensamlungen: Corpus iuris eccles. saxonici (735) 773. Supplem. 784. 2 Bde. 4. — Codex des im Kgr. S. geltenden K. und Schulrechts, mit Einschluss des EheR. und des R. d. frommen Stiftungen. Im Auftrag des K. Ministeriums. Erste Ausg. v. W. Th. Richter, mit Suppl. von Ed. Schreyer. 840. 852. Zweite Ausg. v. Schreyer 1863. 4.

96. Bened. Carpzov († 1666) definitiones consistoriales s. iurisprudentia ecclesiastica. 649. 652. 665. 673. 685. 695. 708. 721. fol. Dazu Additiones von A. Beyer 718. fol. Synopsis von Paul. Baumann 683, ed. Jo. Chr. Starck. 722. 8.

97. Jul. Lud. Neubert Handbuch des im Kgr. S. u. d. Oberlausiz geltenden Kirchen- Ehe- und Schul-R. 837. 3 Bde.

98. Chr. Gottl. v. Weber systemat. Darstellung des im Kgr. S. geltenden KR. 819...29. 5 Bde. ed. II. 843...45. 2 Bde.

SÄCHSISCHE HERZOGTÜMER.

Kirchengemeinde-Ordnung f. Sachsen-Weimar-Eisenach v. 24. Juni 1851. 18. Juli 1856 (Moser 1857 S. 41...54. Dove S. 264).

99. J. A. G. Hoffmann Versuch einer Darstellung des in den sächs. Herzogthümern geltenden KR. 843.

100. Desselben Versuch einer Darstellung des in S. Weimar Eisenach geltenden protestantischen KR. 845.

101. Alex. Müller kirchenrechtl. Erörterungen mit besond. Beziehung auf S. Weimar. 823.

102. Fr. Teuscher Handb. des evang. K.R. im Grh. S. W. Eisenach. 848.

103. J. H. Gelbke Kirchen- u. Schulverf. des Herzogth. Gotha. 790...796. 4. 2 Bde.
104. E. Schaubach Uebersicht der im H. Meiningen erschienenen Geseze. 858.

WÜRTTEMBERG.

Neueste Quellen und Quellensamlungen:

Verordngen v. 25. Jan. 1851 und 18. Nov. 1854, betr. Einführung v. Pfarrgemeinderäthen und Diöcesan-Synoden (Dove S. 137).
105. Reyscher vollst. Samlung der württemb. Geseze Bd. 8. 9. (evgl. Kirche v. Eisenlohr) Bd. 10. (kath. K. v. Lang), 834 ff.
106. Samlung sämtlicher Geseze über die gegenseitigen Verhältnisse der Protestanten u. Katholiken in Württemberg. 844.

---

107. J. F. Reuchlin Repertorium für die Amtspraxis der luth. Geistlichkeit in W. 813. 2 Bde.
108. Darstellung der katholischen Kirche Würtembergs. 818.
109. C. C. Gaupp das bestehende Recht der evang. K. in Württ. 830...32. 2 Bde in 3 Abteilungen.
110. Maurer Uebersicht der für die kath. Geistl. in W. bestehenden Staats- u. Kirchen-Geseze. Wangen 831. Beilagen ibid.
111. Fr. Alb. Hauber (Prälat) Recht und Brauch der evangel. luth. K. in W. 854...858. 2 Bde.

IV. Auswärtige Territorialrechte.

A. SCHWEIZ.

Neueste Quellen: Organisation der evangel. Kirche des Kantons St. Gallen vom März 1862.
112. Steinmüller neue Jahrbücher für Kirchen- Schul- und Armenwesen der evgl. reform. Schweiz. St. Gallen 827 ff.
113. G. Finsler Statistik der reformirten Schweiz. Zürich 854.
114. J. Winkler Lehrbuch des KR. mit bes. Rüksicht auf die [kathol.] Schweiz. Luzern 862.

B. FRANKREICH.

115. L. de Héricourt lois ecclésiastiques de France. 719. 756. ed. Pinault 771. fol.
116. M. R. A. Henrion code ecclésiastique français d'apres les lois ecclésiastiques de d'Héricourt. ed. II. 829. 2 Voll.

117. Dupin libertés de l'eglise gallicane. 824.
118. Soulier statistique des églises reformées en France. 828.
119. Ed. Counitz considérations historiques sur le développement du droit ecclésiastique protestant en France. Strasburg 840.
120. Dupin manuel du droit public ecclésiastique français. ed. IV. 845.
121. G. de Champeaux le droit civil ecclésiastique français ancien et moderne dans ses rapports avec le droit canon et la législation actuelle. 848 f. 2 Voll.
122. Gaudry traité de la législation des cultes et spécialement du culte catholique en France. 854. 3 Voll.

C. BELGIEN.

123. Zeger Bernh. van Espen ius ecclesiasticum uniuersum. Louan. (Paris) 753...759. 5 Voll. fol. (Die Ausgaben von 1702 und 1708 sind unvollständig.) Magontiaci 791. 3 Voll.
124. Le Bon législation des paroisses en Belgique. ed. II. 812.
125. Otto Mejer die deutsche Kirchenfreiheit und die kathol. Partei. Mit Hinblik auf Belgien. 848.
126. Warnkönig über das Verhältnis der K. zum Staat in Belgien, in Ztschr. f. R.Wft des Auslandes Bd. 20 S. 47...71.

D. NIEDERLANDE.

127. H. Ludolf Benthem holländischer Kirch- und Schulen-Staat. 698. 2 Bde.
128. H. J. Roijards Kerkregt by de Hervormden in Nederland. Utrecht 834. 837. 2 Bde.
129. Overzigt wegens de Handelingen der Evangeliesch Luthersche Synode 1819...1848. Amsterd. 844. 850. 2 Bde.
130. De Geer en Doedes Bijdragen tot de Kennis van het Nederlandsch, Hervormed Kerkregt. Utrecht 861 ff.

E. ENGLAND und SCHOTTLAND.

131. Rich. Hooker of the laws of ecclesiastical polity. 617. 2 fol. Oxford 795. 3 Bde. 8.
132. H. L. Benthem engelendischer Kirch- u. Schulenstaat. 694.
133. Edm. Gibson codex iuris ecclesiastici anglicani. ed. II. 761. 2 fol.
134. Rich. Burn the ecclesiastical law. ed. VIII. by R. Ph. Tyrwhitt 824. 4 Bde. (alphabetisch geordnet).

135. Gemberg die schottische Nationalkirche nach ihrer gegenwärtigen Verfassung. Vorrede v. Neander. 828.
136. K. H. Sack die Kirche von Schottland. 844. 45. 2 Bde.
137. O. Mejer die Propaganda in England. 851.
138. G. Weber Geschichte der akatholischen Kirchen u. Secten von Grosbritannien. 853. 2 Bde.

F. DÄNEMARK.

139. G. Thorkelin Samling af danske Kirke Love. 781. 4.
140. J. L. Kolderup-Rosenvinge Grundrids af den Danske Kirkeret. 838. 840. ed. II. 851.

G. NORWEGEN.

141. Motzfeld den norske Kirkeret. Christiania 843.

H. SCHWEDEN.

Samlungen der Kirchengeseze, die sich an die Kirchenordnung von 1686 anschliessen, sind 1813 und 1836 zu Stokholm erschienen.
142. J. F. W. v. Schubert Schwedens Kirchenverfassung und Unterrichtswesen. Greifswald 821. 2 Bde.
143. Rabenius Lärsbok i Swenska Kyrko Lagfarenheten. Oerebro 836.
144. A. E. Knös die vornehmsten Eigenthümlichkeiten d. schwedischen Kirchenverfassg. Vorwort von G. C. A. Harless. 852.

I. ISLAND.

145. Jóni Pjeturssyni Islenzkur Kirkjurjettur. Reykiavik 863. vgl. K. Maurer in krit. Vierteljahrsschrift. Bd. VII. 865. num. VII. XV. XX.

K. SIEBENBÜRGEN.

Kirchenordnung vom 30. März 1855.
146. Chr. Heyser die Kverfassung der Augsb. Conf. Verwandten im Grossfürstenthum Siebenbürgen. Wien 836.
147. J. Rannicher Handbuch des evgl. KR. mit bes. Rüksicht auf Siebenbürgen. Heft 1. Herrmannst. 859.

Erstes Kapitel.

Die Grundlagen des Kirchenrechts.

I Kirchenrecht und kanonisches Recht.

1. Das Wort Kirchenrecht wird in zwiefacher Bedeutung gebraucht: es bezeichnet bald dasjenige Recht, welches aus der Kirche hervorgegangen ist, bald dasjenige, welches die Kirche zum Gegenstande hat. Beides zusammengenommen, ist also Kirchenrecht:

> die Gesamtheit der aus der Kirche erwachsenen und der sie betreffenden Rechtsnormen.

Bestimmter darf aber die kirchliche Herkunft dieses Rechts mit dem Worte ius canonicum [1], der kirchliche Inhalt dagegen mit dem Worte ius ecclesiasticum bezeichnet werden.

---

1) Canones, regulae im ältesten Sinne waren nur die von den ersten Kirchenversamlungen beschlossenen Ordnungen in äusseren Kirchenangelegenheiten, im Gegensaz der dogmata oder Glaubenssazungen (Justinian, novella 131 c. 1). Später ward auch wohl den Aussprüchen älterer Kirchenväter, welche die Kirchendisciplin betrafen, derselbe Name beigelegt (Gratiani decretum can. 1. §. 1. Distinctio 20, und ad can. 2. Dist. 3); dann waren es alle in Gratian's Samlung (Buch I. §. 113 ff.) aufgenommene Stücke, bis endlich in dem Namen Corpus iuris canonici die kanonische Eigenschaft aller kirchlichen Sazungen, sowohl der eigenen als der vom weltlichen Rechte erborgten, anerkant wurde.

Beide Begriffe decken einander nicht vollständig: nur ein Theil des ius ecclesiasticum ist zugleich ius canonicum, und nicht der ganze Inhalt des lezteren hat die Kirche ausschliessend zum Gegenstande. Denn so wenig die christliche Kirche einerseits, als Gegenstand der Rechtsordnung, sich auch den weltlichen Sazungen entziehen durfte, eben so wenig hat sie andererseits, als rechtsbildende Genossenschaft, sich auf die Regelung ihrer eigenen Verhältnisse beschränkt. Sie ist vielfach eingedrungen in die häuslichen, die bürgerlichen und internationalen Angelegenheiten des ausserkirchlichen Lebens. Darum begegnen wir so oft einer zwiefachen, nicht immer in Einklang zu bringenden rechtlichen Ordnung unserer socialen Angelegenheiten [2].

II. Die Kirche, als unsichtbare und als sichtbare Glaubensgemeinschaft.

2. Das Wort Kirche ist den Christen eigentümlich; es ist unter ihnen entstanden [3], und ihre Gemeinschaft, als unmittelbare Stiftung des Heilands, ist von allen anderen Glaubensgenossenschaften wesentlich verschieden.

Aber auch durch und für die nichtchristlichen Glaubensgemeinschaften, denen wir den Namen Kirche versagen, sind Rechtsnormen entstanden, und solchen Normen läst sich ein religioser oder kirchlicher Character nicht immer absprechen.

Denn jede bewuste Glaubensgemeinschaft wird schon

---

2) vgl. Buch I. §. 29...31. II. §. 100. 101.

3) In *κυριακή*, von *κύριος*, dem Herrn, haben wir eigentlich nur das näher bestimmende Adjectiv zu dem Substantiv *ἐκκλησία*, d. h. der Gemeinde, und zwar derjenigen, die im Namen des Herrn versammelt ist. Den romanischen Sprachen ist das Substantiv (chiesa, église, iglesia), den germanischen das Adjectiv (kirche, kerk, church) für sich allein genügend geworden.

an sich für ihre Genossen zum festen Bande, zu dem festesten von Allen, die durch geistige Beziehungen geknüpft werden: sie ist das, was wir als unsichtbare Kirche zu bezeichnen pflegen.

Wie aber in allem geistigen Leben eine bildende, nach aussen wirkende Kraft sich entwickelt, so muss auch das gemeinsame Glaubensbewustsein sich äusserlich bethätigen und auf der Oberfläche des menschlichen Lebens sichtbar hervortreten. Besonderer Abreden und Verträge bedarf es zu diesem Verkörperungsprocesse nicht; sie können nur nachhelfen, wo der lebendige Keim sich schon entwickelt hatte. Je tiefer aber jenes Bewustsein wurzelt, je mehr es geläutert und gekräftiget wird durch bestimmte, wörtlich ausgeprägte Lehrsäze und Bekentnisse, um so schärfer wird auch das kirchliche Gemeinleben sich abscheiden von den sonstigen Beziehungen der Menschen zu einander.

3. Treten wir solchen Anfängen einer sichtbaren oder organischen Kirche näher, so werden wir sie zunächst an gemeinsamen Andachtübungen oder auch an Lehrmitteln erkennen, welche notwendig zugleich die Grundlagen eines örtlichen Gemeinwesens werden müssen. Jedes örtliche Gemeinwesen aber bedarf auch einer äusseren Leitung, bei gröfserer Ausdehnung einer gegliederten Verwaltung; und darin liegen bereits die ersten Elemente einer rechtlichen Ordnung. Je mehr dann die Glaubensgemeinde ihren Organismus auch noch durch Liebeswerke, durch Armen- und Krankenpflege, durch Unterrichtsmittel und sonstige Institute erweitert, um so stärker muss auch der juristische Faden werden, der sich durch das Ganze hindurchzieht.

Das sind die natürlichen Grundlagen aller kirchlichen Ordnungen; es sind die Krystallisationsgeseze, denen auch die Entwickelung der christlichen Kirche jederzeit mit folgen muss.

4. Aber es giebt für unsere Kirche noch eine ganz andere, unmittelbarere Grundlage: sie ist eine Stiftung unseres Heilandes, der er sich selber zum Mittelpunct, zum alleinigen Hirten gegeben hat. Sie hat von Anfang an eine allgemeine Heilsquelle für alle Menschen, ein Band auch zwischen Lebenden und Verstorbenen sein sollen; darum ist sie, als geistige Einheit, im Ganzen eben so alt, wie ihre kleinsten Theile.

Ich bin der Weinstock, Ihr seid die Reben. Joh. 15, 5.
Wo zween oder drei versammelt sind in meinem Namen, da bin ich mitten unter ihnen. Matth. 18, 20.
Gehet hin in alle Welt und prediget das Evangelium aller Creatur. Marc. 16, 15.

5. Das freilich wissen wir Alle, dass diese ideale Einheit der christlichen Kirche bisher auf dem Gebiete der äusseren Erscheinungen keinen ganz entsprechenden Ausdruk gefunden hat; ist doch selbst in den formulirten Glaubensbekentnissen neben dem Gemeinsamen noch so viel Unterschiedliches, dass es wohl gar noch als einzig rühmliche Bekentnistreue gelten will, das Sonderbekentnis, das streitige Dogma höher zu halten, als das gemeinsame und unbestrittene. Der Unterschied, der schon von Altersher zwischen dem Abtrünnigen (Apostaten) und dem Sondergläubigen (Schismatiker und Häretiker) gemacht wurde, wird noch lange fortbestehen, vielleicht erst künftig seine rechte Bedeutung erhalten. Und solten auch diese nächsten Anstände, an welchen bisher das Streben nach vollendeter äusserer Einheit der Kirche gescheitert ist, einmal ganz überwunden scheinen, so würden auch dann doch immer noch die minder wesentlichen Unterschiede von Neuem auftauchen, welche in allen menschlichen Dingen mit dem Wechsel von Ort und Zeit zusammenhangen. Das Sonderleben der einzelnen Völker, ihre Sitte und Sprache, ihre eigentümliche Bildungstufe, ja selbst die besonderen Anschauungen mancher Individuen werden jederzeit in den untergeordneten kirchlichen Kreisen

ihren Ausdruk fordern und finden; sie zu ersticken wäre ein vergebliches und darum ein verderbliches Bemühen. So werden denn, auch ausserhalb der confessionellen Gegensäze von gesonderten Bekentniskirchen, immer noch besondere Landes- und Staatskirchen, und mancherlei kleinere Kreise, als Kirchengemeinden — »ecclesiolae in ecclesia« — innerhalb des grofsen Ganzen anzuerkennen sein; sie sollen entstehen und vergehen, unbeschadet des Einen gemeinsamen Grundes, der unsichtbaren Kirche des Heilands, ausser der es keine christliche Gemeinschaft geben kan.

6. Auf diesem äusseren, wechselnden Gebiete des kirchlichen .Lebens liegt aber ganz besonders auch das Kirchenrecht: für die unsichtbare Kirche kan es keine rechtliche Ordnung geben. Das eigentliche Wesen alles Rechtes besteht ja in ununterbrochener Bildung und Entwickelung; ein völliger Stillstand ist im Rechte unmöglich, so gering auch die Bedeutung seiner Wandelungen und Varietäten dem Bleibenden gegenüber erscheinen mag.

Freilich ist mit diesem Wachsen und Wiederabsterben des kirchlichen Rechtes auch zugleich die Gefahr einer temporären Entartung unvermeidlich verbunden; besonders dann, wenn sein rein kirchlicher Character durch Vermischungen und Verwechslungen mit dem weltlichen Rechte verloren geht. Denn beide Rechte sind nicht nur ihrem Ursprunge nach wesentlich verschieden; auch die innere Beschaffenheit aller von der Kirche ausgehenden Ordnungen soll eine wesentlich andere sein: milder und dehnbarer, als das weltliche Recht, sollen sie mehr mahnen als richten, mehr leiten als zwingen. Dies zu erweisen, wird die nächste Aufgabe des Folgenden sein.

III. Die Rechts-Ordnung in der sichtbaren Kirche.

7. Jede rechtliche Ordnung ist zugleich eine Unterordnung; absolute Independenz kan in der Kirche so wenig bestehen, wie im Staate. Und so wie die Kirche Keinen von sich stofsen darf, der ihre wesentlichsten Grundlehren nicht verleugnet, so darf auch weder der Einzelne noch die Einzelgemeinde sich wilkürlich lossagen von der gröfseren kirchlichen Gemeinschaft.

Aber der Gehorsam, den die Kirche von ihren Gliedern fordern darf, ist der freie Gehorsam der Ueberzeugung. Denn sie ist nicht, wie der Staat, auf äussere Macht gegründet, sie ist nicht vorzugweise juristisch, wie dieser; das Recht ist nur die secundäre Seite ihres Lebens. So entschieden, so schwer auch die kirchlichen Pflichten sein mögen, ein zwingendes Richteramt kennt doch die echte Kirche nicht. Daher liegen in dem Bemühen, ihre Macht der weltlichen zu assimiliren, für die Kirche die gefährlichsten Versuchungen; denn immer hat sie mit den scheinbaren Obsiegen, die durch solche Waffen über das geängstete Gewissen erkämpft wurden, auch den Keim der Verweltlichung in sich aufgenommen. Auch die neuesten Bestrebungen, angebliche Analogien des Legitimitätsprincips für die geistliche Hierarchie auszubeuten, haben keine besseren Früchte getragen.

Ihr wisset, dass die weltlichen Fürsten herrschen, und die Oberherren haben Gewalt. So soll es nicht sein unter euch; sondern so jemand will unter euch gewaltig sein, der sei euer Diener. Matth. 20, 25. 26. Marc. 10, 42. 44. Luc. 22, 25. 26.

8. Aus diesen wesentlichen Unterschieden der kirchlichen und der weltlichen Rechtsordnung ist auch der besondere Character der kirchlichen Rechtsquellen leicht zu begreifen, namentlich das Zurüktreten der eigentlichen Gesezgebung hinter dem Gewohnheitsrechte. Denn der freie Gehorsam legt kein entscheidendes Gewicht auf den

bindenden, sazungsmäfsigen Wortlaut, ihm ist die blofse Ermahnung genügend; Majoritätsbeschlüsse aber, und Befehle, die ohne zustimmende Ueberzeugung befolgt werden müsten, vermögten das kirchliche Leben jedenfals nicht zu fördern. Der unüberlegte Einfall Puchta's, das kirchliche Gewohnheitsrecht ganz zu leugnen [4], kan nicht ernstlich genug bekämpft werden, seitdem ihn auch Andere schon zum Schaden der Kirche ausgebeutet haben. Ist denn, um nur ein Beispiel anzuführen, die Autorität der ganzen gratianischen Samlung (Buch I. §. 113...15) mehr als eine usuelle? Der specifische Unterschied, welcher allerdings zwischen dem kirchlichen und dem weltlichen Gewohnheitsrechte besteht, ist nur der allgemeine zwischen beiden Gattungen von Rechtsquellen (§. 6), und dieser könte wohl eher noch dazu verleiten, die Existenz einer rein kirchlichen Gesezgebung als die eines kirchlichen Gewohnheitrechtes ganz zu negiren [5].

9. Die grofse Wichtigkeit dieser Unterschiede zeigt sich in ihrer vollen Bedeutung erst bei näherer Betrachtung der Tradition, so wie derjenigen christlichen Urkunden, die wir als Symbole und symbolische Bücher bezeichnen.

Dass die Tradition, d. h. die mündliche Ueberlieferung der ältesten Christengemeinden, in der griechischen und römischen Kirche gröstenteils als Offenbarung verehrt wird, ist bekant; aber auch bei dieser Anschauung bleibt doch einem Theil derselben nur die Bedeutung einer

4) Puchta Gewohnheitsrecht Th. II. S. 264...292. vgl. oben Buch I. §. 41.

5) Vgl. Walter's Kirchenrecht §. 3 der älteren Ausgaben: »Es ist Geist der Kirche, dass sie mit ihrer Gesezgebung ein gewisses Maas beobachtet und sie nur dann anwendet, wenn entweder die bisherigen Einrichtungen aus entschiedenen Gründen eine Umänderung oder eingetretene Misbräuche eine absichtliche Gegenwirkung erfordern.« (ed. III.)

traditio humana, eines eigentlichen Gewohnheitrechtes. Für die evangelische Kirche dagegen ist diese zweite Bedeutung die ausschliesliche, und dennoch hat derjenige Theil der Tradition, an welchem sie festhält, den wesentlichsten Einfluss auf unser ganzes Kirchenrecht geübt; denn auf ihm beruhet die Kindertaufe und die Verlegung der Sabbatsfeier auf den Sontag[6].

10. Symbole sind an und für sich nur Zeugnisse eines gemeinsamen Glaubens: sie sind formulirte Bekentnisse, denen als solchen weder ein juristischer Ursprung noch eine juristische Geltung beizulegen ist. Denn so wenig ein wahres Bekentnis sich erfinden oder beschliessen läst, eben so wenig läst es im Wege der Verordnung sich einführen; die Gemeinsamkeit der Ueberzeugung, deren das Symbol notwendig bedarf, kan nur allmählig in der Kirche wurzeln und sich befestigen, sie kan es aber auch unabhängig von den kritischen Zweifeln, welche für die Geschichtsforschung an dem überlieferten Stoffe haften mögen. Ist man doch selbst an der Thatsache nicht irre geworden, dass das älteste unserer für ökumenisch erklärten Symbole, das s. g. apostolische, eben so wenig von den Aposteln verfasst, als das jüngste derselben, das athanasische, dem Athanasius (gestorben 370 als Patriarch von Alexandrien) bekant gewesen ist; genug, dass die Kirche sie allmählig, im Kampfe mit anderen dogmatischen Anschauungen, sich angeeignet hat.

Diese beiden Symbole werden als ökumenische, allgemeine der ganzen Christenheit bezeichnet, obwohl sie nur in den beiden abendländischen Kirchen recipirt sind, während ein drittes: das nicänisch-constantinopolitanische aus den Jahren 325 und 381, auch von der morgenländischen Kirche angenommen ist. Auch sind es nur die beiden abendländischen Kirchen, welche später

6) Bickell Geschichte des Kirchenrechts Bd. I. Lieferung I. 1843. S. 21...25.

unter ausserordentlichen Umständen neue Symbole zu Stande gebracht haben. So die römische auf dem lateranischen Concil von 1215 [7], auf dem Concil zu Vienne vom J. 1311 [8], und in dem s. g. tridentinischen Symbol vom J. 1564, welches freilich nicht auf der Synode selbst entstanden, sondern erst nach derselben von Pius IV. aufgestellt worden ist [9]. In der evangelischen Kirche gilt die augsburgische Confession vom J. 1530 fast ohne Ausnahme als gemeinsames Symbol; Luthers Katechismen von 1529 und die Schmalkaldner Artikel von 1537 enthalten für die Lutheraner, der Heidelberger Katechismus von 1562 für die Reformirten die wichtigsten Sonderbekentnisse, denen nur in ihrem Consensus eine allgemeine Geltung einzuräumen ist. Einseitiger als alle diese ist das jüngste der lutherischen Sonderbekentnisse: die s. g. Concordienformel von 1580; dafür aber hat auch grade diese es ausdrüklich anerkant, dass der Werth aller kirchlichen Bekentnisse nur nach ihrer Uebereinstimmung mit der heiligen Schrift zu ermessen sei [10].

So wird denn auch die Zukunft es sich nicht nehmen lassen, die Kirche mit verjüngten oder geläuterten Symbolen zu bereichern; denn wie jedes Individuum, so verlangt auch jede Zeit bei lebhaft aufgeregtem kirchlichen Bewustsein nach einem eigenen unmittelbaren Ausdruk der religiosen Ueberzeugung. Die Kirche aber, welche die Gläubigen aller Zeiten in sich vereinigen, und darum

---

7) Cap. 1. X. de Summa trinitate (Decretal. Gregor. 1, 1).

8) Clementina 1. eod. (1, 1).

9) Bulla »Iniunctum nobis«, unter den Anhängen der Beschlüsse des Concils von Trient.

10) Form. Concordiae prooem. §. 1: »Credimus, confitemur et docemus, unicam regulam et normam, secundum quam omnia dogmata omnesque doctores aestimari et iudicari oporteat, nullam omnino aliam esse quam prophetica et apostolica scripta quum Veteris tum Novi Testamenti.« vgl. §. 7 ibid.

auch die geistige Ueberlieferung aller Jahrhunderte festhalten will, wird sich aus mehr als einem Grunde gegen die Vermehrung der Symbole sträuben. Es ist daher fast nie die Kirche, welche neue Bekentnisse aufstellt, aber in der Kirche müssen sie sich machen; — das Wie? liegt in einer höheren Hand[11].

11. Wir bedurften dieser Vorbemerkungen, um für die juristische Bedeutung der Symbole den rechten Standpunct zu gewinnen.

Verkehrt und unevangelisch wäre es gewiss, sie für eine Fundamentalgesezgebung in dem Sinne zu halten, dass mit ihr die Kirche stehen und fallen müsse. Hat die Kirche Jahrhunderte lang, ohne ein Symbol in dieser Gestalt, bestanden, so kan sie desselben auch zu ihrer Continuität nicht bedürfen. Der Heiland selber hat aber seine Gemeinde auf ein weit einfacheres Bekentnis gegründet[12], sie hat auf dieses Bekentnis getauft[13] und in ihm festgestanden schon vor dem ältesten unserer Symbole. Und doch ist, seltsam genug, gerade unter Denen, die im Staatsleben alle urkundlichen Grundgeseze verabscheuten, gar Manchem selbst in der evangelischen Kirche diese Menschensazung höher erschienen, als das Evangelium.

Die eigentlich juristische Bedeutung, das »normative Ansehen« der Symbole hängt also vielmehr davon ab, welche specielle rechtliche Folgen an dieselben geknüpft worden sind; und diese Folgen können zwiefacher Art sein. Es kan nemlich

1) für alle Christen die Beistimmung zu einem oder zu mehren dieser Symbole zur Bedingung ihrer Auf-

11) vgl. Mejer Kirchenrecht §. 86 der zweiten Ausgabe.

12) Matth. XVI, 15...18: »Du bist Christus, des lebendigen Gottes Sohn.«

13) Acta Apost. VIII, 37. 38. XIX, 5. 6. Matth. XXVIII, 19. vgl. Ioh. XX, 31. Acta Ap. IX, 19. Marc. XIV, 16.

nahme in die Kirchengemeinschaft gemacht werden, also zu einem Theil des Taufformulars oder des vorgeschriebenen Bekentnisses bei der Confirmation; und es kan

2) für die Kirchenbeamten insbesondere der Inhalt der Symbole als Richtschnur ihrer amtlichen Thätigkeit vorgezeichnet sein, entweder
   a) durch eine allgemeine — eidliche, schriftliche oder mündliche — Verpflichtung auf dieselben bei ihrer Anstellung, oder
   b) durch teilweise Aufnahme in die liturgischen Formulare, nach welchen die regelmäſsigen Andachtübungen der Gemeinde geordnet sind; oder endlich
   c) durch besondere Anweisung für den religiosen Unterricht der Jugend, nach Maasgabe entsprechender Katechismen.

Auch der Staat kan — nur freilich nicht zum Heil der Kirche — auf diese Fragen einwirken: so wenn er sich verleiten liesse, von seinen Beamten ein formulirtes Bekentnis zu fordern.

Dass aber in diesen Dingen, unbeschadet der kirchlichen Gemeinschaft, noch manche schärfere Anspannung, manche Lockerung, mancher Wechsel eintreten kan, das bedarf keiner näheren Beweise und keiner Rechtfertigung; denn der Wechsel gehört ja zum Wesen alles Rechts (Buch I §. 55). Vor Allem hat sich die Macht des Gewohnheitrechtes auch hier bewährt; denn wie tief jenes normative Ansehen der Symbole vor einem halben Jahrhundert gesunken war, wie sehr es seitdem wieder steigen muste, das können die Aelteren unter uns noch aus eigener Erfahrung bezeugen [14].

---

14) Um so weniger dürfen wir es übersehen, dass die jezt für die evangelische Kirche fast allgemein gewordene agendarische Verwendung des s. g. Apostolicums in deutscher Uebersezung, ein bibeltreues Gewissen leicht beängstigen, und von der gemeinsamen Andacht verscheuchen kan.

IV. Das Verhältnis der Kirche zum Staate.

A. Allgemeine Gesichtspuncte.

Mein Reich ist nicht von dieser Welt. Joh. 18, 36.
Gebet dem Kaiser, was des Kaisers ist, und Gott, was Gottes ist. Matth. 22, 21.

12. Alle nicht christlichen Glaubensgenossenschaften haben sich ausgebildet unter dem überwiegenden Einflusse eines besonderen Volkslebens; sie waren Volksreligionen, und wolten Staatskirchen werden. Bei diesem Streben nach Verschmelzung mit dem Staate muste aber Diesem entweder eine theokratische Verfassung, die Form eines Priesterstaates aufgenötiget oder umgekehrt eine absolute Herrschaft in religiosen Dingen eingeräumt werden; erst nach der Auflösung des Staates konte die abhängige Glaubensgemeinschaft, wenn sie nicht gleichzeitig unterging, ihre eigene Lebenskraft bewähren. So haben nicht blos die Juden, auch der Islam und der Buddhaismus haben sich von dem Organismus des einzelen Staates gelöset, nicht weil sie es wolten, sondern als sie es musten.

Ganz anders die christliche Kirche. Was bei den anderen Religionen durch die Macht der Umstände bewirkt wurde, das ist für sie ein bewustes Verhältnis; sie darf sich, nach den obigen Aussprüchen ihres Stifters, mit keinem Staate, mit keinem Volke ganz verschmelzen, und wo sie diesem Grundsaz untreu wurde, da ist sie auch bald gestraft worden durch Vergiftung ihrer eigensten Lebenskräfte, durch Entheiligung und Verweltlichung ihres innersten Wesens.

Daran ist aber noch weniger zu denken, dass Staat und Kirche sich gar nicht berühren, dass sie nichts mit einander gemein haben dürften; denn ihre gegenseitigen Beziehungen sind unvermeidlich schon darum, weil jeder einzelne Mensch zugleich Staatsbürger und Träger einer religiosen Ueberzeugung sein, also beiden Genossenschaften angehören, eben so wohl einen Theil des Staates wie der Kirche in sich tragen soll. Verschieden und dennoch innig verbunden, sollen Beide sich zu einander verhalten wie die Seele zum Leibe.

13. Wenn man aber dennoch schon öfter nach gänzlicher Trennung der Kirche vom Staate verlangt hat, so sind dabei die widersprechendsten Motive wirksam gewesen. Denn einerseits waren es Personen, in denen das religiose Bewustsein ganz erstorben war, die also auch im Staate jede Rüksicht auf religiose Interessen für einen überflüssigen Luxus ansehen mogten; und andererseits konte auch wohl ein einseitiger kirchlicher Eifer sich so verirren, dass ihm die Kirche durch ihre Beziehungen zum Staate nur als gefesselt und geknechtet erschien. Ward auf jener Seite vergessen, wie kraftlos die bloſse bürgerliche Rechtsordnung ohne sittliche Elemente, wie schwächlich die abstracte Moral ohne das gottesfürchtige Gewissen ist, so war es auch diesseits nur eine Verblendung, wenn man von der Lösung aller Bande zwischen Kirche und Staat etwa die Wiederkehr einer apostolischen Kirche erwartete.

Mehr als Verblendung war es freilich, wenn man dennoch zugleich den jezigen Besizstand der Kirche festhalten, sogar die verlorenen, früher vom Staate gewährten Privilegien zurükfordern, und dann erst in der völlig emancipirten Kirche, in dem schrankenlosen Walten des »wiederhergestellten kanonischen Rechts« das richtige Verhältnis zwischen Kirche und Staat erkennen wolte. So schwer es auch sein mag, dieses Verhältnis genau zu bestimmen, weil es des Zirkels Vierek ist: so viel steht doch immerhin fest, dass die corporativen Vermögensrechte der Kirche, die bürgerliche Geltung ihres Cultus, ihrer Festtage, ihres Kalenders und der kirchlichen Ehe, so wie die Anerkennung der Sonderrechte der Geistlichen oder gar ihre Gleichstellung mit den Staatsbeamten, nur vom

Staate gewährt werden können. Ohne diese Gewährung würde aber die Kirche zurüksinken in einen Zustand, etwa wie die französische Revolution ihn ihr angewiesen hatte, als erst den Greueln der Verfolgung ein Ziel gesezt und die längst proclamirte Freiheit der Culte ernstlich gemeint ward; ein Zustand, dem das Ideal der neuesten Emancipationsgelüste diametral gegenüber steht. Die s. g. Kirchenfreiheit, wie eine clericale Partei jezt sie fordert, und in Oesterreich auch beinahe errungen hätte, ist nur die Knechtung des Staats unter die verweltlichte Kirche.

14. Als wirklich gleichberechtiget werden aber Staat und Kirche auf zwei Gebieten sich begegnen müssen: auf dem der Ehe und dem der Schule; hier liegen die Quellen, aus welchen jederzeit auch die bedenklichsten Conflicte entsprungen sind. Denn dahin darf es am wenigsten kommen, dass der an sich unvermeidliche Gegensaz der kirchlichen und der weltlichen Ehe (Buch III §. 100. 106) sich bei demselben Individuum bis zur Möglichkeit einer Doppelehe steigere, und dass aus der öffentlichen Erziehung ein blofses Hin- und Herzerren der Jugend nach einseitig aufgefassten Zwecken und Interessen werde; ein gegenseitig sich ergänzendes Zusammenwirken ist das einzige Mittel solchen Gefahren vorzubeugen. Der christliche Staat muss die christliche Ehe wollen; er muss die christliche Schule unterstüzen, so lange nur die Lehrer der Kirche ihm nicht etwa feindlich gegenüber treten. Die Kirche aber, der so viel daran liegen muss, dass ihre Form des Ehebundes auch für die bürgerliche Existenz der Ehe ausreiche, braucht darum zwar ihre Trauung nicht zu einem weltlichen Geschäfte werden zu lassen, bei dem der Geistliche nur den Anordnungen des Staates zu folgen hätte; aber als eine gemischte Angelegenheit muss sie dieselbe allerdings betrachten. So muss denn aus der Weigerung des Clerus, sich dabei den

billigen Anforderungen des Staates zu bequemen, für diesen wieder die Verpflichtung, die gesezliche Ehe durch Anordnung der bürgerlichen Trauung — mindestens der bürgerlichen Nothehe — zu sichern, unabweisbar hervorgehen [15].

Auch bei den Schulconflicten ist die Veranlassung nicht blos in dem Vorwurf einer staats- oder einer kirchenfeindlichen Tendenz zu suchen, welcher dem Unterricht von der einen oder anderen Seite gemacht würde; die Grenzen der Schulfreiheit und Schulpflichtigkeit, die staatliche Beaufsichtigung des Lehrplans und der Verwaltung des kirchlichen Schulfonds, die Auswahl und die amtliche Stellung der Lehrer haben eben so häufig zu Differenzen und Widerstrebungen geführt. Selbst der confessionelle Character einer Lehranstalt, wenn sie nicht unmittelbar und ausschlieslich mit kirchlichen Geldmitteln gegründet ward, ist von grofser Bedeutung in der neueren Geschichte dieser Conflicte.

15. Ein drittes Gebiet, auf welchem Staat und Kirche sich begegnen müssen, ist das des kirchlichen Güterbesizes. Denn es giebt keine Genossenschaft, die ohne Verwendung materieller Hilfmittel dauernd existiren, und darum auch keine, die dem Streben nach gesicherten Einnahmen und befestigtem Güterbesiz dauernd entsagen könte. Hier aber kan von einer Gleichberechtigung beider Theile nicht die Rede sein; denn in materiellen Dingen ist und bleibt der Staat der erstberechtigte. Staatsunterstüzungen und staatliche Personificationen sind Gunsterweisungen von seiner Seite.

Dasselbe muss aber überhaupt von allen reinen Rechtsfragen gelten. Der Staat ist vorzugweise eine Rechtsanstalt, die Kirche aber ist eine Heilsanstalt, in welcher alle Rechtsfragen nur von secundärer Bedeutung sind.

---

15) s. Buch III §. 135...138.

B. Die Theorien des Kirchenstaatsrechts.

1. Gemeinsame Stellung beider Kirchen.

16. Das Bedürfnis fester Regeln über diese und ähnliche Fragen gab zuerst in Frankreich, im Interesse der gallicanischen Kirche, den Anstofs zu einem eben so gründlichen als umfangreichen Werke des Petrus de Marca, gestorben als Erzbischof von Paris im J. 1662 [16]. Ihm folgte, jedoch mehr als Verteidiger der staatlichen Hoheitsrechte, der Löwener Professor Zeger Bernhard van Espen, gestorben in Amersford 1728 [17], dem sich in dieser Richtung besonders die österreichischen Kanonisten anschlossen [18]. Die practischen Resultate, welche die Gesezgebung Josefs II. im Geiste dieser Theorien sanctionirte, haben auch den lezteren den Namen der josefinischen zugezogen, sie aber neuerdings auch zum Gegenstande vielfacher Anfechtungen gemacht. Man kan jedoch das Einseitige der josefinischen Gesezgebung — ihre Erfolge scheiterten zunächst daran, dass sie nicht vorbereitet waren — sehr wohl einräumen, und dennoch die Wahrheit ihrer Grundlagen, auf die auch der s. g. Gallicanismus (Note 16) gebaut ist, entschieden vertreten;

---

16) P. de Marca de concordia sacerdotii et imperii seu de libertatibus ecclesiae gallicanae. Paris. 1641 u. o.; Ausgaben in Deutschland von J. H. Böhmer 708. 778, zulezt 788. 89. in 6 Quartbänden.

17) s. besonders dessen Tractatus de publicatione legum ecclesiasticarum et de usu placiti 712. de recursu ad principem 725. (Opuscula ed. Louanii 1753. T. IV. fol. 287 sqq.).

18) Umfassende Erörterungen aus späterer Zeit, der aber auch die Lehren evangelischer Kanonisten nicht ganz fremd geblieben sind, finden sich in verschiedenen Werken des bayrischen Professors F. A. Frey († 1820) z. B. in seinem Commentar zu Michls Kirchenrecht, Th. I §. 168...334 der zweiten Ausgabe.

nur muss man, den periodischen ultramontanen Strömungen gegenüber, den Muth haben sich von unwissenden Schreiern als Anhänger veralteter, längst überwundener Ansichten verhöhnen oder verkezern zu lassen. Erfreulich bleibt es doch, auch noch unter den neueren literarischen Erscheinungen eine durchaus gemäfsigte und vorurteilsfreie Erörterung dieser Fragen, von Warnkönig [19], nennen zu können.

17. Nach diesen Systemen läst sich die Gesamtheit der Rechte des Staats gegen die Kirche als ius maiestaticum circa sacra bezeichnen. Die Hauptausflüsse dieses Majestätsrechts bestehen aber:

1) in dem ius reformandi und der aduocatia ecclesiastica. Das erste berechtiget den Staat, der erst entstehenden Glaubensgemeinde die Aufnahme zu versagen, nicht aber die bereits zugelassene willkürlich wieder aufzulösen [20]. Die zweite umfasst die Berechtigung und zugleich die Verpflichtung des Staats, den gesezlich bestehenden Kirchengemeinden jeden angemessenen Schuz und Beistand — namentlich durch Handhabung des »brachium saeculare« -- zu gewähren;
2) in dem Oberaufsichtsrecht (ius supremae inspectionis) und dem ius cauendi, d. h. der Befugnis des Staats, einer verkehrten Entfaltung des äusseren

---

19) L. A. Warnkönig die staatsrechtliche Stellung der katholischen Kirche in den katholischen Ländern des deutschen Reichs, besonders im achtzehnten Jahrhundert. 855. vgl. auch Gaudry traité de la législation des cultes en France, Tom. I. 854. tit. 2 chap. 1: Séparation des deux pouvoirs (pag. 113...248). Mohl Staatsrecht, Völkerrecht und Politik Bd. II. 862. S. 171...292.

20) Der Name ius reformandi hängt mit der reichsrechtlichen Befugnis der deutschen Reichsstände im 16. Jahrhunderte zusammen, die damals begonnene Reform der Kirche zuzulassen oder zu verhindern.

Kirchenlebens hindernd entgegen zu treten. Als Ausflüsse desselben werden besonders bezeichnet:

a) das ius placiti regii, d. h. das Recht, die öffentlichen Erlasse und Anordnungen der Kirchenbehörden zu controliren, und deren bürgerliche Wirksamkeit von der besonderen Genehmigung des Staats abhängig zu machen [21];

b) das Bestätigungsrecht bei der Anstellung kirchlicher Beamten, wenn sie zugleich Ansprüche an den Staat zu machen oder staatliche Functionen auszuüben haben [22];

c) das Recht des recursus ab abusu (appel comme d'abus), wonach gegen den Misbrauch der geistlichen Amtsgewalt der Schuz der weltlichen Obrigkeit angerufen werden kan. Dieses Institut des Recurses ward in Spanien sehr früh schon als ein unvordenkliches Recht angesehen [23]; nach dem Vorgange von Frankreich [24] ist es auch in mehren deutschen Staaten und in der Schweiz sogar grundgesezlich bestätiget worden [25].

---

21) Warnkönig S. 58. 89...93. Unentbehrlich bei bindenden Verfügungen, kan diese Controle bei einfachen öffentlichen Ansprachen leicht zum drückenden Misbrauch werden.

22) vgl. Preuss. Verordng v. 27. Juni 1845, Ges.-Saml. S. 443.

23) Didacus de Covarruvias († 1577) practicae quaestiones cap. 35 num. 3. – Salgado de Somoza († 1664) de regia protectione ui oppressorum appellantium a causis et iudicibus ecclesiasticis. 1626 u. o.

24) van Espen (Note 17). Neueste Geseze vom 15. Juli 1801 (8. April 1802) tit. I art. 6...8, vom 28. Febr. 1810 und 25. März 1813 art. 5. vgl. Dupin libertés de l'église gallicane. 1821. p. 106...109. Cormenin droit administratif ed. V. Tom. I p. 228 ff. Mohl S. 280. 281. – Angewendet ist dieser Appel in Frankreich namentlich in den Jahren 1820, 1824, 1835, 1837, 1842, 1845, 1857, 1865.

25) Namentlich im Königreich Sachsen (Verfassung vom 4. Sept. 1831 §. 59), in Baden (Verordnung vom 30. Jan. 1830 §. 36),

18. Aus dem vorhin erwähnten ius reformandi ergiebt sich von selbst die weitere Befugnis des Staates, einer Kirchengenossenschaft gegenüber eine dreifache Stellung einzunehmen: er kan sich feindlich, gleichgültig, begünstigend zu derselben verhalten. Für diese verschiedenen möglichen Verhältnisse hat man die Namen ecclesia reprobata, tolerata und recepta erfunden, zugleich aber auch die näheren Ergebnisse derselben und die Grenzen der staatlichen Wilkür zu bestimmen gesucht, die sich auf folgende Hauptsäze zurükführen lassen.

19. A. Für die reprobirte Kirche oder Secte wird wenigstens das Recht der gemeinsamen Hausandacht gefordert, welche man weiter in die deuotio domestica simplex und qualificata eingeteilt hat. Bei jener, der einfachen Hausandacht, bleibt nur dem häuslichen Familienkreise die Freiheit einer gemeinsamen Gottesverehrung nach seinen eigenen religiosen Ueberzeugungen; bei dieser, der qualificirten, wird auch der nicht zur Familie gehörige Geistliche mit zugelassen.

Das Recht der einfachen Hausandacht versteht sich von selbst, so lange sie nicht zum bloſsen Vorwande für verbrecherische Handlungen benuzt wird; die qualificirte ist unter derselben Voraussezung zu gewähren, wo nicht ein Landesgesez sie ausdrüklich untersagt [26].

Nicht zu verwechseln mit diesem Verhältnisse ist das Vorrecht der Gesandschaftskapellen, welche kraft der fingirten Exterritorialität des Gesandten und seiner Wohnung zur vollen Ausübung des Cultus seiner Heimat berechtiget, und allen Angehörigen seines Landes geöfnet sein müssen. Nur den eigenen Unterthanen kan der Staat,

---

in beiden Hessen, Braunschweig, Sachsen-Meiningen. vgl. Zachariae die deutschen Verfassungsgeseze der Gegenwart. 855, im Index s. v. Misbrauch.

26) vgl. Moser's Kirchenblatt 1857 S. 137...142.

bei welchem der Gesandte accreditirt ist, den Besuch solcher Kapellen verbieten.

20. B. Die tolerirte Kirche oder Secte sezt ein passives Verhalten des Staats voraus, so dass vorläufig vielleicht gar keine Notiz von ihr genommen wird. Vorläufig — denn im Laufe der Zeit müste dieses Ignoriren zur bloſsen Fiction werden, und die tolerirte Gemeinde würde nach längerem Bestehen nicht nur die fernere Duldung, sondern selbst eine gewisse Anerkennung ihres Cultus, ihrer Ehen, ihrer Eide fordern dürfen, wenn nicht der Staat den Vorwurf des Gewissenszwanges auf sich laden wolte. Auf diesem Boden einer gleichsam qualificirten Toleranz ist in manchen Staaten die rechtliche Stellung der Juden, in England auch die der Katholiken und der anderen »Dissenters« erwachsen; sie darf auch in den südeuropäischen Staaten den evangelischen Christen nicht entzogen werden. Für die selbständige Entwickelung der Gemeindeverfassung ist ein solches Verhältnis jedenfals das günstigste; das hat vor Allem die Geschichte der ältesten christlichen Kirche bis Constantin bewiesen. Nie hätte sie ihre spätere Kraft entwickeln können, wenn sie schon im ersten, statt im vierten Jahrhundert zur römischen Staatskirche erhoben worden wäre [27].

21. C. Die recipirte Kirche muss in einem positiven Verhältnisse zum Staate stehen; sie muss als Landeskirche sich seines Beistandes erfreuen, sei es durch Schuz gegen äussere Angriffe, durch Verleihung von Corporationsrechten an einzelne Gemeinden und Institute,

---

27) Von den christlichen Kaisern dieses Jahrhunderts hat nur Einer: Valentinian I., das Princip der vollen Religionsfreiheit bei seinem Regierungsantrit (364) ausdrüklich sanctionirt. s. Ammianus Marcellinus lib. 30 cap. 9 und const. 9. Theod. Cod. de Maleficis (9, 16).

durch materielle Zuwendungen (Stiftungen oder laufende Geldspenden), oder endlich durch Uebertragung amtlicher und obrigkeitlicher Functionen an die Kirchenbeamten.

Aber für jede Gewährung dieser Art kan auch eine Gegenleistung gefordert werden: darum ist die recipirte Kirche zugleich die abhängigste. Wenn schon die tolerirte Kirche oft für die staatliche Anerkennung ihrer Ehen und Eide sich an gewisse vorausgesezte Formen und Bedingungen binden muss, so wird die recipirte noch weniger verlangen können, dass ihre Corporationen ohne Aufsicht, ihre Güterverwaltung unbeschränkt bleibe, oder dass ihre Beamten ohne Mitwirkung des Staates bestellt werden[28].

Die recipirte Landeskirche wird zur Staatskirche, wenn entweder bestimmte Mitglieder, oder gewisse Beamte, oder das Oberhaupt des Staates derselben angehören müssen. Dadurch wird aber die Reception anderer, minder begünstigter Glaubensgenossenschaften keinesweges ausgeschlossen.

Paritätisch wird der Staat, wenn den verschiedenen recipirten Kirchen ausdrüklich gleiche Rechte zugesichert sind. Nicht jedes Simultanverhältnis ist zugleich ein paritätisches.

Die bisher erörterten Verhältnisse der recipirten Kirche sind möglich für die römisch-katholische wie für die evangelische Kirche; aber der ersteren haben sie noch nicht genügt, während die leztere meistens in ein viel engeres Abhängigkeitsverhältnis zum Staate geraten ist.

---

28) Das Preuss. Landrecht II, 11 §. 96 bezeichnete die recipirten Landeskirchen als »vom Staate privilegirte Kirchengesellschaften«, und erklärte — was jezt geändert ist — alle Geistlichen derselben für Staatsbeamte. Der Name Staatskirche soll jezt in Preussen nicht gebraucht werden.

2. Besondere Beziehungen des Staats zur römischen Kirche. Concordate [29].

22. Die Selbständigkeit der römisch-katholischen Kirche im Staate hat sich durch den zufälligen Umstand sehr gesteigert, dass ihr sichtbares Oberhaupt zugleich mit politischen Souverainitätsrechten bekleidet, und so den Staatsregierungen auch äusserlich als ebenbürtige Macht gegenüber gestellt war. Die wesentliche Bedeutung dieser Gleichstellung ist seit dem J. 1122 besonders in den Concordaten mit dem römischen Stuhle sichtbar geworden, welche sich von den Uebereinkünften der Regierungen mit einzelen oder mehren Landesbischöfen weniger unterscheiden würden, wenn auch der Papst einer fremden Landeshoheit unterworfen wäre. Mit dem gewöhnlichen Gange der Dinge sind freilich solche reine Contractsverhältnisse nicht wohl vereinbar; fast immer erscheinen sie als Vorboten oder als Nachwehen ausserordentlicher Bewegungen [30], und ihre Erfolge werden durch beiderseitige Vorbehalte geschwächt. Denn so wie einzelne Ultramontane in dem feierlichen Vertrage doch nur ein aus päpstlicher Machtvollkommenheit gewährtes widerrufliches Privilegium erkennen wolten (Brühl), so musten

29) E. Münch vollständige Sammlung aller ältern und neuern Concordate, nebst einer Geschichte ihres Entstehens und ihrer Schiksale. 830. 31. 2 Bde. — M. Brühl über den Charakter und die wesentlichen Eigenschaften der Concordate. Schaffhausen 853. — Schulte Kirchenrecht Th. I. S. 435...518.

30) Das erste Concordat war das Wormser oder Calixtinische vom J. 1122 — die Folge der Demütigung der kaiserlichen Majestät in der Person Heinrichs IV.; das lezte: das österreichische vom J. 1855, wäre ohne die Bewegungen des Jahres 1848 nicht entstanden, und wird auch der Wiedergeburt Oesterreichs im J. 1867 nicht widerstehen können.

die Fürsten ihre unveräusserlichen Hoheitsrechte und die Rechte ihrer akatholischen Unterthanen durch besondere Vorbehalte oder Vollziehungsgeseze gegen den möglichen Misbrauch der gemachten Zugeständnisse sicher stellen. Evangelische Landesfürsten haben überhaupt noch keine förmlichen Concordate mit der römischen Curie geschlossen, welche wirklich ins Leben getreten wären[31]; die durch Verabredung entstandenen beiderseitigen Erklärungen, namentlich die darauf beruhenden päpstlichen Circumscriptionsbullen, dürfen aber als Quasi-Concordate bezeichnet werden.

23. Im Ganzen kommen für Deutschland jezt sechs solcher Verträge in Betracht[32]:

1. Das französische Concordat vom J. 1801, welches wenigstens wegen der damit verknüpften zwiefachen s. g. organischen Artikel vom 8. April 1802, für beide Kirchen der Rheinlande maasgebend geblieben ist.
2. Das bayrische Concordat vom J. 1817.
3. Das preussische Quasi-Concordat, oder die Bulle »De salute animarum« vom J. 1821.
4. Die ähnliche Bulle: »Impensa Romanorum« vom Jahr 1824 für Hannover.
5. Die Bullen »Prouida sollersque« vom J. 1821, und »Ad dominici gregis« vom J. 1827 für die oberrheinische (Freiburger) Kirchenprovinz, d. h. für Baden, Württemberg, Hohenzollern, beide Hessen, Nassau, Frankfurt (und den Weimar'schen Anteil von Fulda).
6. Das österreichische Concordat vom 18. August 1855, welches durch unbedingte Anerkennung des »kanonischen Rechts« die gesamte evangelische Bevölkerung des Staates schuzlos preisgegeben hat.

---

31) Das niederländische Concordat vom J. 1827 ist an der belgischen Revolution, das württembergische von 1857 und das badische von 1859 an dem Widerspruch der Stände gescheitert. Aehnlich war es 1817 dem reactionären französischen Concordat ergangen.

32) vgl. Mejer die Propaganda, ihre Provinzen und ihr Recht. Th. II. S. 375...523.

3. Besondere Beziehungen des Staats zur evangelischen Kirche [33].

24. Die eigentümliche Entwickelungsgeschichte der evangelischen Kirche hat auch die Aufstellung verschiedener Theorien über ihr Verhältnis zur Staatsgewalt veranlast, die man gewöhnlich auf drei Hauptsysteme zurükführt, freilich ohne gehörige Würdigung mancher weiterer Unterschiede und teilweiser Uebereinstimmungen.

Das erste dieser Systeme war das Episcopalsystem, nach welchem der evangelische Landesfürst zugleich Landesbischof, also Inhaber derjenigen Verwaltungsrechte sein solte, welche ursprünglich den Bischöfen der katholischen Kirche zugestanden hatten; wogegen die eigentümlichen Rechte der Kirche hauptsächlich in die Hände des Lehramtes, also der Pfarrer und der Theologen, gelegt sein solten.

Die Urheber dieser Theorie [34] konten allerdings sich darauf berufen, dass in den ersten Zeiten der Reformation, so lange noch auf eine Wiedervereinigung mit der älteren Kirche gehofft wurde, auch das bischöfliche Amt nur als suspendirt und einsweilen an die weltliche Obrigkeit devolvirt angesehen werden konte. Mit der völligen Trennung beider Kirchen verlor aber dies historische Argument seine Beweiskraft, und der Versuch einer inneren Begründung des Systems war mit der Notwendigkeit einer wesentlichen Modification desselben verbunden.

Denn die reine Episcopalverfassung hätte die evangelische Kirche als solche in ein bloſses Aggregat von Pfarrgemeinden aufgelöset, die nur noch durch den gemeinsamen Lehrstand und eine gemeinsame evangelische

---

33) A. L. Richter Geschichte der evangelischen Kirchenverfassung in Deutschland. 851. S. 192 ff. — Jacobson s. v. »Staat und Kirche« in Weiske's Rechtslexicon.

34) Besonders Reinkingk de regimine saeculari et ecclesiastico. Giessen 619.

Theologie unter sich verbunden blieben; und über die Gefahren eines solchen Systems war jede Täuschung unmöglich, als man sogar den katholischen Landesfürsten zum Bischof der evangelischen Landeskirche machen wolte. An dieser Consequenz muste auch der Fehler der Prämisse völlig klar werden.

Die Garantien, wodurch man diesen Fehler des Episcopalsystems zu compensiren suchte, bestanden zunächst in der Consistorialverfassung, d. h. in der Forderung einer vermittelnden Kirchenbehörde, welcher die Ausübung der landesfürstlichen Episcopalrechte wenigstens teilweise übertragen würde. Wenn aber die Besezung dieser Behörde dem freien Ermessen des Landesbischofs überlassen blieb, ja wenn, wie in Oesterreich bis zum J. 1859, dem evangelischen Consistorium sogar grundsäzlich ein katholisches Präsidium gesezt wurde, dann durften die darin liegenden Garantien nicht eben allzuhoch angeschlagen werden.

In neuerer Zeit ist man aber noch weiter gegangen, indem man das Episcopalsystem auch mit synodalen Verfassungselementen zu verbinden gesucht hat; und in dieser Verbindung wird für die monarchischen deutschen Staaten der Episcopat evangelischer Landesfürsten als ein unbestreitbares Recht anzuerkennen sein.

25. Das zweite System ist als das Territorialsystem oder als das System der Cäsaropapie[35] bezeichnet worden: man hat es in die Worte zusammengefasst: cuius est regio, illius est religio. Damit muste der Kirche auch der Rest von Selbständigkeit entzogen werden, den das Episcopalsystem selbst in seiner vollen

---

35) Pfaff de iure sacrorum absoluto, hinter den Origines (Note 39) pag. 329. 348...350. Früher schon hatte Spener denselben Namen auf das Episcopalsystem angewendet, für das aber der Name Cäsarepiscopat passender erscheint. England hat eine verfassungsmäfsig beschränkte, Russland eine rechtlich unbeschränkte Cäsaropapie. vgl. auch Richter S. 202.

Strenge ihr in dem Gemeindeleben gelassen hatte: der Landesherr solte schon als solcher in allen kirchlichen Dingen zu befehlen haben, dem Individuum aber solte die Gewährung der vollen Gewissensfreiheit genügen.

In dieser Gestalt wird das Territorialsystem allgemein als eine Erfindung des Juristen Thomasius († 1728) betrachtet, welcher auf diesem Wege den Einfluss der sächsischen Theologen seiner Zeit zu brechen bemüht war[36]. Es stand ihm aber eine ältere — katholische Autorität zur Seite, welche, im Geiste der Gegenreformation, mit der Selbständigkeit der Kirche auch die der Gemeinde verwarf, und consequenterweise sogar noch einen Schrit über Thomasius hinausging, indem sie auch dem Gewissen des Individuums keine Rüksichten schuldig zu sein glaubte. Denn schon bei den westfälischen Friedensverhandlungen heist es in einem gräflich Schwarzenbergischen Memorandum vom August 1647 wörtlich[37]:

»und ist unwidersprechlich, dass einem jeden Stande [d. h. Reichsstande] . . . frey und bevorstehe, seine von Gott ihm anvertraute Unterthanen ohne einiges Absehen . . . auf eben dem Wege, in welchem er vor seine eigene Person die Seligkeit zu erlangen getrauet, zu leiten und zu führen; zumal sich nichts mehr geziemet, als dass der Unterthan seiner Obrigkeit und seinem Herrn folge, und seine Religion amplectire«.

Ein kirchliches System, welches zur absoluten Negation der Kirche führt, verurteilt sich selber. Eine historische Berechtigung für dasselbe konte nur in dem Religionsfrieden vom J. 1555 gesucht werden, welcher den deutschen Reichständen das ius reformandi (§. 17) im vollsten Um-

36) Christ. Thomasius vom Rechte evangelischer Fürsten in theologischen Streitigkeiten. Halle 696, und in vielen späteren Schriften. Ihm folgte, aber nur vorübergehend, J. H. Böhmer de iure episcopali principum euangelicorum. Hal. 712.

37) v. Meiern westfäl. Friedenshandlungen Th. V. S. 346. vgl. auch Richter S. 214...216.

fange eingeräumt hatte. Aber das ius reformandi bezeichnete nicht die Herrschaft über die Kirche, sondern das Recht, die eine oder die andere Kirche innerhalb der Territorialgrenzen zuzulassen; und auch dies war nur als Notbehelf gewährt worden, um dem Reiche den Frieden wieder zu geben. Damals hatte man den Misbrauch dieses ius reformandi, zu dem die von den Jesuiten geleitete Gegenreformation führen solte, noch nicht geahnet; im Westfälischen Frieden aber, welcher das ius reformandi im Princip für beide Kirchen anerkante [38], ward dasselbe zugleich wesentlich beschränkt. Denn es ward wenigstens der factische Bestand des Entscheidejahrs (annus decretorius), d. h. des J. 1624, rechtlich geschüzt, und namentlich auch die Consistorialverfassung, als ein »annexum religionis« auf Grund des Besizstandes jenes Jahres aufrecht erhalten.

26. Das dritte dieser Systeme wird als das Collegialsystem bezeichnet, weil es die Kirche, als eine für sich bestehende Genossenschaft, mit einem Collegium, einer Corporation vergleicht [39]. Schon in diesem Begriffe findet das Collegialsystem den ausreichenden Grund eines eigenen selbständigen Willens, und einer entsprechenden Lebensthätigkeit der Kirche, woraus denn das Bestehen einer von der Landeshoheit verschiedenen Kirchengewalt, und die Notwendigkeit eines derselben entsprechenden

---

38) I(nstr.) P(acis) O(snabr.) art. V. §. 30. 31. 48.

39) Haupturheber dieses Systems ist der Tübinger Theologe Pfaff, namentlich in seinen Origines iuris ecclesiastici (seit 1719), in seinen Dissertationen De iure sacrorum absoluto et collegiali, und De uera ecclesiae notione (auch mit den Origines verbunden 1756) und in seinen akademischen Reden über das Kirchenrecht, seit 1742. Schon früher hatte aber Zwingli, Spener und Samuel Pufendorf († 1694) dieselbe Grundanschauung geltend gemacht. Richter S. 201. 202. 208. 211.

Kirchenregiments, als „ius collegiale", sich von selbst ergiebt.

Weit entfernt aber, diesem kirchlichen Regimente gegenüber das ius maiestaticum circa sacra, das Kirchenhoheitsrecht des Staats, zu bestreiten[40], ist vielmehr das Collegialsystem auch damit einverstanden, dass Beide sogar in der Hand der weltlichen Obrigkeit verbunden werden; die Bezeichnung des Landesfürsten als Landesbischofs ist dem Collegialsystem nicht zuwider, wenn nur der kirchliche Ursprung dieses Episcopats nicht verleugnet oder vergessen wird. Dies würde aber unbedingt der Fall sein, wenn die evangelische Kirchengewalt in die Hände eines katholischen Landesfürsten übergehen könte; nur dem evangelischen Fürsten als »membrum praecipuum ecclesiae" kan sie gebühren[41]. Es würde aber auch dann sehr bald der Fall sein, wenn nicht wenigstens ein Theil der Kirchengewalt den Gemeinden und den rein kirchlichen Kreisen verbliebe; daher ist in neuerer Zeit auch nach dieser Seite hin, und neben der Consistorialverfassung, die kräftigere Entwickelung der Presbyterien und Synoden für unerläslich gehalten worden[42].

27. Nur einer sehr mistrauischen oder einer sehr unkirchlichen Gesinnung dürfte es gelingen, in diesen einfachen Consequenzen des Collegialsystems etwas Staatsgefährliches zu entdecken; liegen sie doch weit ab von der gänzlichen Auseinandersezung zwischen Kirche und Staat, welche neuerdings so oft und so heftig von Ultramontanen gefordert wurde.

---

40) Die Kanonisten des vorigen Jahrhunderts, katholische und evangelische, pflegten diesen Gegensaz dadurch auszudrücken, dass sie das eigene Recht der Kirche als ius sacrorum oder ius in sacra bezeichneten.

41) Pfaff diss. de iure sacrorum absoluto §. 4.

42) Das Nähere darüber kan erst unten im vierten Kapitel vorkommen.

Und doch hat man in neuerer Zeit dieses System als ein demokratisches und revolutionäres verdammen wollen — weil es vorübergehend auch noch auf andere Argumente gestützt ward, die der damals herrschenden Theorie von Rousseau's »contrat social« verwandt waren. Der ehrwürdige Pfaff hatte die Kirche als Stiftung des Heilands bezeichnet: er hatte den Uebergang des Kirchenregiments an die weltliche Obrigkeit auch als einen stillschweigenden gelten lassen, oder aus der häufigen Unfähigkeit der Gemeinden zur Selbstregierung hergeleitet; die naturrechtlichen Zuthaten späterer Zeit, welche aus der Gemeinsamkeit religioser Ueberzeugungen einen bloſsen Vereinigungsvertrag, und aus der Verschmelzung der Kirchengewalt mit dem weltlichen Regiment einen Verleihungsvertrag machen wolten, sind ihm nicht aufzubürden. Jezt darf man ehrlicherweise diese Zuthaten nur als müssiges Beiwerk bei Seite schieben, ohne ihretwegen die Grundlage des Collegialsystems zu verdächtigen.

Freilich gehört auch jezt noch eine schärfere Abgrenzung zwischen Kirchenhoheit und Kirchenregiment zu den gerechten Wünschen unserer Kirche; denn abgesehen von den sehr weiten Verheissungen der preussischen Verfassung (art. 15), ist bisher nur für den bedenklichsten Fall: für den Austrit des Landesfürsten aus der evangelischen Kirche, teils in einzelen Fällen durch Reversalen[43], teils allgemeiner durch Landesverfassungen[44] gesorgt worden.

---

43) So 1697 in Sachsen, 1710 in Wolfenbüttel, 1733 in Württemberg, 1760 in Kurhessen — nur nicht 1838 in Köthen.

44) So im Königreich Sachsen, in Sachsen Altenburg, Hannover, Braunschweig, Kurhessen, Württemberg; s. Zachariae's Samlg. 855. S. 169. 223. 306. 376. 606. 725.

V. Das Verhältnis der Kirchen zu einander.

A. Verschiedener Bekentniskirchen.

28. Die gegenseitigen Beziehungen zweier durch Bekentnis oder Verfassung gesonderter Kirchen zu einander können nur dann eine festere Gestaltung gewinnen, wenn Beide das Bewustsein eines tieferen gemeinsamen Glaubensgrundes nicht verleugnen; und nur das Verlangen nach näherer Verbindung oder Wiedervereinigung kan diese Beziehungen zu einem lebendigen Organismus erheben.

Aber auch ohne diese Voraussezungen kan schon die gemeinsame Unterordnung unter dieselbe Staatsgewalt und dieselben Staatsbehörden zur Quelle unfreiwilliger Beziehungen und Gemeinschaften werden. Der Staat, auch der nicht paritätische[45], ist verpflichtet, die streitenden Kirchen an rechtswidrigen Angriffen und Uebergriffen (z. B. Störungen des Familienfriedens, Proselytenmacherei durch äussere Mittel) zu hindern; er kan aber auch sich veranlast finden, beiden Theilen eine gemeinsame politische Stellung bei ständischen Verhandlungen zu verleihen, oder ihnen Lehranstalten, Armenverwaltungen, Hospitäler, neu errichtete Kirchen und Begräbnispläze zum Simultangebrauch, ja selbst zum Miteigentum anzuweisen. Hatte doch, so unnatürlich es war, der westfälische Friede sogar einige gemischte Domkapitel, und in Osnabrük eine alternirende Bischofswürde für die evangelische und die katholische Kirche bestätiget!

---

45) In Preussen ist jede mit Korporationsrechten im Staate bestehende Religionsgesellschaft, auch die nicht christliche, gegen Spott und Verlästerung geschüzt. Strafgesezbuch §. 135. vgl. Pr. LandR. II, 20 §. 214...217. Daraus folgt freilich noch nicht ein gleicher Schuz für speciellere einer Kirche annectirte Institute, die der Staat nicht anerkennen darf, auch wenn er sie nicht sofort verbietet.

Auf mehr als diese unfreiwilligen und oft wenig heilsamen Gemeinschaften hat die römische Kirche sich der evangelischen gegenüber vorerst nicht eingelassen; sogar bei den Protesten gegen den westfälischen Frieden (»la disastrosa pace di Westfalia«), gegen den Altranstädter und den Badener Frieden, gegen die kaiserliche Wahlcapitulation und die Wiener Congressacte, ist es bisher noch verblieben. Dagegen hat sie mit der griechischen Kirche schon im J. 1439 einen Unionsvertrag geschlossen, welcher die seitdem unirten Griechen und Armenier zwar den Lateinern nicht völlig gleichstellt, aber doch von ihren schismatischen Landsleuten wesentlich unterscheidet.

29. Desto mannichfaltiger haben die gegenseitigen Beziehungen innerhalb unserer beiden evangelischen Confessionen, der lutherischen und der reformirten, sich gestalten müssen, damit das laut empfundene Bedürfnis einer allgemeinen und vollständigen Wiedervereinigung, wenn auch langsam, doch so Gott will, desto sicherer zu seinem endlichen Ziele gelange[46].

Jeder Anfang einer wahren Union hat aber, als positive Grundlage, den übereinstimmenden Inhalt, den Consensus der beiderseitigen Bekentnisse festzuhalten. Die widersprechenden Lehren dagegen dürfen nicht, weil ihrer nur wenige sind, als unerheblich beseitiget werden; nur darauf komt es an, dass schon für jezt und in geduldigem Harren auf weitere Ausgleichungen, erklärt werde, in welchem Umfange dieser Dissensus nicht mehr als Hindernis einer näheren Wiedervereinigung gelten dürfe. Dabei sind aber drei verschiedene Stufen des Anschlusses zu unterscheiden.

Die erste Stufe ist die der Conföderation: sie

46) Vgl. Carl Imman. Nitzsch Urkundenbuch der evangelischen Union 853. — A. Altmann die evgl. Union in Preussen. 867.

bleibt bei den freiwilligen Gemeinschaften stehen, welche entweder ganz ausserhalb der geschlossenen und begrenzten Kirchenverbände möglich sind, oder doch nur die materiellen Interessen der Gemeinden betreffen. Die Heidenmissionen, die innere Mission, die sog. Gustav-Adolf-Stiftung, die evangelischen Kirchentage, haben fast überall die einzelen Glieder beider evangelischer Confessionen vereinigt; durch freiwilliges Miteigentum an Simultankirchen und anderem Kirchengut können auch die Gemeinden im Ganzen sich verbünden[47].

Die zweite Stufe wird durch eine Gemeinschaft des Kirchenregiments, durch Incorporation der verschiedenen Gemeinden zu landeskirchlichen Verbänden erreicht. Sie hat ihren eigentlichen Grund in den episcopalen Attributen der landesfürstlichen Gewalt; je weiter aber diese Gemeinschaft in die Consistorial-, die Synodal- und Superintendenturbezirke hinabsteigt, um so mehr wird auch — bei richtiger Schonung individueller Anschauungen und Interessen[48] — das Bewustsein des gemeinsamen Glaubens zur Geltung kommen.

Die dritte Stufe endlich besteht in dem Eindringen der Union in das Innere der Gemeinden, wenigstens durch die Zusicherung, dass die vollständige Gemeinschaft am Gottesdienste und an den Sacramenten durch die Verschiedenheit des Bekentnisses nicht ausgeschlossen sein

---

47) Schon Friedrich Wilhelm I. schenkte der Dreifaltigkeitskirche in Berlin gemeinsame Gefäſse für beide evangelische Confessionen. Ranke Gesch. v. Preussen Th. I. S. 486.

48) Dass in Preussen die Kirchen der neu erworbenen Provinzen im J. 1867 nur dem Cultusministerium, und nicht dem evangelischen Oberkirchenrath zugeordnet wurden, kan von diesem Standpuncte aus wohl gebilligt werden. Hatte dem dem früheren Kirchenregiment in Hannover und der Mehrzahl der Geistlichen daselbst das Verständnis für die Sache der Union gefehlt, so ist auch von den Gemeinden nicht zu verlangen, dass sie mit einem Sprunge sich derselben anschliessen.

solle[49]. Die völlige Gleichstellung beider Confessionen in der eigentlichen Consensusgemeinde, würde aber auch bei der Besezung des Pfarramts und des Presbyteriums keine rechtliche Verschiedenheit mehr gestatten.

Der grösten Fortschritte darf die Sache der Union sich im westlichen Deutschland rühmen; als vollendete Thatsache ist sie für das Grosherzogtum Baden und demnächst für die Mehrzahl der Gemeinden in Rheinpreussen und Westfalen anerkant und neuerdings höchsten Ortes bestätiget worden[50]. Möge das übrige Deutschland auf diesen gebahnten, sicheren Wegen nachfolgen.

B. Verbindung verschiedener Landeskirchen.

30. Eine Vereinigung verschiedener Landeskirchen zu einer äusserlich gegliederten Gemeinschaft liegt weder in den Bedürfnissen noch in den Wünschen der römischen Kirche, weil ihre Verfassung ohnehin die Einzelstaaten überragt, weshalb auch nicht einmal die Nationalsynoden sich einer besonderen Gunst in Rom erfreuen. Anders die evangelische Kirche, wenigstens da wo die Kleinstaaterei das kirchliche Leben gefährdet. Sie kan jenes Ziel aber nur auf dem Wege der Conföderation erreichen, der auch schon zur Zeit des deutschen Reiches in dem Schmalkaldner Bunde (1531) und in dem Corpus Evangelicorum (formell seit 1653) betreten wurde, und der neuerdings in den periodischen s. g. Eisenacher Conferenzen der deutschen Landeskirchenregimente schon manchen Segen gebracht hat[51]. Auch die Verei-

49) Dies hatte schon das Preuss. LdR. (II, 11 §. 39) von allen der Augsburgischen Confession verwandten Gemeinden vorausgesezt.

50) Königl. Preuss. Order v. 25. Nov. 1855. Rescript des Regenten von Baden v. 14. Jan. 1856.

51) Die Berichte darüber stehen in Moser's allgemeinem Kirchenblatt für das evang. Deutschland (oben S. 2 num. 14).

nigung zwischen England und Preussen über die Einsezung eines evangelischen Bistums in Jerusalem kan dahin gerechnet werden.

Eine gemeinsame synodale Wirksamkeit hat wenigstens auf der Dordrechter Synode (1618) in grösserem Maasse stattgefunden; nach dem was die neueste Entwickelung Deutschlands auf anderen Gebieten erreicht hat, wird die evangelische Kirche auch wohl eine deutsche Nationalsynode von der Zukunft erwarten dürfen.

Wir verlassen nunmehr das Gebiet der schwierigsten, das Kirchenrecht berührenden principiellen Fragen. Unsere weitere Darstellung hat sich mehr mit bestehenden, specieller geordneten Verhältnissen zu beschäftigen; sie wird zuerst die Mitglieder der Kirche (Kap. II), dann ihre Behörden (Kap. III. IV), endlich das Kirchengut und die Kirchenverwaltung zum Gegenstande haben.

In den abgeschlossenen Systemen des Kirchenrechts ist zur correcten Darstellung des Ganzen auch ein besonders wichtiger Abschnit über das kirchliche Privatleben — Ehe, Eid und Begräbnis — nicht zu entbehren. Hier bedarf es dessen nicht, weil Eid und Ehe sich schon im dritten Buche unseres Systems (§. 84...90.99...150) zusammenhängend abgehandelt finden, und die minder wichtige Lehre vom Begräbnis sich auch dem Rechte der Kirchhöfe, beim Kirchengute, füglich anschliessen kan.

Zweites Kapitel.

Die Mitglieder der Kirche.

I. Begrif und Arten des status ecclesiasticus.

31. Wir verstehen unter status ecclesiasticus die Eigenschaft, Mitglied einer Kirche zu sein. Derselbe ist ein status communis, in sofern er nur das allgemeine kirchliche Bürgerrecht, die kirchliche Rechts- und Handlungsfähigkeit in Privatverhältnissen umfasst; er wird zum status specialis, wenn entweder die Gemeinschaft eines engeren kirchlichen Kreises, oder die Fähigkeit zu einer öffentlichen Thätigkeit, einem Amte in kirchlichen Dingen, als Standesgemeinschaft hinzutrit.

Der status ecclesiasticus communis zerfält jezt in die Gemeinschaft der Taufe und die des Bekentnisses; bei den status speciales dagegen müssen wir Ortsgenossenschaften, Standesgenossenschaften und Zwekgenossenschaften unterscheiden. Die römische Kirche sieht freilich nur auf die Standesgenossenschaft, welche teils durch Weihen, als status clericalis, teils durch feierliche Gelübde, als status regularis, entstehen soll; doch wird auch ein status quasi regularis bei Denjenigen anerkant, die ohne feierliche Gelübde in gewisse kirchliche Zwekgenossenschaften (Stifter, Orden, Sodalitäten) eingetreten sind oder sich ihnen angeschlossen haben.

Den Mangel des status clericalis bezeichnet das kanonische Recht als status laicalis, den des status regularis als status saecularis. Beides sind also nur negative Begriffe, für welche die Ausdrücke conditio oder communio laicalis, saecularis besser geeignet wären. Nonnen und nicht ordinirte Mönche gehören zum Laienstande, der ordinirte Geistliche als solcher ist Weltgeistlicher.

II. Der Taufbund.

32. Die Gemeinschaft der Taufe ist das weiteste äussere Band, welches in der Christenheit besteht, denn es umfasst die katholische und die evangelische Kirche zugleich[52], während die griechische wenigstens mitunter eine zweite Taufe des zu ihr Uebertretenden fordert.

Ursprünglich wurden (wie bei den Juden) nur Erwachsene getauft, nachdem sie während gewisser Vorbereitungszeiten Beweise ihrer Glaubensfestigkeit gegeben, und sich dafür auf besondere Bürgen (fideiussores, sponsores, susceptatores) zu berufen im Stande waren. Die Kindertaufe, durch welche zugleich der jüdischen Beschneidung vorgebeugt wurde, ist erst im dritten Jahrhundert allgemein geworden; und noch jezt pflegen in der morgenländischen Kirche einzelne Secten die Taufe sogar bis zur Todesstunde zu verschieben.

33. Aus der Kindertaufe ist für die Kinder christlicher Eltern der Taufzwang als Herkommen hervorgegangen, bis derselbe in dem Reichsabschied von 1529, als man dem Treiben der Wiedertäufer ernstlich begegnen wolte, auch eine gesezliche Basis erhielt. Das Concil von Trient verwirft nur die Einwendungen gegen die

---

52) Dies folgt schon aus cap. 6. X. de Baptismo (III, 42.) Dass neuerdings in einzelen Fällen auch Evangelische, die zur römischen Kirche übertreten, von Neuem getauft sind, hat vorläufig eine energische Protestation von Seiten der evangelischen Conferenz zu Eisenach im J. 1865 zur Folge gehabt. s. auch Amtsblatt des Consistoriums zu Coblenz 1863 S. 37. Dove zu Richter §. 255. Note 14.

Kindertaufe, daher sind die Fristen des Taufzwanges nicht überall in der katholischen Kirche dieselben. In der evangelischen Kirche betragen diese, durch Landesgeseze fixirten Fristen in der Regel sechs Wochen [53].

Nicht überall hat dieser Taufzwang auch eine Zwangstaufe zur Folge; in Kurhessen ist nur die Sacramentssperre, anderswo mitunter nur eine Geldstrafe, als Zwangsmittel gestattet. In Preussen hat der Anhang zum Landrecht [54] die Bestellung eines Vormundes für das Kind, und durch diesen die Bewirkung der Taufe verordnet. In Württemberg, wie im französischen Recht, besteht gar kein Taufzwang; die Sitte und die Unentbehrlichkeit der Taufe zur kirchlichen Rechtsfähigkeit erweisen sich als ausreichend.

Die gänzliche Befreiung vom Taufzwange, wo er an sich besteht, ist als Privilegium unter den Christen nur den Mennoniten oder Taufgesinnten gewährt, bisher aber nicht den neuen freien Gemeinden.

34. Fast ebenso alt, wie die Kindertaufe, ist das auf der sacramentalen Natur der Taufe beruhende Verbot der Wiedertaufe, des Anabaptismus, welches besonders durch ältere weltliche Geseze [55] mit Strafen verknüpft, jezt aber wohl dadurch umgangen wird, dass man der ersten Taufe den Character einer nur bedingten Nottaufe [56] beilegt.

---

53) vgl. Richter Kirchenrecht §. 238 Note 5—8. Eine königl. Sächs. Verordnung v. 16. Dec. 1825 hatte als Regel nur acht Tage gestatten wollen.

54) Anhang zum Preuss. LdR. §. 131, nach einem Rescript vom 23. Febr. 1802.

55) Const. 1. Ne sanctum baptisma iteretur (Cod. Just. I, 6). Decr. Greg. V, 9: de Apostatis et reiterantibus baptisma. Reichsabschied von 1529 §. 6.

56) S. unten Note 62. Das cap. 2 X. de Baptismo (III, 42) schreibt die bedingte Form für die zweite Taufe vor.

Die Taufe eines Kindes nicht christlicher Eltern kan nur verboten sein, so lange eine Verlezung der elterlichen Rechte darin liegen könte[57].

35. Die übrigen Erfordernisse der regelmäfsigen Taufe sind: das Recht des Taufenden, die Gegenwart der Taufzeugen und die gehörige Form der Taufe.

a) Die Befugnis zu taufen war ursprünglich dem Bischof vorbehalten; der Uebergang derselben an die Pfarrer hängt aber wesentlich mit der Ausbildung der Pfarrbezirke zusammen, weshalb die Pfarrkirchen anfangs als Taufkirchen (ecclesiae baptismales) bezeichnet wurden.

Zur Competenz des Pfarrers gehört, dass das Kind in seiner Parochie geboren sei; unter Pfarrern verschiedener Confessionen gebührt die Wahl den Eltern, zunächst dem Vater des Kindes, wo nicht der Grundsaz: »religio sequitur sexum« zur gesezlichen Regel erhoben ist[58].

Der Mangel der Competenz hat aber keine Nichtigkeit der Taufe zur Folge.

36. b) Als Taufzeugen (Paten, susceptatores) fordert das kanonische Recht nur einen Mann oder eine Frau, es gestattet höchstens zwei, die aber verschiedenen Geschlechtes sein müssen[59]. Die evangelische Kirche behandelt zwei Gevattern als die regelmäfsige Zahl, pflegt aber drei ohne Weiteres zu erlauben, so dass nur eine noch gröfsere Zahl bald gar nicht, bald nur gegen kleine Straf-

---

57) So ist namentlich das Preuss. LdR. II, 2 §. 642, vom unehelichen Kinde einer Jüdin, zu verstehen. Rhein. Museum für Jurisprudenz Bd. V. S. 119. 110.

58) s. Buch III §. 156. 157. Der Versuch der Preussischen Ministerien der Justiz und des Cultus, die Competenz des Taufenden bei gemischten Ehen genauer regeln zu wollen (durch Rescripte vom 27. Oct. und 27. Nov. 1855), hat gewiss sehr viel Bedenkliches. s. auch Evangel. Kirchenblat 1856 S. 291. 292.

59) Concil. Trident. Sess. 24 cap. 2 de reform. matrim.

gelder oder Dispensationsgebühren in das Kirchenbuch einzutragen ist.

Da die Taufzeugen von den ursprünglichen Taufbürgen herzuleiten sind, so fordert man auch jezt von ihnen die Bürgschaft einer künftigen christlichen Erziehung des Kindes; und deshalb darf es keiner unserer Kirchen verargt werden, wenn sie die Angehörigen anderer Confessionen höchstens unter den überzähligen Gevattern zulassen wollen. Indessen hat doch die Ansicht, dass die Gevattern nur als Sollemnitätszeugen zu betrachten seien, hin und wieder überwogen, weshalb denn wenigstens in der evangelischen Kirche die Zulassung katholischer Taufzeugen mitunter gestattet worden ist [60].

Ganz unfähig zur Gevatterschaft sind Kinder, Mönche und Nonnen, und die nächsten Verwandten des Täuflings; in der evangelischen Kirche wenigstens der Vater desselben.

37. c) Zur gehörigen Form der Taufe gehört ausser den feierlichen, beiden Kirchen gemeinsamen Einsezungsworten: »Ich taufe dich im Namen des Vaters, des Sohnes und des heiligen Geistes« nur die Anwendung des reinen Wassers. Die Lehre von dem s. g. baptismus sanguinis und baptismus flaminis bezieht sich nur auf Surrogate der wahren Taufe [61].

38. Ausser diesen Surrogaten kan aber auch die wirkliche Taufe, wegen dringender und nächster Todesgefahr des Täuflings, die Gestalt einer Nottaufe (ondoiement) annehmen. Dabei bedarf es keiner Taufzeugen und keines competenten Pfarrers; auch der Laie, der Andersgläubige, selbst der Ungetaufte kan, wenn nur seine

---

60) Zuerst in einer Sächs. Kirchenordnung von 1580 (Richter's Samlung II, 442). — In Bayern hatte ein Ministerialrescript vom 9. Juli 1829 den katholischen Behörden dieselbe Nachsicht zur Pflicht gemacht.

61) Richter Kirchenrecht §. 255.

Absicht unzweifelhaft ist, die Taufe vollziehen. Nur die Selbsttaufe würde nichtig sein.

Die meisten Nottaufen fallen den Hebammen anheim, denen dieselben oft sogar gesezlich zur Pflicht gemacht sind. Aber eine specifisch confessionelle Form der Nottaufe, die nicht dem eigenen Bekentnis der Hebamme entsprechend ist, darf ihr nicht zugemutet werden.

Bei lebenskräftigen Kindern kante das kanonische Recht bisher keine Nottaufe [62]; die reformirte Kirche hatte sie früher überhaupt verboten [63].

39. Die juristische Wirkung der Taufe kan nicht sofort in persönlichen Verpflichtungen des getauften Kindes bestehen, da es zu der Handlung nicht mitgewirkt hat. Die Kirche aber verpflichtet sich, für die christliche Erziehung des Kindes zu sorgen, und in diesem Sinne kan ihr auch die Kirchengewalt, die sie über alle Getaufte in Anspruch nimt [64], nur streitig gemacht werden, sofern sie sich dadurch eines Eingriffes in die Rechte einer anderen christlichen Kirche schuldig macht.

Die Taufe giebt als Sacrament einen unverlierbaren und keine Erneuerung zulassenden Character (character indelebilis, Note 52. 55); auch bei der Wiederaufnahme des Apostaten, der sich inzwischen der feierlichen Aufnahme in eine nicht christliche Glaubensgenossenschaft unterworfen hätte, würde sie nicht zu wiederholen sein. Eine gesteigerte Strafbarkeit der Apostasie läst sich freilich aus diesem Grunde nicht ableiten, und die barbarischen Strafen der weltlichen Gesezgebung, mit welchen der Kaiser Constantius im J. 357 durch Androhung der

62) In Frankreich hielt sich der kaiserliche Hof im J. 1856 daran nicht gebunden.

63) Hessische Kirchenordnung von 1657, cap. 8. §. 3. Auch in die Kirchenordnung der unirten rheinisch-westfälischen Kirche ist sie erst nachträglich (zum §. 87) aufgenommen.

64) canon Displicet 38 C. 23 qu. 4.

Vermögensconfiscation nur den Anfang machte [65], werden sich hoffentlich zur Ehre des Christentums nie wieder erneuen [66].

40. Als Nebenwirkungen der Taufe sind noch die gleichzeitige Beilegung der Vornamen und die Verbindung der Taufregister mit den Geburtsregistern zu erwähnen. Von der lezteren ist schon früher (Buch III, §. 5) die Rede gewesen; für die Beilegung von Taufnamen, welche im vierten Jahrhundert üblich geworden zu sein scheint, ist erst neuerdings hin und wieder das gesezliche Verbot unkirchlicher Namen nötig geworden [67], während im Allgemeinen schon die Weigerung des Pfarrers oder der höheren Kirchenbehörde gegen entschiedene Misbräuche genügen müste. Nach rheinisch-französischem Rechte soll aber die Angabe dieser Namen schon vor der Taufe, bei der Civilstandsbehörde unwiderruflich erfolgen [68].

III. Die Gemeinschaft des Bekentnisses.

A. Der Eintrit in dieselbe.

41. Die Firmelung oder Confirmation, auf welcher die Gemeinschaft des Bekentnisses beruhet, ist nach Einführung der Kindertaufe zur notwendigen Ergänzung der-

---

65) const. 4. de Apostatis (Cod. Just. I, 7).

66) In Schlesien ward noch im J. 1785 nach der damals dort geltenden Josephina (Buch II. §. 164) einmal auf Anwendung der Todesstrafe angetragen; dass Friedrich II. den Process niederschlug, braucht wohl nicht erst gesagt zu werden. Prutz literar. historisches Taschenbuch 1846.

67) z. B. Rhein.-westfäl. Kirchenordnung §. 93.

68) Code civil art. 55, 58, verglichen mit dem Decret des General-Gouvernements-Commissars vom 15. Sept. 1801, bei Hermens (oben S. 4 num. 34) I, 348. 49. Philippi Civilstandsgeseze art. 55. 57.

selben geworden, freilich nicht ganz in demselben Sinne für die eine und die andere Kirche.

In der römischen Kirche gilt die Firmung als Sacrament [69], und das wesentlichste Element derselben ist die, regelmäfsig dem Bischof vorbehaltene Salbung des Gefirmelten mit dem Chrisma (signaculum baptismi). Da aber die Wirkung der Firmung besonders in der Glaubensfestigkeit bestehen soll, so ist sie erst bei siebenjährigen Kindern gestattet, und die Bischöfe sind sogar berechtiget, sie noch weiter hinauszuschieben und zuvor bestimmte Beweise der Glaubenseinsicht des zu Firmelnden zu verlangen [70].

In der evangelischen Kirche wird die Confirmation bestimmt als »Erneuerung des Taufbundes« bezeichnet, und ihre Wirkung besteht in der Fähigkeit zur Vornahme kirchlicher Handlungen, namentlich zum Empfange des h. Abendmahls, zur Eidesleistung, zur Eingehung einer kirchlichen Ehe. Ihr wesentlichstes Element ist also das freie Bekentnis des Confirmirten, als eigenes Zeugnis seiner Uebereinstimmung mit den Lehren der Kirche, in die er durch die Taufe aufgenommen wurde. Ein solches Zeugnis ist unstatthaft vor dem Ende der eigentlichen Kindheit: darum muss der Confirmande in der Regel [71] wenigstens das vierzehnte Lebensjahr zurükgelegt, und einen mindestens halbjährigen, oft sogar anderthalbjährigen Religionsunterricht genossen haben. Besser wäre freilich ein noch längerer Aufschub [72], denn leugnen läst

69) wegen Acta Apost. VIII, 14...17. vgl. can. 1...9 Dist. V de Consecr.

70) In Mainz ist durch eine bischöfliche Verordnung v. 5. März 1836 sehr passend das 14te Jahr vorgeschrieben. Factisch wird sie oft viel länger hinausgeschoben.

71) Dispensationen von höchstens einem Jahr kan das Consistorium, seltener das Presbyterium der Gemeinde, oder der Pfarrer allein gewähren.

72) Mitunter wird allerdings das 16jährige, selbst das 20jährige Alter gesezlich gefordert.

es sich nicht, dass die Freiheit des vierzehnjährigen Confirmanden, so wenig auch von directem Confirmationszwange die Rede ist, doch schon durch häusliche und bürgerliche Verhältnisse sehr beengt sein kan.

Aus dieser Verschiedenheit in den Alterserfordernissen der Firmelung und der Confirmation erwächst bei den gemischten Ehen eine sehr naheliegende Gefahr für die evangelische Kirche, die auch am Reichstag zu Regensburg eine Erklärung der verbündeten evangelischen Reichstände (des Corpus Evangelicorum) vom J. 1752 veranlast hatte, bei gemischten Ehen die Firmelung eines noch nicht vierzehnjährigen Kindes künftig nicht mehr anzuerkennen [73].

42. Als Mitwirkender bei der Firmung wird ein Zeuge (patrinus) gefordert, wie bei der Taufe; doch soll im Notfall auch Einer für alle Gefirmelten genügen. Die evangelische Kirche fordert in der Regel die Gegenwart der Gemeinde, wenigstens zweier Aeltester, weil erst mit der Confirmation die active Mitgliedschaft in der Gemeinde erworben und anerkant wird.

B. Der Confessionswechsel.

43. Da die Bekentnißfreiheit ein bloſser Ausfluss der Gewissensfreiheit ist, so darf vom juristischen Standpunkte aus die Befugnis zum Bekentniswechsel auch für den Confirmirten nicht hinwegfallen: die Versuche sie durch Confirmationseide unmöglich zu machen, oder durch Strafen — auch nur durch feierliche Excommunicationen — zu erschweren, sind gleich verwerflich [74].

---

73) Schauroth Conclusa des Corporis Evangelicorum 751. Bd. III S. 997. 998.

74) Auch der in Schweden angedroheten Landesverweisung und den in Toscana erst kürzlich verhängten Einkerkerungen dürfen wir jezt wohl nur eine historische Bedeutung beilegen.

Auch der Staat darf, so lange nur ein Wechsel unter den recipirten Landeskirchen beabsichtiget wird, keine andere Erschwerungen eintreten lassen, als diejenigen, die der Gefahr der Verleitung und Uebereilung vorbeugen; er wird vor Allem den anstöfsigen Mitteln des Proselytismus selbst strafend entgegen treten müssen [75]. Steht aber der gänzliche Austrit aus allen landeskirchlichen Verbänden in Frage, dann bleibt zwar immer noch die persönliche Gewissensfreiheit der Austretenden zu achten [76], aber diese Gewissensfreiheit darf nicht sofort zum Privilegium einer vollständigen kirchlichen Steuerfreiheit werden, auch nicht seine bereits getauften Kinder der Kirche sofort wieder entziehen [77]. Nur das weltliche Strafrecht darf sich an diesen Dingen nicht vergreifen; vergessen wir nicht, dass es ein Kaiser, ja ein der Kirche verhasster Kaiser war, der im J. 1238 die Todesstrafe für alle Kezer einführte, und dass die Greuel der Inquisition erst unter den Händen der spanischen Könige ihren Gipfel erreicht haben.

44. Zu den gesezlichen Erschwerungen, welche auch bei dem Confessionswechsel, dem Leichtsinn und dem Einflusse unlauterer Motive vorbeugen sollen, gehören nach einzelnen Landesrechten folgende Bedingungen:

a) ein höheres Alter, als wie die Confirmation es

---

75) vgl. Richter Kirchenrecht §. 239 der sechsten Ausgabe.

76) Die preussische Verordnung vom 30. März 1847 (Vogt II, 230) fordert eine gerichtliche, nach vier Wochen zu wiederholende Erklärung.

77) vgl. Wettich die rechtliche Bedeutung des Austrits aus der Kirche, in Gruchot's Beiträgen zur Erläuterung des preuss. Rechts Bd. VIII S. 528. Moser's Evangel. Kirchenblatt 1856 S. 39. 40.

erfordert: bald das vollendete 14te Jahr ohne Ausnahme[78], bald 18, oder 21 Jahre[79];

b) Zustimmung einer Behörde der aufnehmenden Kirche: entweder des Pfarrers nach vorgängiger Prüfung, oder zugleich der Gemeindeältesten, oder (wohl nur in Württemberg[80]) sogar der oberen Behörde[81].

c) Eine bestimmte Willenserklärung, so dass bis dahin der heimliche Uebertrit keine Wirkung äussern darf. Die förmliche Austritserklärung an den bisherigen Pfarrer ist jedoch nicht allgemein vorgeschrieben; in Oesterreich aber soll sie sogar wiederholt und vor Zeugen geschehen. Die Eintritserklärung kan mitunter auch factisch durch eine specifisch confessionelle Religionshandlung, z. B. durch den Genuss des Abendmals, geschehen, wenn dabei die Absicht des Uebertretenden unzweifelhaft ist[82].

Daneben verlangt das kanonische Recht auch noch

---

78) Preuss. LdR. II, 2 §. 84; ebenso in Württemberg, Hannover, Meklenburg, Nassau.

79) 18 in Baden, Kurhessen, Waldek; 21 in Bayern, Königreich Sachsen und Sachsen-Weimar. In Chur berechtigte der bloſse Versuch des Confessionswechsels vor dem 20. Jahre die Eltern zur Enterbung!

80) Moser Kblatt 1854 S. 262.

81) Moser Kirchenblatt 1854 S. 262. — Die in der früheren josefinischen Gesezgebung aufgestellte Bedingung eines vorgängigen sechswöchigen Unterrichts durch den bisherigen katholischen Pfarrer, ist als Quelle vieler Misbräuche in Oesterreich aufgehoben, in Sachsen zur Veranlassung eines entgegengesezten Verbots geworden.

82) So nach Preuss. LdR. II, 11 §. 41. 42. — In Hanau hat man 1854 auch für die Aufnahme von Deutschkatholiken in die evangelische Kirche besondere Formulare vorgeschrieben. Moser Kblatt 1854 Num. 23.

das öffentliche Abschwören des bisherigen Bekentnisses [83].

45. Wenn jenen gesezlichen Bedingungen genügt ist, dann müssen auch die Wirkungen des Confessionswechsels vollständig anerkant werden; selbst bei Geistlichen und Regularen läst sich eine teilweise Fortdauer ihrer bisherigen kirchlichen Amts- und Standespflichten, namentlich ihrer Eheunfähigkeit, nicht rechtfertigen.

Noch weniger ist es zu rechtfertigen, wenn man das kirchliche Erziehungsrecht des Uebertretenden in Ansehung seiner noch unmündigen Kinder beschränken wolte, wie es in Oesterreich, kürzlich auch in Frankreich zu Gunsten der katholischen Kirche versucht ward.

Dass der Confessionswechsel nicht von den bereits festgestellten Steuern oder ähnlichen Leistungen aus dem bisherigen kirchlichen Nexus befreien darf, das versteht sich im Grunde von selbst, ist aber auch durch Landesgeseze bestätigt worden [84].

IV. Die örtliche Kirchengemeinschaft.

A. Die Pfarrgenossenschaft, oder der Parochialverband.

46. Die Notwendigkeit einer örtlichen Kirchengemeinschaft ergiebt sich nicht blos aus dem natürlichen religiosen Bedürfnis (§. 3), sondern auch aus der besonderen Verheissung, die der Heiland auch dem kleinsten Kreise gegeben hat, der sich in seinem Namen versammeln würde (§. 4 a. e); die Gemeinde ist eben so gut eine Stiftung

83) cap. 9. X. de Hereticis (5, 7): nisi errorem suum ad arbitrium regionis publice consenserit abiurare. Ein noch im J. 1833 in Rom gebrauchtes Abschwörungsformular in deutscher Sprache steht in Mejer's Propaganda Th. I. S. 19.

84) Pr. LdR. II, 6. §. 184. 185.

des Heilands als die Gesamtkirche. Darum sind uns die apostolischen Gemeinden zwar nicht das unwandelbare Urbild der ganzen Kirche in ihrer weiteren Entfaltung, wohl aber enthalten sie solche Elemente des christlichen Gemeinlebens, welche der Kirche niemals fehlen dürfen. Dass dieser Begrif einer activen Gemeinde allmählig ganz verschwinden, und sie zu einem bloſsen pfarramtlichen Verwaltungsbezirke eintroknen konte, in welchem die seelsorgerischen Kräfte des Pfarrers fast allein maasgebend blieben, das war gewiss eine der bedenklichsten Abnormitäten in dem späteren Leben der Kirche.

47. Zwei Gründe haben dieses Resultat herbeigeführt: zuerst die wachsende Mitgliederzahl in den ältesten Gemeinden, dann die Standesvorrechte des Clerus vor den Laien, der künstlich gebildete Gegensaz einer herrschenden und einer gehorchenden Kirche.

Die ältesten Gemeinden waren bischöfliche, Diöcesangemeinden: sie waren, als die ersten Brennpuncte des christlichen Glaubens, auch reich an freudiger, opferwilliger Hingebung für den Dienst der Gemeinde, deren Organismus durch Diaconen, Diaconissen, Aelteste und Presbyterien (presbyterorum senatus) gebildet wurde. Aber auch nach den Tagen der Märtyrer, und als die Sonderung von Clerus und Laien völlig entschieden war, hat sich noch lange wenigstens ein Rest jener Wirksamkeit der apostolischen Gemeinden in dem Anteil der Laien an den Bischofswahlen erhalten.

Nicht so in den Tochterkirchen, die aus jenen Muttergemeinden hervorgingen, oder später für die haufenweise bekehrten Germanen gegründet wurden. Ihnen ward der Priester, meist nach Verhältnis der vorhandenen Seelen- oder Häuserzahl[85], vom Bischof gesezt; und nur durch

85) can. 3. C. 10. qu. 3: ut ecclesia, quae usque ad decem habuerit mansos, super se habeat sacerdotem: quae uero minus decem habuerit mancipia, aliis coniungatur ecclesiis.

ihn, den rector ecclesiae, waren die Bewohner seines Bezirks kirchlich unter einander verbunden.

Für die evangelische Kirche ward es demnach eine der dringendsten Aufgaben, das eigentliche Gemeindebewustsein wieder zu wecken und zu befestigen, und so die Gemeinde wieder zu einem Mittelpunct des kirchlichen Lebens zu erheben. Nicht selten sind auch die Drangsale der Verfolgungen dieser Aufgabe zu Hilfe gekommen. Dennoch waren es hauptsächlich nur reformirte Gemeinden, die sich auch in ihrer Verfassung dem Typus der apostolischen Gemeinden wieder annäherten; in der lutherischen Kirche wurden die ersten Keime einer lebendigen Gemeindeverfassung meist durch die Fortdauer der Patronatverhältnisse und das Uebergewicht der Consistorien wieder erstikt. So hat denn unsere Zeit sich in diesem Puncte noch mancher Nachhilfe, und selbst manchem Neubau zu unterziehen.

Die Darstellung der evangelischen Gemeindeverfassung an sich gehört aber erst in das vierte Kapitel.

48. Mitglied der Ortsgemeinde (Parochie, παροίκια), ist jeder, der seinen Wohnsiz in ihrem Bezirke hat: »quisquis est in parochia, est etiam de parochia« — vorausgesezt, dass er der Confession der Gemeinde angehöre. Dies folgt in der katholischen Kirche aus seiner Unterwerfung unter die Pfarrgewalt, in der evangelischen aus der Pflicht jedes Christen, die Glaubensgemeinschaft zuerst seinem Nächsten gegenüber zu bethätigen.

Es ist also für beide Confessionen nur eine künstliche Ausnahme, wenn einzelne Personen zu der Gemeinde ihres Wohnortes nicht gehören. Nach kanonischem Rechte sind alle Klöster von der Pfarrgewalt eximirt[86]; in der evangelischen Kirche haben sonst wohl die Staatsbeamten,

---

86) cap. 2. X. de Capellis monachorum (3, 37). cap. 16. X. de Excessibus praelatorum (5, 31).

die Militärpersonen, die Universitätsgenossen eine Befreiung vom Pfarrverbande in Anspruch genommen, namentlich in Ansehung der Taufen, der Confirmation, der Trauungen, Begräbnisse und Kirchensteuern [87]. Ordnungsmäfsig erforderte dies die Bildung besonderer Pfarrbezirke für die Eximirten, die aber dadurch die Eigenschaft einer wirklichen Gemeinde nicht erwerben konten, wenn auch mitunter die Bezeichnung einer Personalgemeinde dafür gebraucht wurde: Hof- oder Schlosskirchen, Militärsprengel, Anstaltsparochien u. dgl. Ein Bedürfnis solcher Ausnahmen ist nur für den activen Heerdienst anzuerkennen, und meistens scheint man auch bestrebt, sie auf diesen Fall zu beschränken [88].

So weit nun dieses Band durch den Wohnort von Rechtswegen geschlungen ist, so weit kan auch nur die Veränderung des Wohnorts dasselbe ohne Weiteres lösen. Ein Recht des gänzlichen Ausschlusses dagegen können die einzelen Gemeinden nicht üben; nur zeitweilig können sie von ihren Versamlungen und Beratungen ein unwürdiges Mitglied ausschliessen [89].

Aber auch eine mehrfache Pfarrgenossenschaft für dasselbe Individuum ist, als Ausnahme von der Regel, keinesweges unmöglich [90]. Sie kan entstehen teils durch ein mehrfaches Domicil, teils auch durch freiwilligen Eintrit des nicht Domicilirten, oder durch freiwilliges Verbleiben in der Pfarrgenossenschaft nach eingetretenem Domicilwechsel; und dafür kan schon der blos periodische Aufenthalt oder ein Grundbesiz innerhalb des Pfarrbezirks eine wohlberechtigte Veranlassung abgeben.

---

87) J. H. Böhmer ius parochiale Sect. IV. c. 1. §. 13. Richter Gesch. der evangel. Kirchenverfassung S. 246. — Preuss. LdR. II, 11 §. 277...293.

88) vgl. Preuss. Rescript v. 2. Jan. 1817. Rhein. westf. K.O. §. 2.

89) vgl. Preuss. LdR. II, 11 §. 54...57.

90) vgl. Preuss. LdR. II, 11, 716. 721.

Eine passive Pfarrgenossenschaft ist mitunter den blofsen Forensen, den auswärts domicilirten Grundbesizern innerhalb des Parochialbezirks, schon von Rechtswegen beigelegt worden, namentlich in Beziehung auf die kirchliche Baulast, die man als Reallast eben so wie die Zehntpflicht allen »possidentes« ohne Rüksicht auf ihre confessionelle Stellung aufzubürden suchte. Anderswo hat man für diese Belastung der Grundbesizer auch deren Confessionsgenossenschaft als Bedingung gefordert [91]; die meisten neueren Kirchenordnungen aber haben überhaupt keinen Anspruch an die Forensen als solche anerkant, was freilich zu sehr unbilligen Ungleichheiten führen und nur dadurch einigermaassen sich ausgleichen kan, dass die Forensen unter gewissen Bedingungen zu Mitgliedern der Pfarrgemeinde erhoben werden. Auch der Patron der Kirche würde sonst sehr oft nur ihr Forense sein [92].

49. Unter den Pfarrgenossen als solchen macht die katholische Kirche keinen weiteren Unterschied: sie stehen, als Laien, und soweit sie nicht etwa noch besonderen Sodalitäten angehören, in Rechten und Pflichten einander gleich.

In der evangelischen Kirche dagegen muss zwischen den blofsen Eingepfarrten und den activen Gemeindegliedern unterschieden werden. Alle Pfarrgenossen sind durch die Gemeinschaft des Bekentnisses auch gleich berechtiget zur Theilnahme an den Andachtübungen und Heilmitteln der Kirche, gleich verpflichtet zur Befolgung der Anordnungen der kirchlichen Gemeindevorstände und zum Beitrage zu den kirchlichen Lasten. Aber nur die activen Gemeindeglieder sind fähig zur Theilnahme an

---

91) So im Preuss. LdR. II, 11 §. 261...280 und in dem Rheinpreussischen Gesez vom 15. März 1845.

92) vgl. Rhein. westf. K.O. §. 18. 131. und meinen Aufsaz in Huyssen's Evangel. Gemeindeblatt 1868 Num. 7.

Abstimmungen, an Wahlen, an der Gemeindeverwaltung: für diese, den Frauen oft ganz versagte Theilnahme, muss ein reiferes Alter, höhere Bildung und Opferwilligkeit, und gröſsere Selbständigkeit als Bürgschaft hinzukommen.

B. Die gröſseren Kirchenverbände: die Missionen, die Diaspora, die Landeskirche.

50. Wer Mitglied einer Pfarrgemeinde ist, der muss dadurch mittelbar auch den gröſseren Kirchenbezirken angehören, zu deren Gliedern seine Gemeinde gehört. Dies gilt nicht nur von den bloſsen Verwaltungsbezirken, z. B. den Decanats-, Archidiaconats- und Diöcesanverbänden, den Ephorats-, Superintendentur- und Consistorialbezirken, sondern auch von den evangelischen Synodalverbänden, die man neuerdings wohl als Kreis- und Provinzial-Gemeinden bezeichnet hat[93].

Wer aber an einem Orte lebt, welcher keiner Pfarrgemeinde angehört, der steht in einem unmittelbaren Nexus zu der nächsten allgemeinen Bezirksbehörde. Die römisch-katholische Kirche hat für solche Fälle in sehr groſsartiger Weise gesorgt, indem das Institut der Propaganda alle Lücken des ordentlichen Diöcesan- und Pfarrverbandes ausfüllen soll: die fehlenden Bischofsize werden durch apostolische Vicariate, die Pfarrer durch Missionare ersezt[94]. In der evangelischen Kirche wird den Gläubigen in der s. g. Diaspora noch lange nicht genug durch Hülfgeistliche, Reiseprediger und Missionare geholfen[95].

---

93) So in der rheinisch-westfälischen Kirchenordnung §. 34. 44. Erklärbar ist dieser Ausdruk durch die frühere isolirte Stellung der niederrheinischen Kirche, die in der allgemeinen Synode der älteren vier Provinzen ihre Spize hatte.

94) Otto Mejer die Propaganda, ihre Provinzen und ihr Recht. 852. 53. 2 Bde.

95) vgl. für Preussen die Verfügung des Oberkirchenraths vom 25. Aug. 1853.

Ein ähnlicher Unterschied trit für das Verhältnis des Einzelen zur Landeskirche ein. Der Eintrit in dieselbe wird in der Regel vermittelt durch den Eintrit in eine bestimmte Ortsgemeinde; wer aber einmal der Landeskirche angehört, der bleibt in derselben auch bei gänzlichem Ausscheiden aus jedem örtlichen Nexus, so lange er nicht zugleich aus dem Staate oder aus der betreffenden Confessionsgemeinschaft ausgeschieden ist.

V. Der Stand der Ordinirten, status clericalis.

A. In der katholischen Kirche.

1. Begrif und Stufen der Weihe.

51. Die römische Kirche versteht unter dem Clerus die Gesamtheit Derjenigen, denen die Fähigkeit zum geistlichen Amte durch die Weihe oder Ordination auf eine übernatürliche Weise erteilt worden sei; und die Absonderung dieser Standesgenossenschaft von den Laien macht die römische Kirche zu einer »ecclesia inaequalis«. Ob der Name κλῆρος dabei ursprünglich in der Bedeutung eines Amtes[96], eines Looses[97] oder eines besonderen göttlichen Erbteiles[98] gemeint gewesen, darüber waren schon Augustinus, Isidorus und Hieronymus verschiedener Meinung[99].

Gewiss ist, dass das Wort Ordo ursprünglich das Kirchenamt bedeutete; die Ordination war die Einsezung in dieses Amt, mittels feierlicher Auflegung der Hände.

---

96) Wie in der Apostelgeschichte I, 17.

97) Wie daselbst I, 26.

98) Wie in den mosaischen Büchern, Numer. XVIII, 20. Deuteronom. XVIII, 1. 2. vgl. Ephes. I, 11. 14. Coloss. I, 12.

99) canon. 1. Dist. 21. can. 5. 7. Causa XII. quaestio 1.

Als aber später die in der Weihe liegende Amtsbefähigung schon vor der Erteilung eines bestimmten Amtes vollzogen ward, hielt man doch noch fest an der früheren Abstufung der alten, zum Theil ganz antiquirten Kirchenämter, so dass der höchsten Weihe, der des Priesters[100], noch verschiedene vorbereitende Stufen vorausgehen. Die Gesamtheit dieser Abstufungen nennt man die Hierarchie der Weihe (hierarchia ordinis); sie besteht in der griechischen Kirche aus vier, in der römischen aus sieben Stufen, welche wieder in die höheren (ordines maiores) und die niederen Weihen (minores) zerfallen. Für höhere Weihen sind, nach einigen Schwankungen, erklärt worden: die des Priesters, des Diaconus und des Subdiaconus; für niedere die des Akoluthus, Exorcista, Lector und Ostiarius[101]. In gewissem Sinne giebt es aber noch eine tiefere Vorbereitungstufe: die der Tonsur, von der man auch schon zu sagen pflegt: »tonsura facit clericum.«

2. Erfordernisse und Wirkungen der Weihe.

52. Zum Erwerbe der Weihe gehören vier Dinge: das Recht des Erteilers, die Fähigkeit des Empfängers, der materielle Grund und die Förmlichkeiten der Ordination.

a) Nur der Bischof kan, mit wenigen Ausnahmen zu Gunsten des Priesters bei der Erteilung niederer Weihen, gültig ordiniren; und zur Rechtmäfsigkeit seiner Ordination bedarf es der Katholicität[102] und der beson-

100) Dem sacerdotium; denn für den Bischof giebt es nur eine Consecration, keine besondere Ordination. Sonst würden sich mit Einschluss der Tonsur sogar neun Stufen der Weihe ergeben.

101) Concil. Trident. Sess. XXIII. cap. 2 et can. 2 de ordine. cap. 17 de reform.

102) Die Gültigkeit der Weihen anglicanischer Bischöfe wird besonders wegen ihrer Form bestritten. Dove zu Richter S. 305.

deren Competenz des Bischofs. Diese Competenz wird aber begründet durch den Geburtsort, den Wohnort, den Amtsort des Empfängers, endlich auch durch seinen längeren Umgang mit dem Erteiler [103]. Sie kan auf andere Bischöfe übertragen werden durch Mandat und Delegation, namentlich durch literae dimissoriales [104].

53. b) Der Empfänger der Weihe muss getauft, und männlichen Geschlechts [105] sein, sonst wäre sie schlechthin ungültig (inualida). Damit aber die Weihe auch rechtmäfsig (licita) sei, bedarf es noch mancher anderer Eigenschaften, deren Mangel als Irregularität des Empfängers bezeichnet wird. Diese Irregularität kan teils ex defectu, teils ex delicto entstehen; und unter den mannichfachen Arten des defectus ist der Mangel des Alters [106], der ehelichen Geburt, der Freiheit, der hinreichenden Bildung und Sittenreinheit besonders hervorzuheben [107]. Auch der Mangel der vorhergehenden Weihen, und der einer einjährigen Zwischenzeit (interstitium) vor Erteilung einer höheren, gilt als Irregularität. Zum Dispensiren ist dabei viele Freiheit gelassen.

54. c) In materieller Hinsicht gilt das Verbot:

---

103) Der Bischof ist »proprius« ratione originis, domicilii, beneficii, und familiaritatis s. commensalitii.

104) Concil. Trid. Sess. VII. cap. 11. Sess. XXIII. cap. 8 de ref.

105) In den Apostelgemeinden finden wir nicht nur Diaconen, sondern auch Diaconissen; in späterer Zeit auch presbyterae.

106) Nach manchen Schwankungen des älteren Rechts hat das Concil von Trient Sess. XXIII. cap. 4. 6. 12 de reformatione für die Tonsur und die niederen Weihen nur das vollendete siebente Lebensjahr und die vorherige Firmelung gefordert; für den Subdiaconat den Anfang des 22sten, für den Diaconus den Anfang des 23sten, für den Priester den des 25sten Jahres. Zur Consecration des Bischofs bedarf es des vollendeten dreissigsten Jahres.

107) vgl. Richter Kirchenrecht §. 104...107.

»Ne quis ordinetur sine titulo.« Titulus war ursprünglich die dem Ordinirten angewiesene Kirche; jezt werden nur die hinreichenden Subsistenzmittel darunter verstanden, welche entweder auf ein wirkliches Kirchenamt (titulus beneficii) oder auf eigenes Vermögen (titulus patrimonii) oder auf Zusicherungen eines Dritten (titulus mensae) gegründet sein müssen. Dieser Tischtitel kan namentlich (als titulus principis) von der Landesregierung gewährt werden, wenn ein besonderer Fonds zu kirchlichen Zwecken unter ihrer Verwaltung steht [108].

Ganz entbehrlich ist die Gewisheit von Subsistenzmitteln bei dem s. g. titulus professionis (paupertatis und missionis), d. h. bei den Ordensgeistlichen und den zum Beruf der Missionare bestimmten Personen.

Bei Prüfung der Titel soll mit grofser Vorsicht verfahren werden [109].

55. d) Zur Form der Ordination gehört, ausser der meist schon vorausgegangenen Tonsur, und den Feierlichkeiten der Haupthandlung, das s. g. Scrutinium und die gehörige Wahrnehmung von Ort und Zeit.

Das Scrutinium soll dreimalig sein, und die Rechtmäfsigkeit der Handlung betreffen; aber die erste und dritte Prüfung ist eine blofse Formalität. Zur Ergänzung desselben dient besonders der noch unten zu erwähnende s. g. Pfarrconcurs.

Der Ort ist bei den höheren Weihen immer die Kirche des Ordinirenden. Die Zeit ist für die niederen auf die Sonn- und hohen Festtage, für die höheren auf sechs Samstage des Jahres beschränkt, freilich mit mancherlei möglichen Ausnahmen.

---

108) vgl. Richter §. 108 Note 9. 10.

109) Concil. Trid. Sess. 21. cap. 2 de reform. Weltliche Regierungen haben mitunter alle Ordinationen ohne den titulus beneficii verboten.

56. Die Wirkungen der Ordination werden nach der Lehre der katholischen Kirche teils als spirituelle, teils als standesrechtliche bezeichnet.

Als spirituelle Wirkung gilt die innere, erst durch die Weihe erlangte Befähigung zur Ausübung der geistlichen Amtsverrichtungen, welche der Stufe der Weihe entsprechend sind; und zwar bei dem Priester, als eine unvertilgbare Eigenschaft, ein character indelebilis (in ordine character inprimitur). Darin ist die Priesterweihe[110], als Sacrament, der Taufe und der Firmelung gleichgestellt worden, während den übrigen Sacramenten eine solche Wirkung nicht beigelegt wird[111].

57. Die standesrechtlichen Wirkungen der Weihe bestehen einerseits in besonderen Vorrechten, andererseits in besonderen Pflichten des geistlichen Standes.

Die Vorrechte beruhen zum Theil auf der weltichen Gesezgebung: sie betreffen besonders die Freiheit von manchen bürgerlichen Lasten, namentlich vom Kriegsdienst, den privilegirten Gerichtstand, einen besonderen Schuz gegen Realinjurien, nach der Praxis auch das s. g. beneficium competentiae (s. Privatrecht §. 303. 732) gegen die Ansprüche der Gläubiger. Für die niederen Weihen gelten sie nur, wenn diese mit einer kirchlichen Amtsthätigkeit oder Amtseinnahme verbunden sind.

58. Zu den Standespflichten der Ordinirten gehört, ausser der in vielfältigen Anwendungen durchgeführten Sicherung des geistlichen Anstandes, des decorum clericale, und der damit zusammenhangenden Vermeidung des Kriegsdienstes und mancher gewerblicher Thätigkeiten, ganz besonders noch die Ehelosigkeit oder der geistliche Cölibat.

---

110) Streitig ist, ob auch die Weihe des Diaconus einen character indelebilis verleihe.

111) Concil. Tridentinum Sessio VII. canon 9.

So entschieden die Ehelosigkeit der Priester nicht zu den Instituten der apostolischen Kirche gehört[112], und so entschieden auch noch auf dem Concil zu Nicaea dem allgemeinen Gebot derselben widersprochen ward[113], eben so gewiss ist es doch, dass eine besondere Abneigung gegen die Priesterehe sich schon frühe verbreitet und in beiden älteren Kirchen zu verschiedenen Beschränkungen geführt hat. Beide treffen zusammen in dem Verbot der priesterlichen Deuterogamie, indem sie die Weihe bei Jedem verbieten, der als Witwer oder mit einer Witwe eine zweite Ehe eingegangen ist; übrigens unterscheiden sie sich aber darin, dass die griechische Kirche zwar die Heirat nach Empfang einer höheren Weihe verbietet, aber doch dem Ehemann die Weihe nicht versagt[114], während die römische Kirche ihr Verbot auf Beides erstrekt. Nur darin macht auch die römische Kirche noch einen Unterschied, dass die Weihe des Verheirateten nicht ungültig, sondern nur rechtswidrig bleibt, so lange die Ehefrau nicht eingewilligt hat[115]; während die Ehe nach Empfang einer höheren Weihe nichtig ist[116], fals nicht eine päpstliche Dispensation sie gestattet hat.

Gewiss würden die in der römischen Kirche periodisch wiederkehrenden Bewegungen gegen diese Beschränkungen der Priesterehe sehr nachlassen, wenn die Gesezgebung dabei auf das Maas der griechischen Kirche zurük ginge[117].

---

112) I. Timoth. 3, 2. 12. I. Corinth. 9, 5. 6.

113) Decretum Gratiani, canon 12 Distinctio 31.

114) In Folge davon ist es üblich geworden, dass der griechische Geistliche unmittelbar vor der Priesterweihe in die Ehe trit. Nur die bischöfliche Würde kan der verheiratete Priester nicht erwerben.

115) cap. 5. 6. X. de Conuersione coniugatorum (3, 32).

116) Iustinianus, const. 42. §. 1. const. 45. Cod. de Episcopis (1, 3) und Nouella VI. cap. 5. XXII. cap. 42. CXXIII. cap. 14. Concil. Trident. Sess. XXIV. can. 9 de matrimonio.

117) vgl. Ant. und Aug. Theiner die Einführung der gezwun-

B. Der geistliche Stand in der evangelischen Kirche.

59. Die evangelische Kirche kennt zwar die Ordination als einen wesentlichen Act des kirchlichen Lebens, aber nicht als Sacrament, mithin auch nicht als die Quelle einer besonderen inneren Befähigung zum geistlichen Amte, sondern nur als feierliches Zeugnis für dieselbe. Es beruhet dies auf dem Grundsaz des s. g. allgemeinen Priestertums, nach welchem die evangelische Kirche, als ecclesia aequalis, zwar ein gröfseres oder geringeres Maas der Fähigkeit und Würdigkeit unter ihren Gliedern entschieden anerkennt, aber doch den Unterschied von einer herrschenden und einer gehorchenden Kirche (§. 51) verwirft, und im Notfall jeden, der die Taufe empfangen, zu geistlichen Verrichtungen befähigt hält.

Auch werden nur in der englischen Hochkirche noch drei besondere Stufen der Weihe — die des Bischofs, des Priesters und des Diaconus — unterschieden[118], während in allen anderen Theilen der evangelischen Kirche nur eine Ordination, die des Priesters oder Pastors, üblich ist. Freilich geht derselben meist schon ein vorläufiges Fähigkeitszeugnis, die Aufnahme unter die Candidaten des geistlichen Amts, vorher; da aber mit dieser keine besondere Feierlichkeiten verbunden sind, so erscheint sie.

---

genen Ehelosigkeit bei den christlichen Geistlichen und ihre Folgen 828 (845) 2 Bde. Carové über das Cölibatgesez des römisch-katholischen Clerus. 833. Richter KR. §. 117 Note 24.

118) Der gewöhnliche Ausdruk: dass diese drei Stufen von der Hochkirche beibehalten worden, ist nicht ganz richtig, denn in der römisch-katholischen Kirche giebt es ja keine besondere Stufe der bischöflichen Weihe. Allerdings aber haftet auch darin die anglicanische Kirche an der älteren Vorstellung, dass sie die Weihen nur von den Bischöfen, als den Nachfolgern der Apostel, vollziehen läst.

bisher wenigstens äusserlich nicht als vorbereitende Stufe der Weihe, welche erst bei der ersten Bestellung zum Diener des göttlichen Wortes vorgenommen zu werden pflegt. Die anticipirten, s. g. absoluten Ordinationen, vor der Berufung zu einem bestimmten Pfarramte, waren bis zum J. 1855 in Württemberg allgemein hergebracht; jezt sind sie auch hier auf Solche beschränkt, deren Verwendung für Missionen unter den Heiden, oder als Reiseprediger bevorsteht [119]. Dennoch ist nicht zu verkennen, dass die absoluten Ordinationen den Grundsäzen unserer Kirche mehr entsprechen, und zugleich die vorübergehende Benuzung von Pfarramtsgehülfen sehr erleichtern würden [120].

60. Da in der Ordination ein Zeugnis und Auftrag (»Befehl«) der ganzen evangelischen Kirche enthalten ist, so findet sie in der Regel nur auf Anordnung einer geistlichen Oberbehörde statt, und wird in deren Auftrag meist von einem höheren Geistlichen, z. B. dem Superintendenten, in seiner Kirche vollzogen [121]. Im Notfall aber kan auch die zum Amte berufende Gemeinde in ihrer Mitte und aus eigener Anordnung die Ordination vollziehen lassen [122].

Als materielle Bürgschaften für die Würdigkeit des Geweiheten gelten teils sein wenigstens 25jähriges Alter und sein bisheriger Wandel, teils die vorangehenden Prüfungen, meist auch die Verpflichtung auf bestimmte Bekentnisschriften, wenn dieselbe nicht schon bei der Auf-

---

119) vgl. Dove zu Richter §. 203 Note 3...7.

120) Zu diesem Zwecke werden die rheinischen s. g. Synodalcandidaten ordinirt.

121) Als Privilegium haben auch einzelne theologische Facultäten das Recht zu ordiniren.

122) Dies folgt schon aus dem westfälischen Frieden, J. P. O. art. VII. §. 1 a. e.

nahme zum Candidaten des geistlichen Amtes statt gefunden hatte [123].

Die einmal gültig vollzogene Ordination wird nicht wiederholt, wenn der Ordinirte ein anderes Kirchenamt, auch in einem anderen Staate, antrit. Dagegen verliert sie ihre Wirkungen gänzlich, wenn der Geistliche seines Amtes im Namen der Kirche entsezt wird.

61. Schon nach dem Bisherigen erscheint der geistliche Stand in der evangelischen Kirche auch da, wo er aus der Ordination hervorgeht, doch mehr in dem Lichte eines blofsen s. g. Beamtenstandes. Ueberdies aber hat er auch nach zwei Seiten hin seine Grenzen erweitert, indem einerseits auch den nicht ordinirten Candidaten des Predigtamtes meistens einige geistliche Standesvorrechte — Befreiung vom Kriegsdienst, Geschwornenamt u. s. w. gewährt, andererseits aber die unteren Kirchenbeamten, soweit sie zu Hilfleistungen in den kirchlichen Versammlungen bestimmt sind, wohl als s. g. clerus minor bezeichnet werden. Zu dem Laienstande in der Kirche dagegen werden nicht nur die blofsen Pfarrgenossen gerechnet, sondern auch diejenigen ihrer Beamten, denen hauptsächlich nur ein Aufsichtsamt oder eine äussere Verwaltung übertragen ist: die weltlichen Glieder der Consistorien, die Aeltesten, Diaconen und Diaconissen der Gemeinden, die Kirchenpatrone.

VI. Die Gemeinschaft der Gelübde und Sodalitäten.

A. Die Regularen und Quasiregularen.

1. Historische Uebersicht. [124]

62. Je rascher der Begrif der Gemeinde in den Diöcesen untergegangen, und je später er in den Parochial-

123) vgl. Richter §. 241, besonders Note 2...5.

124) Die reichhaltige Literatur s. Richter §. 293. Dazu Fehr allgemeine Geschichte der Mönchsorden. 845. 2 Bde.

bezirken wieder zur Geltung gekommen ist (§. 46. 47), um so stärker muste in den grofsen, nicht zum Clerus gehörigen Massen der Drang nach einem kirchlichen Vereinsleben für speciellere Zwecke hervortreten, wie dies namentlich in neuerer Zeit in den Sodalitäten der katholischen Kirche so vielfach und zum Theil auch so heilsam geschehen ist.

In das Gebiet dieser Zwekgenossenschaften gehören aber zunächst auch die klösterlichen Vereine, welche auf dem Grunde besonderer Ordensregeln und Ordensgelübde erwachsen sind. Veranlast durch die schon von Pachomius ausgegangene Errichtung gemeinsamer Wohnungen für die ägyptischen Einsiedler, welche sich dem Treiben der Welt ganz entzogen hatten, nun aber doch aus eigentlichen monachi wieder zu Cönobiten wurden, war es besonders Basilius der Grofse († 379), der durch eine feste Regel zur Ausbreitung der klösterlichen Zucht am meisten beigetragen hat. Noch jezt gehören die meisten Klöster des Orients dem nach ihm benanten Basilianerorden an.

Auch im Abendlande fand diese Einrichtung, namentlich durch Martin von Tours, weitere Ausbreitung; sie ward aber hier schon um das J. 529 durch Benedict von Nursia wesentlich verbessert, besonders durch Verbindung des unthätigen, beschaulichen Lebens mit praktischen Beschäftigungen. So bildet denn der Benedictinerorden den eigentlichen Stamm der abendländischen Klöster, welchem, durch spätere Modificationen und Schärfungen der allmählig gelockerten Zucht, eine grofse Anzahl von Nebenzweigen entwachsen sind. Als solche reformirte Benedictiner sind anzuführen:

1) Die Cluniacenser, von Odo zu Clugny, 910.
2) Die Camaldolenser, von Romuald zu Camaldoli 1018, weiter abgezweigt zu Vallombrosanern, Olivetanern, Silvestrinern.
3) Die Kartäuser, von Bruno in der Chartreuse bei Grenoble 1084.

4) Die Cistercienser oder Bernhardiner, von Robert zu Citeaux 1098, und Bernhard zu Clairvaux 1119.
5) Die Augustiner oder Prämonstratenser, von Norbert zu Prémontré 1120.
6) Die Mauriner in Frankreich, seit 1618.
7) Die Trappisten, von der 1664 reformirten Cistercienserabtei la Trappe.

63. Wesentlich verschieden von allen diesen Abarten des Benedictinerordens waren die Orden der Franciscaner (fratres minores, Minoriten, Minderbrüder, entstanden 1210) und der Dominicaner, (fratres praedicatores, Predigermönche, seit 1220), die sich ein thätiges Eingreifen in das Leben zur Aufgabe machten, aber auf diesem Gebiete auch bald in feindliche Stellungen zu einander gerieten. Eigentümlich war den Franciscanern und den an sie sich anschliessenden, schon etwas früher entstandenen Carmelitern, das besonders geschärfte Gebot der Armut, welches zwar nicht gleichmäfsig durchgeführt wurde, und deshalb zur weiteren Scheidung in eine strenge und eine laxere Observanz, so wie in sonstige Unterabteilungen (Capuciner, Oberservanten, Observantiner, Cordeliers, Minimi) führte, aber doch Allen den Namen der Mendicanten oder Bettelmönche zuzog.

64. Alle bisher erwähnte Orden hatten das mit einander gemein, dass die geistlichen Weihen keine wesentliche Bedingung für die Mitgliedschaft derselben waren, wodurch denn zugleich auch die Möglichkeit gleichnamiger weiblicher Orden gewährt ward. Indessen war es doch allmählig Regel geworden, die Priesterweihe mit den Gelübden zu verbinden: die Patres waren häufiger geworden, als die bloſsen Laienbrüder (fratres). Seit dem 16ten Jahrhundert aber entstanden auch reine Priestercongregationen, Orden von clerici regulares, deren eigentliche Mitglieder insgesamt [125] die Priesterweihe

125) mit Ausnahme der s. g. Affilirten, wie der Tertiarier

besizen musten; unter ihnen sind die von Ignaz von Loyola gestifteten Jesuiten (seit 1540) vor Allen zu nennen [126]. Andere Congregationen erforderten dagegen keine feierlichen Gelübde, wie denn auch die neueren weiblichen Orden, mit Ausnahme der Ursulinerinnen [127], von der Strenge der ältern Regeln Manches nachliessen. Keiner derselben wird aber den 1634 von Vincenz von Paolo gestifteten Orden der barmherzigen Schwestern (soeurs de charité) an Verdienstlichkeit übertreffen [128].

Der factische Bestand der Klöster hatte sich auch in katholischen Ländern durch die Maasregeln Josef's II. und besonders durch die französische Revolution und ihre Folgen sehr vermindert; neuerdings haben einige Concordate zu ihrer teilweisen Wiederherstellung beigetragen.

2. Heutiges Recht der katholischen Kirche.

a. Die Orden im Ganzen.

65. Die Stiftung neuer Orden ist jezt abhängig von der Genehmigung des Papstes, die Errichtung einzelner Klöster auch von der der Landesregierung. Die Klöster standen von Rechtswegen unter der Aufsicht des Bischofs [129],

---

bei den Franciscanern und Dominicanern, der Coadjutoren (fratres coadiutores) bei den Jesuiten.

126) Die übrigen sind die Theatiner, seit 1527, die Somasker oder Majoliten, seit 1532; die Philippiner oder Väter des Oratoriums, seit 1577; die Piaristen oder Väter der frommen Schulen, ungefähr seit 1640, bestätigt 1698; die Passionisten, gestiftet in Piemont 1720; die Redemtoristen oder Liguorianer, seit 1749.

127) Gestiftet von Angela von Brescia, † 1540.

128) Die barmherzigen Brüder, schon 1542 in Spanien entstanden, und 1572 zum Orden erhoben, gehörten anfangs zu den Augustinern, seit 1624 zu den Bettelorden.

129) can. 12 C. XVI. qu. 1. Decr. Greg. III, 36. Sext. III, 17: de religiosis domibus, ut episcopo sint subiectae. — Ur-

und auch nachdem sie fast überall von dieser Aufsicht ganz oder teilweise eximirt waren, ist dieselbe doch oft durch päpstliche Vollmachten wieder hergestellt worden[130]. Dagegen gab es ursprünglich für die einzelen Klöster zu einander nur eine sehr lockere, meist nur durch gemeinsame Procuratoren vermittelte Verbindung; erst die reformirten Benedictinerorden gewährten ihrem Stammkloster ein bleibendes Uebergewicht, und in den neueren Orden seit dem dreizehnten Jahrhunderte (§. 63. 64) ward eine eigentliche höhere Ordensregierung durch Generale und Provinziale eingerichtet, welche der Selbständigkeit des einzelen Klosters mehr ein Ende machten.

An der Spize des einzelen Klosters steht bei diesen jüngeren Orden ein Rector, Prior, oder Guardian, bei den Benedictinorn dagegen ein Abt, dem mitunter selbst bischöfliche oder fürstliche Vorrechte beigelegt sind. Seine Hausgewalt ist hauptsächlich beschränkt durch die Mitwirkung des Klosterkapitels, d. h. der Gesamtheit der geweiheten Priester unter seinen Mönchen, deren Versamlungen von der für jedesmal vorgeschriebenen Verlesung eines Abschnits (capitulum) aus der Ordensregel ihren Namen erhalten haben.

Die Handhabung der klösterlichen Disciplin darf sich bei der Anwendung von Körper- und Freiheitstrafen der staatlichen Genehmigung und Oberaufsicht nicht entziehen.

b. Die einzelen Ordensmitglieder.

66. Wer die drei Gelübde der Keuschheit, der Armut und des Gehorsams nach Vorschrift der Ordensregel feierlich abgelegt hat, wird dadurch regu-

---

sprünglich standen sie meistens im Eigentum oder im Schuze (mundium) der Könige und Fürsten.

130) vgl. Walter Kirchenrecht §. 152.

laris; wer sie entweder nicht vollständig oder nicht feierlich ablegte, ist nur quasi regularis [131].

Wenn der Staat die Wirksamkeit der feierlichen Gelübde vollständig anerkennt, so verlieren die Regularen durch dieselben ihre bürgerliche Rechtsfähigkeit. Sie entäussern sich ihrer bisherigen Familienverbindungen, meist auch ihres bisherigen Taufnamens, und sind unfähig zu jedem Act, der eine neue Verwandschaft begründen könte; ihr Vermögen wird wie das eines Verstorbenen vererbt, sie werden erbunfähig [132], und nur das Kloster im Ganzen, als juristische Persönlichkeit, hält sich, mit teilweisen Ausnahmen bei den Franciscanerorden, für fähig zum Erwerbe irdischer Güter [133].

67. Der Eintrit in den Stand der Regularen konte in ältester Zeit auch unfreiwillig, durch Anordnung der Eltern [134] oder zur Strafe einer rechtwidrigen Ehescheidung [135] erfolgen; das spätere kanonische Recht hat aber den völlig freien Entschluss des Eintretenden für unerläslich erklärt [136]. Daran knüpfen sich, um jede Uebereilung zu verhüten, noch folgende Erfordernisse:

1) das gehörige Alter, nach dem Concil von Trient

---

131) Als Quasi-Regularen sind besonders diejenigen zu betrachten, deren Gelübde einen überwiegenden Einfluss auf den ganzen Lebensberuf, namentlich durch die Bestimmung des Wohnortes, äussert oder doch äussern solte. Daher pflegt man die geistlichen Ritterorden, die Säcular-Canonissen und die Beguinen (§. 69. 70) mehr dahin zu rechnen, als die Dom- und Stiftsherrn, von denen erst im folgenden Kapitel zu reden sein wird.

132) can. 4 C. 20 qu. 3. Preuss. LdR. II, 11 §. 1201. Oester. Ges.-Buch §. 573. vgl. Richter §. 295 Note 17.

133) Conc. Trid. Sess. XXV de regular. c. 3. Richter §. 295. 303.

134) can. 3. 4. 26 Causa 20 qu. 1. can. 4 C. 20 qu. 3.

135) Nouella Justiniani 134 c. 10..12.

136) cap. 14 X de regularibus (3, 31).

das vollendete sechzehnte Jahr, mit Gestattung bischöflicher Dispensation für wenigstens zwölfjährige Mädchen. Das weltliche Recht hat aber dieses Altershindernis geschärft, in Oesterreich bis zum 21sten oder 24sten, in Preussen bis zum 21sten oder 25sten Lebensjahre, in Baiern bis zum 21sten, für Nonnen bis zum 33sten Jahre [137].

2) die vorgängige Probezeit oder das Noviciat, in der griechischen Kirche von drei, in der römischen von wenigstens einem Jahre. Während dieser Zeit darf die Freiheit des Rüktrits auch nicht einmal indirect, durch übereilte Vermögensentäusserungen, beschränkt werden.

3) die Professleistung, oder die feierliche Ablegung der drei Gelübde [138].

68. Da diese feierlichen Gelübde nach kanonischem Rechte für unwiderruflich gelten, so kan der Wiederaustrit aus dem Stande der Regularen nur auf ausserordentlichem Wege stattfinden, nemlich durch päpstliche Dispensation, oder, auf zeitigen Widerspruch des anderen Ehegatten, durch s. g. Irritation.

Dagegen hat die französische Gesezgebung schon im Jahre 1790 erklärt, keine lebenslänglich bindende Gelübde anzuerkennen [139]; und in Preussen darf Niemand auf den Grund geleisteter Gelübde wider seinen Willen im Kloster zurükgehalten, oder an seine Confession gebunden werden [140]. Dass der Confessionswechsel als bloſses Mittel, die Gelübde

---

137) Preuss. LdR. II, 11 §. 1161. Richter KR. §. 282 Note 7.

138) Dabei verlangt das bayrische Recht nach Umständen auch noch die Gegenwart eines Regierungscommissars, der sich durch Befragen von der Ernstlichkeit des Entschlusses überzeugen darf.

139) Hermens Handbuch (oben S. 4) Bd. I. S. 122...144. 282.

140) Preuss. LdR. II, 11 §. 1179.

zu sprengen, benuzt werde, das kan der paritätische Staat durch kein Gesez verhindern; um so mehr hat die evangelische Kirche sich zu hüten, dem Uebertretenden bei unlauteren Motiven die Aufnahme zu gewähren [141].

B. Die geistlichen Ritterorden.

69. Die religiöse Begeisterung, welche im Mittelalter ganz Europa aufstehen lies, um das gelobte Land der Christenheit wiederzugeben, führte zugleich auch zu engeren Verbindungen unter solchen, die entweder, wie die Tempelherren, sich als Krieger der Kirche geweihet hatten, oder, wie die Johanniter und die deutschen Marianer-Ritter [142], sich anfangs der Pflege erkrankter und verwundeter Kreuzfahrer widmeten, bis später das allgemeine Bedürfnis des Waffendienstes auch für sie unabweisbar wurde. Beide Orden haben die Zeit der Kreuzzüge überlebt: der Johanniter- oder Malteser-Orden ohne seine Bestimmung ausdrüklich aufzugeben, während der deutsche Orden zunächst in der Bekehrung des nordöstlichen Europa ein neues Feld der Thätigkeit gefunden hatte. Aber Beide gingen der Kirche verloren durch ihre Reichtümer und die daran sich heftenden Interessen bevorzugter Familien; ihre nominelle Existenz hat nur in Oesterreich, und für den Malteser Orden besonders im südlichen Europa nicht aufgehört, während im übrigen Deutschland ein Theil ihrer Güter zur Ausstattung neuer Staatsorden verwendet worden ist.

Solchen Staatsorden ist freilich in überwiegend katholischen Staaten meist noch ein entschiedener kirchlicher Anstrich mit mittelalterlichen Reminiscenzen geblieben. Ernstlicher aber hat sich neuerdings der preussische

---

141) Ueber den römisch-katholischen Standpunct vgl. Concil. Trid. Sess. XXV. de regularib. Richter §. 295 a. e.

142) Beide erhielten ihre Namen von ihren in Jerusalem belegenen Ordenskirchen.

evangelische Zweig des Johanniterordens, der mit dem katholischen Stamme noch lange eine entfernte Verbindung unterhalten hatte, zur Wiederaufnahme wahrhaft kirchlicher Zwecke bereitet, nur freilich ohne seinen, der Kirche durchaus fremden Standesprivilegien und äusserlichen Ehrenvorzügen zu entsagen.

D. Die Sodalitäten und die Frauen-Stifter.

70. Unter den Sodalitäten oder den geistlichen Brüderschaften werden besonders solche Vereine verstanden, welche die Dienste ihrer Mitglieder nur für einzelne specielle Zwecke, z. B. für die Pflege von Kindern und Erkrankten, für das Begräbnis u. dgl. in Anspruch nehmen, ohne sie für immer oder vollständig dem bürgerlichen Leben zu entziehen. Alle Vereine dieser Art sind abhängig von der Genehmigung und steten Beaufsichtigung des Bischofs.

Als bloſse Trümmer weiblicher halbklösterlicher Gemeinschaften haben sich an einigen s. g. Stiftskirchen die Säcular-Canonissen, und in Belgien die Vereine der Beguinen erhalten, bei denen aber jezt statt eigentlich kirchlicher Zwecke fast nur die Beförderung und Erleichterung des ehelosen Lebens beabsichtigt wird.

Dies ist auch in der evangelischen Kirche die Hauptbestimmung der älteren noch vorhandenen, zum Theil in reine Familienstiftungen verwandelten klösterlichen Institute geworden. Die Kirche hat wenig mehr von ihnen zu erwarten. Die neueren Brüder- und Schwesterhäuser aber, auf die sie jezt ihre Hofnungen bauet, wird die Schwere des Berufs vor den Versuchungen eines behaglichen Wohlstandes besser bewahren. Das Institut der Diaconissen, schon früher in Holland einheimisch, hat seit seiner Wiederweckung am Niederrhein, durch Fliedner, einen Aufschwung und eine Ausbreitung gewonnen, welche auch auf dem Gebiete der Krankenpflege einen

Vergleich mit den Leistungen der barmherzigen Schwestern wohl gestatten; und bei den noch schwereren Aufgaben, welche Wichern's Brüder vom s. g. Rauhen Hause den sittlichen Schäden unserer socialen Zustände gegenüber zu lösen haben, ist nur die engherzige Verblendung der Gegner zu beklagen, die über die Schule und den Heerdienst hinaus eine organisirte Disciplin nicht dulden wollen.

Drittes Kapitel.

Die katholischen Kirchenbehörden.

Uebersicht.

71. Die Rechte der Kirchenbehörden werden als Kirchengewalt, potestas ecclesiastica, bezeichnet, welche in der römisch-katholischen Kirche schon seit Thomas von Aquino in die potestas ordinis und die potestas iurisdictionis zerlegt ward. Jene umfasst die Spendung der Sacramente, das Lehramt [143] und die Leitung der gemeinsamen Andacht; diese die äussere Verwaltung der Kirche, ihre Gesezgebung, Rechtspflege und Güterpflege. Beide Gewalten sind in der Regel bedingt durch die Priesterweihe: der Anteil, der dem Laien in einzelen Laiendiensten und in dem Patronatrecht an der äussern Kirchenverwaltung eingeräumt wird, wird von der Kirche wenigstens nicht als Kirchengewalt bezeichnet.

Den Mittelpunct beider Gewalten bildet das Amt des Bischofs; der unter ihm stehende Pfarrer hat

---

143) Die von Walter §. 14 geforderte Absonderung des Lehramts, der potestas magisterii, als einer dritten selbständigen Gewalt, dürfte doch auch für den Standpunkt der Katholiken ihre Bedenken haben. Solte in der Vollmacht zu lehren auch ein exclusives Standesvorrecht liegen, so würde ihr doch mehr der Character eines Privilegiums als der einer Gewalt beizulegen sein.

als solcher keinen Anteil an den Jurisdictionsrechten, und selbst von der potestas ordinis besizt er nur einen Theil.

Aber das einfache bischöfliche Amt bildet noch nicht die höchste Spize dieser Gewalten; denn auch unter den Bischöfen besteht noch eine weitere Ueber- und Unterordnung.

Aus dieser Verteilung und ungleichen Abstufung der Kirchengewalt erwächst die s. g. Hierarchie der Jurisdiction, im Gegensaz der Hierarchie der Weihe (§. 51). Wie diese in dem Priester, so findet jene ihre Spize in dem Papste, dessen Primat nach der jezt geltenden, aber freilich nicht unbestritten gebliebenen Theorie mit der Fülle der Kirchengewalt (plenitudo potestatis) bekleidet ist.

72. Die einzelen Aemter, welche die römische Kirche für die Ausübung der Kirchengewalt eingesezt hat, werden in die höheren und die niederen eingeteilt. Jene, die Prälaturen, sind 1) alle bischöflichen Aemter (Pontificalprälaturen) und 2) die durch besonderes Privilegium ausgezeichneten nicht bischöflichen Prälaturen oder Dignitäten, der Cardinäle, Ordensoberen, Aebte und der Würdenträger in den Capiteln. Diese, die niederen Aemter, heissen auch Präbenden (Pfründen) oder Beneficien, wegen der damit verbundenen Einkünfte. Ist, wie bei dem Pfarramt, mit der Präbende eine Seelsorge (cura animarum) verbunden, so heist sie Curatpfründe, während alle anderen (Sinecuren) als einfache Beneficien bezeichnet werden.

Für bloſse Hilfsämter, wie das des Generalvicars, des Erzpriesters u. s. w. wird besonders der Name officium gebraucht.

73. Indem die nun folgende speciellere Darstellung bei dem bischöflichen Amte beginnt, werden die einzelen Abschnitte sich in folgender Ordnung an einander reihen:

1) der Bischof und die Diöcesanverwaltung,
2) die höheren bischöflichen Aemter,
3) der Papst und seine Beamten,
4) das Seelsorgeamt und die Verwaltung der Pfarrkirchen,
5) die Patronatrechte,
6) die Besezung der Kirchenämter,
7) der Verlust der Kirchenämter.

I. Der Bischof und die Diöcesanverwaltung.

A. Das persönliche Amt des Bischofs.

74. Der Bischof gilt für seinen Verwaltungsbezirk (*διοίκησις*) als Nachfolger der Apostel; er ist die ordentliche regelmäſsige Behörde, der Ordinarius seiner Diöcese. Sein Hirtenamt umfasst aber nicht blos die oberaufsehende Gewalt, welche in dem Worte *ἐπίσκοπος* ausgedrükt ist, sondern er ist zugleich der erste Seelsorger, der Pfarrer seiner Diöcese, welche auch bis in das eilfte Jahrhundert fast nur als Parochie bezeichnet wurde [144]. Endlich aber ist nur der Bischof, wie schon erwähnt (§. 52), zur Erteilung der Weihen berechtiget: sein Amt ist »fons et origo omnium ordinum.«

75. Die Amtsrechte des Bischofs sind teils priesterliche (iura ordinis), teils Verwaltungs- oder Jurisdictionsrechte, teils endlich Ehrenrechte.

A) Die priesterlichen Rechte zerfallen weiter in iura communia, welche der Bischof mit dem gewöhnlichen Priester gemein hat, und in iura propria, die ihm ausschlieslich zustehen. Der Inhalt dieser vorbehaltenen

---

144) vgl. oben §. 47. 48. Die französische Gesezgebung vom Juli 1790 hatte den Ausdruk: paroisse épiscopale wieder einführen wollen, jedoch nur für den nächsten Pfarrbezirk der Kathedralkirche. Hermens Th. I. S. 177.

Rechte hat aber mit den Zeiten gewechselt; vorzüglich sind es diejenigen, die mit der Weihe und der rituellen Spendung des heiligen Oeles, sowohl des einfach geweiheten als des wohlriechenden (Chrisma) zusammenhangen. Dahin gehört namentlich:

die Firmelung,
die Weihe der Geistlichen und Consecration der Bischöfe,
die Benediction der Aebte und Aebtissinnen,
die Salbung der Könige,
die Consecration der Kirchen und Altäre,

wogegen die lezte Oelung der Sterbenden dem Priester überlassen ist, von dem auch die blofse Benediction der Kirchhöfe, Kirchengeräthe, Brücken, Eisenbahnen u. s. w. ausgehen kan.

76. B) Die Verwaltungs- und richterlichen Befugnisse des Bischofs werden als lex iurisdictionis bezeichnet, von denen aber die finanziellen Rechte noch als lex dioecesana gesondert sind[145]. Beide Gewalten umfassen alle römisch-katholischen Bewohner der Diöcese: »qui in dioecesi sunt, etiam de dioecesi sunt« — woraus auch wohl gefolgert wird, dass alle Diöcesanen nur durch Vermittelung ihres Bischofs mit noch höheren Kirchenbehörden verkehren sollen.

Aber diese Regel ist häufig, zu Gunsten der Klöster und selbst zu Gunsten einiger Domkapitel und Stiftskirchen, durch totale oder partielle Exemtionen durchbrochen worden. Ja einige Klöster sind sogar selber in den Besiz bischöflicher Rechte über die ihnen untergebenen Bezirke getreten, woraus die s. g. Quasidiöcesen oder unmittelbaren Klosterprälaturen entstanden sind. Das Concil von Trient hat diese Anomalien beschränkt, die

145) Ueber diese schwankenden Begriffe vgl. Richter §. 132 Note 2...4. Phillips in Haimerl's Vierteljahrsschrift Bd. 17 (1866) Heft 1.

französische Revolution hat ihnen diesseits der Alpen meistens ein Ende gemacht.

Für die Pfarrkirchen giebt es keine totale Exemtion von der bischöflichen Gewalt: eine wesentliche Schmälerung der lezteren kan aber durch die Patronatrechte eintreten. Die Umgrenzung (Circumscription) der Pfarrbezirke gebührt dem Bischof nur unter Berüksichtigung bestehender Verhältnisse und Rechte, namentlich des Staates.

77. C) Die Ehrenrechte des Bischofs (iura status et dignitatis) bestehen in besonderen Titeln (»von Gottes Gnaden«), in dem erhöheten Size, der cathedra in seiner Kathedralkirche, und in der besonderen Kleidung, namentlich dem Krummstab, dem Ringe und der doppelspizigen Kopfbekleidung (Inful, mitra, cidara bicornis), die aber auch einigen infulirten Aebten und Pröpsten (abbates mitrati, infulirte Pröpste) als Privilegium gebühren kan.

Andere Vorrechte, z. B. der Vorsiz auf Reichs- und Landtagen, der fürstliche oder höhere Beamten-Rang u. s. w. können nur von der weltlichen Macht verliehen werden.

B. Die Domkapitel.

1. Geschichtliche Uebersicht.

78. Die Domkapitel sind aus einer Kloster-ähnlichen Vereinigung derjenigen Geistlichen entstanden, welche an einer bischöflichen Kirche bleibend angestellt waren. Diese Geistlichen bildeten schon früher für den Bischof ein beratendes Collegium (presbyterorum senatus), dessen Mitwirkung namentlich bei Richtergeschäften unerläslich war[146];

---

146) can. 6 C. XV. qu. 7. can. 6 Dist. XXIV. (Concil. Carthag. a. 398). Oft freilich hat die bischöfliche Gewalt auch diese Schranken beseitigt und sich zum monarchischen Episcopat erhoben.

im Abendlande wurden sie von den übrigen, nur vorübergehend an der Kirche verweilenden, oder auf dem Lande angestellten Geistlichen durch den Namen canonici [147] unterschieden.

Die ersten Versuche, die Domgeistlichen auch in einer gemeinsamen Wohnung (monasterium) zu vereinigen, werden dem h. Augustinus zu Hippo und dem h. Eusebius zu Vercelli zugeschrieben. Aber durchgreifend war dies erst zu erreichen, als um das Jahr 760 Chrodogang, Bischof von Mez, die klösterliche Benedictinerregel (§. 62) den Verhältnissen seines Clerus anpasste [148] – eine Einrichtung, welche Carl der Grofse möglichst allgemein zu machen bemüht war, und welche 817 unter Ludwig dem Frommen zu Achen in einer von Amalarius verbesserten Form gesezlich bestätiget wurde. So kam es denn auch sogar an manchen nicht bischöflichen Kirchen zu einer ähnlichen Vereinigung des Clerus zu einem gemeinsamen »monasterium«, woraus die Stiftskirchen oder Münsterkirchen (ecclesiae collegiatae) entstanden sind; während freilich die vereinzelt lebenden Geistlichen kleinerer Orte diesem Zuchtmittel nicht unterworfen werden konten.

Segensreich ward dieses neue Institut ganz besonders durch die damit verbundenen Domschulen, denen wir die Erhaltung der wichtigsten Schäze des Wissens während mehrerer Jahrhunderte verdanken.

Die lezte Erweiterung desselben bestand darin, dass es sogar auf Frauen, als Säcular-Canonissen, angewendet wurde (§. 70).

---

147) Ob dieser Name von der Matrikel (*κανων*), worin sie verzeichnet waren, oder von ihrer mehr kirchenordnungsmäfsig geregelten Thätigkeit herstammt, ist sehr zweifelhaft, wie sich namentlich aus dem Glossar von Du Cange erschen läst. vgl. übrigens Muratori de canonicis, in dessen antiquitates italicae Tom. V.

148) Walter fontes iuris ecclesiastici pag. 20...46.

79. Auch bei dieser Institution hat sich gezeigt, welche Gefahren der Kirche durch Reichtümer bereitet werden. Der Wunsch, sich den Genuss der gesteigerten Einkünfte zu sichern und zu erleichtern, verleitete die Canonici, dieselben in feste gesonderte Anteile zu zerlegen, dann auch die gemeinsame Wohnung mit besonderen Curien zu vertauschen, endlich selbst den Dienst in der Kirche, sogar den Chordienst, bloſsen Stellvertretern, Vicarien, zu übertragen. So entstand ein Gegensaz zwischen dem Kapitel und dem eigentlich fungirenden Clerus der Diöcesankirche; nur auf die äusseren Angelegenheiten der Diöcese behauptete das Erstere seine Einwirkung, mitunter sogar unabhängig vom Bischof, als eximirtes Kapitel. Endlich geschah es, dass in den deutschen Bistümern, welche zur Reichstandschaft gelangten, auch die Kapitel wohl gar eine politische Stellung einnahmen. Die Keime dieser Veränderungen sind schon im eilften, ja selbst im zehnten Jahrhundert zu entdecken, und nur bei wenigen Kapiteln gelang es, die alte Zucht unter dem Namen der Augustinerchorherrn-Regel (S. 74) wiederherzustellen. Auch das Concil von Trient vermogte in diesem Puncte nicht mit seinen Reformen durchzudringen; es war die französische Revolution und der Reichsdeputations-Hauptschluss des J. 1803, welche durch Säcularisirung der Kapitel beider Confessionen — denn als eine bereits verweltlichte Institution hatte die Reformation sie fast unberührt gelassen — den Weg zur Wiederherstellung der Domkapitel, zwar nicht in seiner ursprünglichen, aber doch in einer wesentlich geläuterten Gestalt bahnen musten.

In dieser verjüngten Gestalt sollen seit 1814 die aufgehobenen Domkapitel an allen bischöflichen Kirchen, so weit die Geldmittel reichen oder von den Regierungen verheissen wurden, wiederhergestellt werden; die Einsezung derselben wird aber als päpstliches Reservatrecht in Anspruch genommen, wie denn auch die bloſsen Stifts-

oder Collegiatkirchen nicht von dem Bischof allein errichtet werden können.

2. Geltendes Recht.

a. Die Kapitel im Ganzen.

80. Die Kapitel der Kirchen haben, wie die der Klöster, ihren Namen von der vorschriftmäfsigen Verlesung eines Abschnits ihrer Regel bei jeder Beratung. Sie sind teils Domkapitel oder Hochstifter, teils Collegiatkapitel, deren Kirchen weiter teils ecclesiae cellegiatae insignes, teils simpliciter collegiatae genant werden.

Alle Kapitel sind, als kirchliche Corporationen, besonders begünstigt durch Ehrenrechte und Autonomierechte, d. h. sie dürfen sich eigene Statuten errichten, wenn nur dieselben nicht dem gemeinen Rechte und dem Wohl der Kirche zuwiderlaufen [149]. Früher war auch ihre vermögensrechtliche Persönlichkeit von der Staatsgewalt überall anerkant; einigen neu errichteten oder wiederhergestellten Kapiteln ist dies aber bestritten worden [150].

Ausserdem gebührt den Hochstiftern noch ein wesentlicher Anteil an der Diöcesanverwaltung. Wenn nemlich

1) der bischöfliche Stuhl besezt ist, so ist der Bischof in besonders wichtigen Angelegenheiten, z. B. bei Kapitalveräusserungen, teils an den Rath des Kapitels, als des senatus ecclesiae (§. 78), verwiesen, teils auch an seine Beistimmung gebunden. In dieser Hinsicht pflegten früher die Kapitel den Bischof schon bei seiner Wahl noch durch besondere Wahlcapitulationen zu beschränken, was aber jezt nicht mehr statthaft ist. Wenn aber

---

149) cap. 9 X de Consuetudine (1, 4). Westfäl. Friede art. V. §. 16. Kaiserl. Wahlcapitulation art. XIV. §. 3.

150) namentlich in Nassau auch durch ein gerichtliches Erkentnis vom J. 1862. vgl. Huller die juristische Persönlichkeit der katholischen Domkapitel in Deutschland. Bamberg 860.

2) der Fall einer Sedisvacanz[151] eintrit, so gebührt dem Kapitel die Zwischenregierung der Diöcese, mit Ausnahme der Pontificalhandlungen, d. h. derjenigen Functionen, welche zu den vorbehaltenen Weiherechten des Bischofs gehören, und anderer auf speciellen Aufträgen (Indulten) des Papstes an denselben beruhender Geschäfte.

Vor Allem aber ist in diesem Falle das hernach zu besprechende Wahlrecht des Kapitels (§. 124. 125) von der grösten Bedeutung.

b. Die einzelen Mitglieder der Kapitel.

81. Die Mitglieder der Kapitel sind entweder vollberechtigte Chorherrn, — teils Domherren (capitulares), teils Stiftsherrn (canonici maiores), teils Regular- oder Augustiner-Chorherrn; oder sie sind minderberechtigte Vicare, Domicellare, canonici minores, in herbis. Die Domicellaren waren ursprünglich die jüngeren, der Domschule überwiesene Kleriker, die aber jezt, seit dem Untergange der Domschulen und der Einrichtung besonderer bischöflicher Seminarien, nicht mehr mit den Kapiteln zusammenhängen.

Die Zahl der Mitglieder beträgt bei den neueren bischöflichen Kapiteln acht bis zehn, bei den erzbischöflichen zwölf Chorherrn, von denen wieder Einige durch besondere Dignitäten, d. h. Aemter innerhalb des Kapitels, ausgezeichnet sind. Nach dem Verschwinden der älteren Aemter eines Domscholasters, eines Präcentors, Sacrista u. s. w. haben sich in Deutschland meist nur die Würden des Dompropsten (praepositus) und des Dechanten (decanus) erhalten. — Nicht als Dignität, wohl

151) Der Sedisvacanz wird noch die länger währende sedes impedita gleichgestellt, bis der an der Diöcesenverwaltung verhinderte Bischof durch einen Coadjutor (§. 84) ersezt ist.

aber als stehendes Amt soll nach dem Concil von Trient in jedem Domkapitel die Stelle eines Pönitentiars und eines Theologus besezt werden, was auch die neueren Concordate meistens wiederholt haben.

Die persönliche Fähigkeit zum Erwerbe einer Chorherrnstelle war früher oft durch Familien-Abstammung bedingt, und in der evangelischen Kirche ist diesem Misbrauch nur selten abgeholfen worden. Das Concil von Trient stellte es als Ermahnung auf, wenigstens die Hälfte der Stellen nur an solche zu vergeben, welche Doctoren der Theologie oder des kanonischen Rechts seien, und dies ist in neuerer Zeit auch öfter zu Gunsten akademischer Lehrer berüksichtiget worden.

C. Die Beamten und Vertreter des Bischofs.

82. Die bischöflichen Beamten und Stellvertreter zerfallen in die regelmäſsigen und in die ausserordentlichen; bei jenen aber ist weiter zu unterscheiden zwischen den Functionen der Weihe und den Jurisdictionsrechten.

A. Die Functionen der Weihe, so weit sie dem Bischof als Pfarrer seiner Kirche obliegen (actus presbyteriales) werden von dem Erzpriester (archipresbyter) wahrgenommen, der in der Regel ein Mitglied des Kapitels ist, aber als solcher keine Dignität besizt.

Dagegen kan der Bischof in seinen Pontificalfunctionen nur von einem andern Bischof vertreten werden, und dazu dienten ursprünglich die Landbischöfe (chorepiscopi, episcopi uillarum), die aber im neunten Jahrhundert beseitiget wurden; jezt ist es der Weihbischof oder Titularbischof (Vicarius in pontificalibus), dessen Consecration (Note 100) auf dem fingirten Fortbestande einer alten an die Ungläubigen verloren gegangenen Diöcese (in partibus infidelium) beruhet.

83. B. Für die Ausübung der Jurisdictionsrechte des Bischofs werden teils die Landdechanten

(archipresbyteri rurales), teils die Archidiaconen, teils der bischöfliche Generalvicar benuzt.

Die Landdechanten haben einen kleineren Complexus von mehren Pfarreien (decania, christianitas) zu beaufsichtigen, und den laufenden Verkehr desselben mit den Oberen wahrzunehmen. Die Pfarrer ihres Bezirks bilden zusammen das Landkapitel[152].

Die Archidiaconen, welche das Concil von Trient das Auge des Bischofs nennt[153], wurden durch ihre selbständigen Jurisdictionsrechte der bischöflichen Macht gefährlich, namentlich so lange nur Einer, meistens der Dompropst, der ganzen Diöcese als Archidiaconus vorstand. Aber auch nach der allmählig durchgeführten Teilung der gröfseren Diöcesen in sechs oder sieben Archidiaconate hat man der gänzlichen Beseitigung dieses Amtes den Vorzug gegeben, indem dasselbe durch bischöfliche Commissarien, den Official oder den Generalvicar ersezt wurde.

Der Generalvicar ist zum Theil schon seit dem dreizehnten Jahrhundert der allgemeine Vertreter des Bischofs in allen Verwaltungsachen, die keiner speciellen Vollmacht bedürfen, oder ihm nicht speciell entzogen sind, wie z. B. durch Bestellung eines besonderen Beamten oder Collegiums (des Officials oder Officialats) für die Rechtspflege. Sein Amt ist ein höchstpersönliches; es erlischt durch Widerruf, durch Tod und Amtsniederlegung des Mandanten.

Verschieden von diesem Vicarius »in spiritualibus« war sonst in Deutschland der Vicarius »in temporalibus« für diejenigen Bischöfe, die als Reichstände zugleich ein weltliches Territorium beherrschten.

84. Der ausserordentliche Vertreter des Bischofs ist der Coadjutor, dessen Bestellung ursprüng-

152) vgl. Cölnische Dienstordnung für die Landdechanten, bei Hermens III, 571...577.

153) Conc. Trid. Sess. XXIV. cap. 12 de reformatione.

lich durch das Provinzialconcilium, und nur wegen gänzlicher Verhinderung des Bischofs erfolgte, jezt aber von dem Papste ausgeht, und häufig zu ganz andern Zwecken benuzt wird. Man hat nemlich öfter, als die Kirchengeseze es erlauben[154], statt der factisch sehr nahe liegenden spes succedendi, dem Coadjutor ein ius succedendi für den Fall gewährt, dass der bischöfliche Stuhl wirklich erledigt würde; namentlich um einer künftigen misliebigen Bischofswahl vorzubeugen, und früher in Deutschland auch, um dem bischöflichen Territorium den Beistand eines mächtigeren fürstlichen Hauses zu erkaufen. Dazu wird freilich der Consens des wahlberechtigten Kapitels erfordert. — Dass der Coadjutor immer zugleich Titularbischof sein muss, versteht sich von selbst.

II. Die höheren Stufen des bischöflichen Amts.

A. Die Erzbischöfe oder Metropolitane.

85. Der Name archiepiscopus war anfangs ein Ehrentitel, der aber bald denjenigen Bischöfen ausschlieslich zukam, die eine Kirchenprovinz, d. h. einen geographischen Complexus mehrerer Bistümer, unter ihre höhere Verwaltung vereinigten.

Diese Kirchenprovinzen sind nach dem Vorbilde der weltlichen Provinzen des römischen Reichs entstanden, weil die Provinzialhauptstädte (μητρόπολεις) von den Aposteln zu Hauptsizen ihrer Wirksamkeit erwählt, und daher auch später als »sedes apostolicae«, wie ihre Bischöfe als Metropolitanbischöfe, besonders geehrt wurden.

Die unter dem Metropolitan vereinigten Bischöfe heissen seine Suffraganen (quia a suffragiis sunt

---

154) Conc. Trident. Sess. XXV. cap. 7 de ref.

archiepiscoporum in causis prouinciae[155]); diejenigen, die nicht in solchem Nexus stehen (wie z. B. der Fürstbischof von Breslau), sind eximirte Bischöfe[156]. Die wichtigsten erzbischöflichen Rechte sind aber später auf den Papst übergegangen, und alle Anstrengungen, sie den ursprünglichen Inhabern teilweise wieder zu verschaffen, sind vergebens geblieben. So die Beschlüsse des Basler Concils und die Fürstenconcordate im fünfzehnten, so die Reclamationen der deutschen Erzbischöfe in der zweiten Hälfte des achtzehnten Jahrhunderts. Nur in Gestalt eines päpstlichen Indults ist mitunter eine widerrufliche Restitution einiger Befugnisse dieser Art gewährt worden.

86. Die jezt noch bestehenden erzbischöflichen Rechte sind teils Regierungs- teils Ehrenrechte.

Zu den ersteren gehört die Aufsicht über die Suffraganbischöfe, die Berufung und Leitung der Provinzialconcilien, und mitunter eine Mittelinstanz zwischen den bischöflichen und den päpstlichen Richtersprüchen. — Der Erzbischof hat aber zugleich in seiner eigenen Diöcese, die nur einen Theil seiner Kirchenprovinz bildet, und Erzdiöcese genant wird, alle Rechte eines gewöhnlichen Bischofs.

Provinzialconcilien wurden ursprünglich mindestens alle zwei Jahre gehalten; das Concil von Trient verordnete sie alle drei Jahre, im wirklichen Leben gehören sie jezt zu den seltneren Ereignissen.

Die Ehrenrechte bestehen in dem Vortragen des Kreuzes bei feierlichen Gelegenheiten, und besonders in dem Pallium: einer weissen wollenen Binde, die als feierliche Amtskleidung zur Ausübung gewisser erzbischöf-

---

155) can. 10 C. III qu. 6 (Nicol. I a. 866) cap. 11 X de Elect. (1, 6).

156) can. 52 C. XVI qu. 1 (Greg. I a. 592) cap. 13 X de maiorit. (1, 33).

licher Rechte unerläslich ist. In Rom unter bedeutsamen Feierlichkeiten gefertigt, wird das Pallium nur gegen sehr hohe Gebühren verabfolgt.

B. Die Patriarchen und Primaten.

87. Unter den Erzbischöfen gab es in der altrömischen Staatskirche fünf, welche als Patriarchen oder Primaten besonders bevorrechtet waren: die der beiden Hauptstädte Rom und Constantinopel, die zu Antiochien und Alexandrien, und ehrenhalber auch der von Jerusalem. Aber die Ausbreitung des Islam vernichtete das Ansehen der vier morgenländischen Patriarchen, während dem einzigen abendländischen der Sturz des westlichen Kaiserthrons und die Christianisirung der Germanen wesentlich zu statten kam; vollendet ward die Ungleichheit durch die wuchernde Mehrzahl der ersteren, seitdem jede Secte im Morgenlande sich ihren eignen Patriarchen bestellte.

So ist denn auch in der römischen Kirche dem Patriarchentitel nur ein untergeordneter Ehrenvorzug geblieben: Aquileja und Grado, Indien und Lissabon sind die Bezirke, an welche dieser Titel geknüpft wurde.

Anders der Primas, der nach heutigem Rechte als erster Bischof einer Landes- oder Nationalkirche bald das Vorrecht der Krönung, bald den Vorsiz bei Nationalconcilien oder landständischen Versamlungen in Anspruch nimt [157]. In Deutschland ist es ein blofser Titel, der sonst von vier Erzbischöfen, jezt nur noch von dem zu Salzburg geführt wird [158]; der ernstlicher gemeinte Primat Dalbergs, der von den früheren Vorrechten der Mainzer Kirche abgeleitet wurde, ist zugleich mit dem Primat des Rheinbundes wieder verschwunden.

---

157) In England und Schweden haben selbst die evangelischen Erzbischöfe von Canterbury und Upsala diese Würde behauptet.

158) vgl. Wiese KR. I, 764. Richter §. 130 Note 1.

III. Der Papst und die römische Curie.

A. Die persönliche Stellung des Papstes.

1. Das Papal- und das Episcopalsystem.

88. Der Papst ist zugleich Bischof von Rom, Erzbischof der römischen Provinz, weltliches Oberhaupt des Kirchenstaats, und geistliches Oberhaupt der römisch-katholischen Kirche. Dass in dieser lezten Beziehung die geographischen Grenzen längst übersprungen sind, welche dem Orient gegenüber einst dem Patriarchen des Abendlandes gezogen waren, das wird auch die morgenländische Kirche nicht in Abrede stellen; nur die weiter gehenden, die ganze Christenheit umfassenden Ansprüche des päpstlichen Stuhles, welche sich auf eine sichtbare Vertretung des Heilandes gründen sollen, kan jene so wenig, wie die evangelische Kirche gelten lassen.

Aber auch innerhalb der römisch-katholischen Kirche ist die Stellung des Papstes Gegenstand zweier verschiedener Auffassungen geblieben, welche durch die Worte Papalsystem und Episcopalsystem bezeichnet werden. Das erstere dieser Systeme ist die consequente Entwickelung des Princips der Vertretung des Heilandes [159], das zweite hält sich mehr an die historischen Thatsachen, unter denen die älteste Kirche und in ihr die päpstliche Macht sich entfaltet hat. Denn diese muss nach jenem Princip in einer Fülle der Machtvollkommenheit (plenitudo potestatis) bestehen, welche den Bischöfen nur dasjenige zuweiset, was einer unmittelbaren Leitung in

---

159) Innoc. III., cap. 2. 3. X de Translat. Episc. (1, 7). Mejer KR. §. 35 Note 33. — Der heil. Ambrosius bezeichnete noch alle Bischöfe als uicarii dei oder uicarii domini und sagte: episcopus habet personam Christi. can. 19 C. 33 qu. 5. Im J. 1860 hat man den Papst als Nachfolger des Petrus auch als »Apostelfürsten« bezeichnet.

der Hand des Papstes nicht bedarf oder nicht fähig ist (episcopi uocati sunt in partem sollicitudinis); während nach dem Episcopalsystem der erste unter den Bischöfen nur mit denjenigen Vorrechten bekleidet erscheint, die entweder zur Einheit der Kirche unerläslich, und demnach als wesentliche Rechte erscheinen, oder auf einem bestimmten Erwerbegrunde beruhen, ohne damit den Character von zufälligen Vorrechten abzulegen. Man kan das erste System als das der absoluten Monarchie, das zweite als das einer aristokratischen Republik bezeichnen [160]. Als besondere Erweiterung des ersteren erscheint aber noch die periodisch angemafste Oberhoheit über die weltlichen Fürsten.

89. Dass im wirklichen Leben auch dieser principielle Gegensaz an Schärfe verlieren muste, versteht sich von selbst. Selbst die Hauptfrage: über die Stellung des Papstes zu der Gesamtheit aller Bischöfe, d. h. zu dem ökumenischen Concil, ist nicht blos von einer, sondern auch von der anderen Seite dahin entschieden worden, dass der Papst zwar allerdings unter den Beschlüssen der Concilien stehe, jedoch erst dann,

---

160) Die älteren im Sinne des Papalsystems geschriebenen Werke finden sich gesammelt in den 21 Folianten der bibliotheca maxima pontificia von Th. de Roccaberti (Rom. 689), während es auf Seiten der Episcopalisten an einer solchen Samlung fehlt. Ihre bedeutendsten Autoritäten waren Franzosen, später Belgier und österreichische Kanonisten; ihr kühnster Vorkämpfer aber war v. Hontheim, Weihbischof von Trier, in der unter dem Namen Justus Febronius herausgegebenen Schrift: de statu ecclesiae et legitima potestate romani pontificis, 763...774 in vier Quartanten. Die wichtigsten bei Roccaberti befindlichen Werke verzeichnet Wiese I, 417ff. Die weitere Literatur s. Richter K.R. §. 119.

wenn er ihnen beigetreten sei[161]. Damit läst sich das Zugeständnis des Cardinals und Jesuiten Bellarmini verbinden, dass auch der Widerstand gegen den Papst ein rechtmäfsiger sein könne, obwohl es keinen Richter über denselben gebe[162].

So wird denn auch der Frage: welche päpstliche Rechte als wesentliche, welche als zufällige anzusehen seien, im wirklichen Leben nicht häufig gedacht, während von den obigen principiellen Standpuncten aus natürlich eine zweifache, ganz verschiedene Lösung sich ergeben muss.

2. Geltendes Recht.

90. Allgemein hergebracht ist die Einteilung der päpstlichen Vorrechte in den primatus iurisdictionis und den primatus honoris.

A. Der Jurisdictionsprimat umfasst:

1) die Vertretung der römischen Kirche den Staatsregierungen gegenüber, insofern die anderen Bischöfe dieser Aufgabe nicht gewachsen sind;
2) die oberste kirchliche Gesezgebung, teils durch Berufung der allgemeinen Concilien und Bestätigung ihrer Beschlüsse, teils durch unmittelbare Verordnungen (Bullen und Breven);

---

161) Thomassinus diss. de synodo Chalced. n. 14: »ne digladiemur, maior synodo pontifex, uel pontifice synodus oecumenica sit: sed agnoscamus, succenturiatum synodo pontificem se ipso maiorem esse: truncatam pontifice synodum se ipsa minorem.«

162) Rob. Bellarminus († 1621) de romano pontif. lib. II. c. 29: »licet resistere pontifici ... inuadenti animas uel turbanti rempublicam, et multo magis si ecclesiam destruere uideretur. Licet, inquam, ei resistere non faciendo quod iubet, et impediendo ne exequatur uoluntatem suam. Non tamen licet eum iudicare, uel punire, uel deponere, quod non est nisi superioris.«

3) die höchste kirchliche Gerichtbarkeit, die aber in der Regel nur durch delegirte Localrichter, und nicht durch die römischen Justizbehörden (§. 95) ausgeübt wird, — und das Oberaufsichtsrecht über die gesamte Kirche;

4) die eigentliche Kirchenverwaltung, deren Hauptfäden in der Hand des Papstes zusammen laufen solten. Es gehören dahin:

a) die s. g. causae arduae et maiores, deren unmittelbare Entscheidung vom Papste beansprucht wird: namentlich die Abgrenzung der Bistümer, die Bestätigung neu erwählter Bischöfe, ihre Versezung und Entlassung, die Verleihung des Palliums an die Erzbischöfe (§. 86), die Bestätigung neuer Mönchsorden, die Einführung und Aufhebung allgemeiner Kirchenfeiertage, die Anerkennung von Reliquien u. dgl.;

b) das durch Devolution begründete Ergänzungsrecht, allen Prälaten und Kapiteln gegenüber, bei mangelhafter oder verhinderter Ausübung ihrer eigenen Verwaltungsbefugnisse;

c) das Dispensationsrecht von bestehenden kirchlichen Vorschriften, so weit es überhaupt geübt werden darf, und nicht schon den unteren Kirchenbehörden gebührt.

5) Abgabenrechte, die aber ausserhalb des Kirchenstaats (des patrimonium St. Petri[163]) nur

163) Der Name stammt von den zahlreichen Ländereien, welche schon im sechsten und siebenten Jahrhundert in das Privateigentum der römischen Kirche gekommen waren. Ein Theil derselben lag in der Nähe von Rom, und muste nach Auflösung der weltlichen Macht in Mittelitalien der Bildung des neuen Kirchenstaats sehr förderlich sein; andere Besizungen in Sicilien haben vielleicht auch die späteren römischen Hoheitsansprüche an Sicilien mit hervorgerufen; jedenfals aber umfasst der Kirchenstaat auch in seinem

bei besonderen Veranlassungen, wie bei Dispensationen, Absolutionen und Amtsverleihungen zur Anwendung kommen[164].

91. B. Der Ehrenprimat des Papstes besteht hauptsächlich in dem graden, mit dem Kreuze endigenden Hirtenstabe (pedum rectum), der dreifachen Krone, dem auch völkerrechtlich anerkanten Titel »Heiligkeit« und der entsprechenden Anrede »Sanctissime pater«; während in seinen eigenen Bullen das Prädicat: »Seruus seruorum dei« gebraucht zu werden pflegt[165].

B. Die römische Curie[166].

1. Das Collegium der Cardinäle.

92. Wir verstehen unter der römischen Curie die Gesamtheit derjenigen Personen und Behörden, deren der Papst sich zur Ausübung seiner Primatialrechte bedient. Zu diesen Behörden kan freilich das selbständigere Cardinalscollegium als solches nicht gerechnet werden; allein auch abgesehen von seiner ausschlieslichen Besezung durch den Papst, werden wenigstens die in Rom residirenden Cardinäle durch ihre stete Verwendung zu

---

neuerdings wieder beschränkten Umfange noch viel mehr, als jenes eigentliche Patrimonium. vgl. Sugenheim Geschichte der Entstehung und Ausbildung des Kirchenstaats. 854.

164) Als allgemeine directe Steuer ward im Mittelalter der s. g. Peterspfennig, eine Art Häusersteuer, aber nur im nördlichsten Europa, erhoben, während anderswo nur von den Amtseinnahmen des Clerus eine Art Einkommensteuer gefordert wurde. vgl. Richter §. 236.

165) vgl. Richter §. 121.

166) vgl. O. Mejer die heutige römische Curie, ihre Behörden und ihr Geschäftsgang, in Jacobson und Richter's Zeitschrift für Recht und Politik der Kirche. Heft 1. 2. 847. S. 54...105. 195...250. Bangen die römische Curie. 854. Phillips Kirchenrecht Bd. VI §. 293...318.

mannichfachen persönlichen Aemtern, so wie zu Ausschüssen (Congregationen) und zur Leitung der eigentlichen Curialbehörden, auch zu wirklichen Beamten des Papstes.

Das Collegium der römischen Cardinäle steht im Wesentlichen eben so zum Oberhaupte der römischen Kirche, wie die Domkapitel zu den übrigen Bischöfen; wie denn auch der Name clericus cardinalis[167] noch lange jeden bleibend angestellten, zum Presbyterium des Bischofs gehörigen Geistlichen einer besonders angesehenen Hauptkirche bezeichnete, also mit dem des canonicus (§. 78) gleichbedeutend war. Die höhere Bedeutung dieses Presbyteriums muste aber in gleichem Maasse steigen, wie das Ansehen der römischen Kirche; um so mehr, als ihm auch die sieben benachbarten Bischöfe, welche schon im neunten Jahrhunderte zur Aushülfe in Rom mit benuzt wurden, beigesellt, und als ihm im J. 1059 das Recht der Papstwahl fast ausschliessend gesichert wurde. Daran knüpft sich, seit der weiteren Ausbildung des Kirchenstaats, auch das Recht seiner interimistischen Verwaltung für die Dauer einer Sedisvacanz, während die Verwaltung der Kirche selbst, in diesem Falle nicht so weit gehen soll, als die einer gewöhnlichen Diöcese durch ihr Domkapitel[168].

93. Für den regierenden Papst bildet die Gesamtheit der Cardinäle jezt das Consistorium, welches sich entweder als ein feierliches und öffentliches, oder als ein ordentliches, geheimes versammelt. Jenes

---

167) Auch incardinatus, gleichsam an der Angel oder Axe befestigt. — Bis zum achten Jahrhundert, bei Gregor d. Gr. und in den fränkischen Capitularien, werden auch die Bischöfe und ihre Kirchen mitunter cardinales genant. Pertz monum. legg. I, 110.

168) Walter Kirchenrecht §. 132c, nach Ferraris bibliotheca canonica s. v. Cardinales art. V.

pflegt monatlich einmal, dieses nach eintretendem Bedürfnis gehalten zu werden, so weit es nicht durch die Congregationen (§. 94) überhaupt entbehrlich geworden ist.

Die Gesamtzahl der einzelen Cardinäle soll nach den Bestimmungen Sixtus des Fünften vom J. 1586 höchstens 70 betragen: darunter 6 Cardinalbischöfe[169], 50 Cardinalpriester, 14 Cardinaldiaconen. Jeder von ihnen hat seine eigene Kirche (titulus) in oder bei Rom, an welcher ihm gewisse bischöfliche Jurisdictionsrechte zustehen; auch war es früher üblich, dem Einen oder Andern die Vertretung eines auswärtigen Staats, als Cardinal-Patron oder Protector zu übertragen.

Als Beamte des Papstes erscheinen in Rom namentlich der Cardinal-Kämmerling (eigentlich Archidiaconus und Schazmeister), der Cardinal-Staatssecretair, der Pönitentiar, Prodatar, Cancellarius, Bibliothecarius u. A. Auswärts können nur Cardinäle als Legaten a latere (§. 96) auftreten.

Die Ehrenrechte der Cardinäle bestehen besonders in der rothen Kleidung (dem Purpur), dem Titel Eminenz (eminentissimus) und einer höheren körperlichen Unverlezlichkeit.

2. Die Congregationen der Cardinäle.

94. Die bloſsen Ausschüsse oder Congregationen der Cardinäle beruhen hauptsächlich auf den Reformen Sixtus des Fünften; sie sind zwar meistens zu stehenden Behörden geworden, werden aber vom Papste beliebig besezt, teilweis auch unter seinem eigenen Vorsiz gehalten. Die wichtigsten derselben sind:

Die congregatio consistorialis.

» » für ausserordentliche geistliche Sachen.

---

169) Der Bischof von Ostia ist, als Cardinaldecan, wohl eigentlich der geborene Vorsizer des Collegiums.

Congregatio S. officii s. inquisitionis.
» indicis librorum prohibitorum, für Büchercensur.
» concilii tridentini interpretum [170].
» de propaganda fide [171].
» sacrorum rituum.
» super negotiis episcoporum et regularium.
» immunitatum et controuersiarum iurisdictionalium.

Andere Congregationen haben nur vorübergehend bestanden; so diejenige, welche 1774 bei Aufhebung des Jesuitenordens, zur Abwickelung seiner Angelegenheiten eingesezt wurde.

3. Die Curie im engsten Sinne.

95. Die grofse Zahl von Prälaten und geringeren Beamten, welche in Rom für allgemeine kirchliche Zwecke verwendet werden, ist in zwei Hauptklassen von collegialisch oder bureaukratisch organisirten Behörden verteilt, welche durch die Bezeichnungen curia gratiae und curia iustitiae von einander geschieden werden. Die erste Classe umfasst die reinen Verwaltungsbehörden, die zweite die Justizbehörden. So gehören zur Curia gratiae die Datarie, die Pönitentiarie, die Cancellarie, das Secretariat der Breven; zur Curia iusti-

170) Die Wichtigkeit dieser Behörde für die Entwickelung des neueren römischen Kirchenrechts läst sich nach der, bereits über 108 Bände füllenden Zahl ihrer Decrete berechnen. Einen Auszug des Wichtigsten enthält u. a. die neueste Ausgabe der Beschlüsse des Concils von Richter und Schulte, 1853.

171) vgl. O. Mejer, die Propaganda, ihre Provinzen und ihr Recht. 852. 53. 2 Bde.

tiae die rota romana (der höchste Gerichtshof in Rom) und die signatura iustitiae[172].

4. Die Abgesandten des Papstes.

96. Die Ausübung der Primatialrechte ausserhalb des Kirchenstaats kan durch persönliche Vertreter des Papstes geschehen, deren Vollmachten als Facultäten bezeichnet werden. Sie zerfallen hauptsächlich in zwei Classen:

1) Sie werden apostolische Vicare genant, wenn sie in einem nicht als Diöcese organisirten Bezirke, einer terra missionis (§. 98), bischöfliche Functionen wahrnehmen sollen. Die vermittelnde Behörde ist in diesem Falle die Propaganda.

Dieses Verhältnis war für das nördliche Deutschland von der grösten Wichtigkeit, so lange es, mit Dänemark, und früher auch mit Schweden, als das Gebiet der nordischen Mission behandelt ward; und auch jezt, nachdem die Wiederherstellung der Diöcesangewalt in Preussen und Oldenburg von den Regierungen genehmigt worden, sind doch Braunschweig, Meklenburg, Schleswig-Holstein und die Hansestädte noch in jenem Verbande geblieben[173]. Als ausserdeutsche Missionsgebiete wurden bisher auch England, Holland und ein Theil der Schweiz betrachtet[174].

2) Wenn der Abgeordnete zur Vertretung des Papstes bei einer oder mehreren Staatsregierungen bestimmt ist, so wird er im Allgemeinen als Nuncius bezeichnet, dessen Rang aber auch auf den eines Internuncius beschränkt, zu dem eines Legaten gesteigert werden kan. Der Legat ist in der Regel ein legatus a latere,

172) vgl. Mejer (Note 166) S. 103. 104. 202 ff. — Walter §. 133.

173) Die Verwaltung dieses norddeutschen Vicariats war längere Zeit dem Bischof von Paderborn übertragen; jezt ist es in den Händen des Bischofs von Osnabrük.

174) Mejer Propaganda Th. II S. 1 ff. 144 ff.

d. h. aus der unmittelbarsten Umgebung des Papstes, also ein Cardinal; doch giebt es auch Nuntien »cum potestate legati a latere«, und selbst geborene Legaten (legati nati), welche kraft eines anderen Amtes zugleich mit gewissen Vorrechten eines Legaten bekleidet sind [175].

Die Nuntien und Legaten nehmen aber zugleich dem Landesclerus gegenüber sehr wesentliche Vorrechte in Anspruch, was namentlich in Deutschland zu langwierigen Streitigkeiten geführt, und bei den Regierungen ein begreifliches Mistrauen erregt hat [176]. Dem Nuntius in Cöln war überdies für ganz andere Staatsgebiete die Oberaufsicht über die nordische Mission überwiesen, worin ihm später der Nuntius zu Brüssel gefolgt ist.

III. Das Seelsorgeamt und die Verwaltung der Pfarrbezirke.

A. Umfang und Arten des Seelsorgeamts [177].

97. Das Amt der Seelsorge (cura animarum) ist als die wesentlichste Bestimmung der priesterlichen Weihe anzusehen, weshalb denn auch der Bischof sich demselben nicht entziehen soll (§. 75). Sie umfasst aber nicht blos die unmittelbare Stärkung und Beaufsichtigung der Individuen, nebst den darauf bezüglichen Sacramenten der Taufe, der Bufse, der lezten Oelung und der Ehe, sondern auch die Leitung des gemeinsamen Cultus, die

175) Dahin gehören in Deutschland die Erzbischöfe von Cöln und Prag; in Neapel sonst der König selber, dessen dadurch begründete eigentümliche kirchliche Stellung als monarchia Sicula bezeichnet ward.

176) (F. C. v. Moser) Geschichte der päpstlichen Nuntien in Deutschland 787 . . . 790. 3 Bde. — Münch Geschichte des Emser-Congresses 838.

177) J. H. Böhmer ius parochiale 701. 760. (Anhang zum zweiten Bande seines Ius eccles. prot.) — Seitz das Recht des Pfarramtes der katholischen Kirche. 840...852. 3 Bde.

Predigt und vor Allem die Messe, deren Mittelpunkt in dem h. Abendmal (dem Sacrament des Altars oder der Eucharistie), enthalten ist.

Auch das kirchliche Schulwesen, die Armenpflege und die Personenregister oder Kirchenbücher des Pfarrbezirks sollen unter der unmittelbaren Leitung des Pfarrers stehen, und bei der Verwaltung des Kirchenvermögens gebührt ihm wenigstens eine Mitaufsicht.

Für die äussere Stellung des Seelsorgers macht es aber einen grofsen Unterschied, ob er das Amt eines eigentlichen Pfarrers oder nur das eines Hilfsgeistlichen bekleidet.

98. Der eigentliche Pfarrer, ecclesiae rector[178], ist derjenige, dem für einen bestimmten Bezirk einer Diöcese die Seelsorge ausschliessend übertragen ist. Wo keine Diöcese, da ist auch kein Pfarrer; in den Bezirken der Missionen und apostolischen Vicariate (§. 96) giebt es, nach correctem Sprachgebrauche nur Missionare.

Hienach erscheint in gewissem Sinne der Pfarrer nur als Vertreter des Bischofs, der Missionar als Vertreter des apostolischen Vicars. Wo aber auch dieser fehlt, da wird ein Priester als Missionspräfect mit umfassenderen Vollmachten ausgerüstet.

Mehr untergeordnet sind die Rechte der priesterlichen Pfarrgehilfen, der Capläne und Pfarrvicarien, welche entweder an der Hauptkirche neben dem Pfarrer, oder an einer Nebenkirche oder Capelle bestellt sind, oder als Stationarien aus einem benachbarten Kloster entsendet werden können.

Sehr abweichend von dieser gemeinrechtlichen Gliederung ist aber das Pfarrsystem, welches in Frankreich,

---

178) Auch Plebanus, sacerdos, curatus. Der Name parochus, oder parochiae rector, woraus Pfarrherr geworden ist, findet sich in den älteren Quellen des kanonischen Rechts nicht.

in Belgien und auf dem linken Rheinufer in Folge der französischen organischen Artikel vom April 1802, art. 60 besteht. Hier ist die volle Pfarrgewalt nur einzelen s. g. Oberpfarrern oder Cantonpfarrern, in einer den Friedensgerichten entsprechenden Anzahl, eingeräumt, während an allen übrigen Pfarrkirchen nur s. g. Desserventen oder Succursalisten bestellt sind, die sich mit der abhängigen und widerruflichen Stellung eines Hilfspfarrers begnügen müssen. Erfunden war diese Einrichtung, um die Ausgaben des Staats für kirchliche Zwecke möglichst zu beschränken; beibehalten ward sie, troz der neueren Reclamationen des niederen Clerus, auch von der römischen Curie, um die stets absezbaren und versezbaren Succursalisten in strengerer Zucht und Aufsicht erhalten zu können.

99. Das Recht des eigentlichen Pfarrers ist ein Pfarrzwang, insofern er jeden andern Geistlichen an der Vornahme priesterlicher Handlungen innerhalb seiner Pfarrei verhindern, und auch jedem Eingepfarrten verbieten kan, sich wegen solcher kirchlicher Amtshandlungen an auswärtige Seelsorger zu wenden.

Dass dieser Pfarrzwang in beiden Beziehungen auf Akatholiken keine Anwendung finden darf, ist ein Grundsaz, der schon in der Natur der Sache liegt, und auch durch den westfälischen Frieden ausdrüklich bestätigt, dennoch aber oft genug verlezt worden ist. Dagegen findet für die eigenen Confessionsgenossen in der Regel keine Exemtion vom Pfarrverbande statt (§. 48). Dem Pfarrer aber steht es frei, seine Pfarrkinder durch Dimissorialen (literae dimissoriae) für einzelne Handlungen an andere bestimmte, oder nicht näher bestimmte, Geistliche zu verweisen.

100. An diese geistlichen Befugnisse knüpfen sich die pecuniären Rechte des Pfarrers, welche neben dem

festen Diensteinkommen (Gehalt aus Staats- oder Gemeindekassen, Amtswohnung, Beneficialgrundstücken, Zehnten) noch in accidentiellen Stolgebühren (iura stolae) zu bestehen pflegen. Dieser Name erklärt sich daraus, dass es für billig galt, wenigstens für die Anwendung des Amtskleides bei speciellen Veranlassungen eine Entschädigung zu gewähren, während freilich später die gesezlich fixirten Taxen für einzelne Amtshandlungen über diesen Gesichtspunct weit hinausgingen [179]. Andere freiwillige Oblationen, namentlich von Lebensmitteln, sind mehr der Sitte anheimgestellt geblieben.

B. Die Verwaltung der Pfarrkirchen.

101. Je mehr die Pfarrkirchen von der bischöflichen Kirche sich absonderten, um so weniger konte auch das Amt eines Pfarrers ohne gewisse Verwaltungsrechte bestehen, wenn auch eine eigene Stufe in der Hierarchie der Jurisdiction ihm niemals eingeräumt worden ist.

Zunächst ward er der natürliche Vorgesezte Derjenigen, die ihm bei seinen priesterlichen Functionen zur Hilfleistung zugeordnet waren: nicht blos der niederen Cleriker, sondern auch der Tonsurirten (§. 51) und eigentlichen Laien.

Sodann erforderte die Kirchenzucht bei ihrer inquisitorischen Ausbildung eine Mitwirkung von besonders vereideten Synodalzeugen (Sendschöffen), welche bei der bischöflichen Visitation über Alles, was in der Pfarrei etwa zu rügen sei, Mitteilung zu machen hatten [180].

---

179) Auch als landesfürstliche Unterstüzung wurden sonst wohl Mantelgelder verabreicht.

180) Diese Einrichtung, die man sogar schon vom Papst Eutychianus († 283) herleiten wolte, kennt auch der Sachsenspiegel, und ihre lezten Spuren reichen bis in das sechzehnte Jahrhundert. Biener Inquisitionsprocess S. 32...35. — Benedictus XIV. de synodo dioecesana lib. 4 cap. 3.

102. Hauptsächlich aber bedurfte es einer Fürsorge für die Güter- und Armenpflege. Abgesehen von den Gefällen und Grundstücken, welche dem Pfarrer zu seinen eigenen Amtseinkünften überwiesen und von ihm ganz selbständig verwaltet wurden, konte die Verwaltung des übrigen Pfarrvermögens ihm nur unter höherer Beaufsichtigung und unter der Verpflichtung zur Rechnungsablage anheim fallen, sofern keine andere Ortsbehörde dafür eingesezt war. Als solche bestand aber nur bei einzelen sehr reich dotirten Pfarrkirchen ein besonderes Collegiatcapitel (§. 80), welches überdies dem Pfarrdienst bald eben so entfremdet wurde, wie die Domcapitel dem Chordienst (§. 79. 80). Im Allgemeinen half man sich durch Anstellung eines Güterpflegers, oeconomus, der zwar an den bischöflichen Kirchen ein Geistlicher sein solte [181], an den Pfarrkirchen aber nur unter den Laien zu finden war, und hier schon im J. 1266 als Provisor, uitricus, altirmannus bekant war [182]. Solche Provisoren, Fürseher, hat das Concil von Trient namentlich für das Bauwesen, die fabrica oder opera ecclesiae, bestätigt [183], und ebenso erwähnen sie die deutschen Reichspolizeiordnungen des sechzehnten Jahrhunderts [184]. In der Lombardei, namentlich in Monza, erscheinen sie 1560 als fabricerii, anderswo als structuarii oder aeditui.

---

181) can. 21 Causa 16 qu. 7 (a. 451). — can. 22. eod. (a. 619). Concil. Wirceburg. a. 1287 cap. 35.

182) Synod. Magdeburg. a. 1266, bei Hartzheim concil. German. T. III p. 804. Schon Hinkmar von Rheims (capitularia c. 16) kennt solche Laien als Gehülfen bei der Zehntenverteilung.

183) Concil. Trid. Sess. 22 cap. 9 de reformatione.

184) Reichspolizeiordnung von 1548 tit. 31 §. 4, von 1577 tit. 32 §. 4. Es wird hier eine Beaufsichtigung und Vereidung durch die weltliche Obrigkeit, wie bei Vormündern, angeordnet.

Auch die Krankenpflege in den Pfarrbezirken muste den Laiendienst zu Hilfe nehmen, der deshalb häufig von besonderen Sodalitäten versehen wird [185].

Endlich sind den dienenden Laien auch die besoldeten Lehrer an den eigentlichen Pfarrschulen in sofern vergleichbar, als sie ebenfals der Aufsicht des Pfarrers mehr oder weniger unterworfen sind.

103. Das Amt der Kirchenpfleger oder Fürseher hat eine festere Ausbildung im Bereich der französischen Gesezgebung erhalten, welche schon früher unter dem Namen Kirchenfabrik nicht blos den Baufonds oder die Bauhütte, sondern auch die Verwaltungsbehörde (eigentlich conseil de fabrique) für dieses und das sonstige Kirchenvermögen verstand, und die Mitglieder dieser Behörde als fabriciens (Kirchmeister) oder marguilliers (matricularii) bezeichnete. Nach der gesezlichen Wiederherstellung dieser fabriques im J. 1802 [186] sind dieselben zu eigentlichen Kirchenräthen geworden, welche ausser dem Pfarrer und etwanigen Ehren-

185) s. §. 70. In der apostolischen Kirche waren die Diaconen und Diaconissen auch dafür besonders bestellt; später werden presbyterae, diaconae, monachae neben einander erwähnt. s. Ducange s. v. presbyterae. Die altrömische Kirche forderte auch noch besondere Rechtsbeistände, Defensoren, für die Armen. can. 10 Causa XXIII quaestio 3.

186) Organische Artikel vom April 1802 zum Concordat vom J. 1801 art. 76: »Il sera établi des fabriques pour veiller à l'entretien et à la conservation des temples, à l'administration des aumônes.« Die näheren Bestimmungen erfolgten durch Decrete vom 26 Juli 1803, 30 Dec. 1809, 6 Nov. 1813. Nach dem Decret v. 1809 soll die Kirchenfabrik aus dem Pfarrer, dem Maire, und 5, resp. 9 katholischen Ortsbürgern bestehen. vgl. Vuillefroy administration du culte catholique, v. Fabrique.

mitgliedern, wenigstens fünf active Laienmitglieder zählen und eigentlich auch einen Laien zum Vorsizer haben sollen. Die neuere Doctrin war sogar geneigt, ihnen eigentliche Corporationsrechte zuschreiben und sie für die Eigentümer des Kirchenguts erklären zu wollen, was jedoch juristisch unhaltbar ist. Dass aber die Armenpflege und die Besoldung des Pfarrers von diesen Kirchenräthen verwaltet werden kan, leidet keine Frage.

V. Die kirchlichen Patronatrechte.

A. Geschichtliche Uebersicht.

104. Der Kirchenpatronat[187] soll nach der Lehre der römischen Kirche nur solche Rechte umfassen, die sie aus eigener Macht für bestimmte pecuniäre Zuwendungen gewähren will; und sie beharrt mit grofser Festigkeit bei dem Bestreben, denselben auf diese Schranken zurükzuführen.

Auf der andern Seite sind aber die wirklich bestehenden Patronatrechte oft auch aus ganz anderen Thatsachen hervorgegangen, und sie haben sich in ihrer Entwickelung sehr ungleich gestaltet. Wir müssen also, um den Ansprüchen der Kirche gerecht zu werden, vor Allem den Laienpatronat, den geistlichen und den obrigkeitlichen Patronat unterscheiden, und auch dabei noch den weiteren Unterschied zwischen einem eigentlichen und einem uneigentlichen Patronat zu Hilfe nehmen.

105. A. Der Laienpatronat ist jedenfals in so fern der älteste, als der Name des ganzen Instituts von ihm abzuleiten ist. Es war das Grundeigentumsrecht des

---

187) Nur von diesem, nicht von den ihm nachgebildeten Schulpatronaten, Stiftungspatronaten u. s. w. ist hier zu reden.

Gutsherrn (patronus), der auf seinem eigenen Grund und Boden für sich und seine Colonen oder Hörigen eine Kirche oder ein Oratorium erbauet hatte. Ein solches Gebäude blieb sein Eigentum, und auch die freie Auswahl desjenigen, den er oder seine Nachfolger als Hausgeistlichen unterhalten wolten, konte nur etwa noch der Genehmigung des Bischofs bedürfen [188]. Ward aber die Gutsgemeinde zu einer eigenen Pfarrgemeinde (parochia rusticana) erhoben, oder die aus Gutseinkünften dotirte Kirche gleich anfangs für eine solche Gemeinde errichtet, dann muste zwar dem Eigentum entsagt werden [189], die übrigen hergebrachten Rechte des Patrons aber bestanden im Wesentlichen fort, als Accessorium des Grundeigentums. So sind die dinglichen Patronatrechte entstanden, welche mit dem Eigentum des Landguts auf jeden neuen Erwerber übergehen.

106. Als zweite Quelle des Laienpatronats erscheint das Vertragsrecht, in so fern eine der Kirche erwiesene Wohlthat auch mit besonderen Vorbehalten verbunden werden durfte, mit deren Genehmigung der Bischof nicht schwierig war [190]. Ja die Kirche kam solchen Vorbehalten schon durch gewisse Verheissungen zuvor, indem sie nicht nur im J. 633 die Verpflichtung auf sich nahm, ihre Wohlthäter in Verarmungsfällen zu unterstüzen [191],

188) Es ist ein Irthum, wenn man die Anfänge dieser Verhältnisse erst im fränkischen Reiche erkennen will; sie finden sich, neben dem bischöflichen Patronat (§. 107), schon in Justinians Novellen. — Iust. Nouella. 123 cap. 18. — Canon 32. 36. 37. Causa XVI quaestio 7.

189) can. 10. 26. 27. 31 §. 1 eod.

190) Iustinian, const. 46 §. 3. de Episcopis (Cod. I, 3). Nouell. 57 cap. 2. Can. 30 Causa XVIII. qu. 2.

191) can. 30 C. XVI qu. 7. Sehr oft schenkten kinderlose Ehegatten der Kirche ihr ganzes Vermögen unter dem Vorbehalt des lebenslänglichen Niesbrauchs.

sondern auch allen denen, die zur Errichtung und Unterhaltung einer Pfarrkirche oder eines Altars das nötige Capital hergeben, oder auch nur ein einzelnes Kirchenamt in gleicher Weise ausstatten würden, ohne Weiteres ein persönliches Patronatrecht in Aussicht stellte[192]. Durch Erweiterungen zu Gunsten der Erben oder des Mannsstamms des Donators ward dieses persönliche Recht zu einem erblichen oder Familienpatronat (ius patronatus gentilitium).

Endlich gab es auch Laienpatronate, welche der Kirche unter ausserordentlichen Einflüssen aufgenötiget wurden, denen sie aber seit dem eilften Jahrhunderte, und besonders auf dem dritten und vierten lateranischen Concil (1179. 1225) entschieden widersprochen hat. Dahin gehörte namentlich die königliche Belehnung mit einer Pfarrkirche (feudum presbyteriale, Priesterlehen), wodurch einem Laien die kirchlichen Einkünfte und die Ernennung des Pfarrers zugewendet werden solten. Bleibend konten solche Verhältnisse nur werden, wenn sie sich allmählig zu einem dinglichen oder einem obrigkeitlichen Patronat (§. 108) umgestalteten.

107. B. Der geistliche Patronat muss notwendig mit einem Kirchenamte oder einer kirchlichen Corporation, z. B. einem Kloster oder Capitel, verbunden sein. In dieser Verbindung findet die römische Kirche eine stärkere Bürgschaft gegen den Misbrauch des Patronats; und seitdem sie denselben ausdrüklich für eine res spiritualis, res sacra und res extra commercium erklärt hat[193], haben auch die Vorrechte der geistlichen Patrone vor den weltlichen sich gehäuft.

---

192) cap. 25 X. de Iure patronatus (3, 38): »Si quis ecclesiam cum assensu dioecesani construxit, ex eo ius patronatus acquirit.«

193) cap. 4. 23 X de Iure patronatus (3, 38).

Die ältesten Fälle dieses geistlichen Patronatrechts sind dem Bemühen einzelner Bischöfe zuzuschreiben, auch ausserhalb ihrer Diöcesen christliche Kirchen zu gründen. Zur Erweiterung ihrer Diöcesangrenzen waren sie deshalb nicht berechtigt; aber einen Theil der Episcopalrechte fanden sie in dem ihnen gewährten Patronatrechte wieder[194]. Wie die Bischöfe, so konten auch reiche Klöster und Kapitel als Fundatoren von Kirchen begünstiget werden; und in analoger Weise ward sogar die Teilung einer Pfarrei mitunter zur Quelle des Patronatrechts für den schon vorhandenen Pfarrer[195]. Besonders häufig aber entstand der geistliche Patronat aus den sehr begünstigten Erwerbungen von Laienpatronaten durch die Klöster[196], so wie aus den Incorporationen ganzer reichbegüterter Pfarreien mit Klöstern und Universitäten, denen alsdann die Einsezung und Unterhaltung von beständigen Pfarr-Vicaren, anstatt des von ihnen selber repräsentirten, also zur juristischen Person gewordenen eigentlichen Pfarrers, obliegen muste[197].

108. C. Die bedenklichste Gattung von Patronatrechten ist der obrigkeitliche, namentlich der fiscalische, landesherrliche oder Staats-Patronat, der in der That auch oft nur als ein uneigentlicher anzuerkennen ist. Uneigentlich ist er immer, insofern dem Staate auch ein Einfluss auf die Besezung der Bistümer (§. 126) zusteht, während der eigentliche Patron nur zu einer Concurrenz mit den Rechten der Diöcesangewalt berufen ist; aber auch diese Concurrenz ist bei

194) can. 1 C. XVI qu. 5 (a. 441).

195) cap. 3 X. de ecclesiis aedificandis (3, 48).

196) cap. 8 X. de Iur. Patr. (3, 38). cap. un. eod. in VI° (3, 19). cap. 7 X. de Donat. (3, 24).

197) Die Unfreiwilligkeit dieser Leistung hat neuerdings zu der Ansicht geführt, dass ein eigentlicher Patronat mit Ehrenrechten daraus nicht entspringen könne. s. auch Note 200.

den Stadtobrigkeiten, bei dem Fiscus und dem Landesherrn nicht immer die Folge freiwilliger Gaben an die Kirche gewesen.

Schon im Mittelalter findet sich neben dem eigentlichen Patronatrechte auch noch ein amtliches Schuz- und Schirmrecht über einzelne Kirchen und Kirchenbezirke; bald in Folge wirklicher Schuzbedürftigkeit, z. B. bei der aduocatia armata, bald durch misbräuchliche Erweiterung anderer Amtsrechte, z. B. der Güterpfleger, Rechtspfleger und Rechtsbeistände (uicedomini, actores ecclesiarum u. s. w.) oder durch die schon erwähnten Belehnungen (§. 106). So wurden denn die aduocati, uicedomini, feudatarii mit den Patronen häufig zusammengestellt, namentlich wenn die Kirche sich ihrer zu erwehren bemühet war [198].

109. Viel erheblicher sind die aus den neueren Säcularisationen geistlicher Territorien und Stiftungen vom Staate hergeleiteten Rechte, die aber wiederum zwiefacher Art sind [199].

Erstens gehören hieher die Patronatrechte der säcularisirten Klöster und Kapitel, welche als Accessorium ihrer Besizungen zu betrachten und demnach mit diesen, kraft des fiscalischen Incamerationsrechts, an den Fiscus übergegangen sein sollen. An und für sich wird auch dieser Uebergang nach den damals fixirten Rechtsbegriffen

---

198) cap. 12 X. de Poenis (5, 37). — cap. 13 de Elect. in VI° (1, 6).

199) vgl. Paul Hinschius das landesherrliche Patronatrecht gegenüber der katholischen Kirche. 856. — Zu der daselbst S. 24. 25 angeführten älteren Literatur ist noch eine dritte, wahrscheinlich von Frey verfasste Schrift: »Geschichte des Patronatrechts in der Kirche. Teutschland 1806« nachzutragen, worin eine Recension des juridischen Archivs vom J. 1806 (nicht 1809) in würdiger und gründlicher Weise widerlegt wird.

nicht wohl zu bestreiten sein [200]; nur auf die besonderen Vorrechte, die lediglich dem geistlichen Inhaber des Patronatrechts gewährt sind, kan der Fiscus natürlich keinen Anspruch machen. Diese Beschränkung ist aber der römischen Curie nicht genügend erschienen, weshalb sie bei Gelegenheit des neuesten Concordats mit Oesterreich nach vollständigeren Sicherheiten gestrebt hat [201].

Zweitens hat man aber auch in ehemals bischöflichen Territorien die Verleihung der Kirchenämter durch den früheren Landesbischof nicht aus seinen kirchlichen Diöcesanrechten, sondern aus seinen landesherrlichen Rechten herleiten, und unter dem Namen eines vererbten lan-

---

200) Neuerdings hat man entgegnet, dass jeder geistliche Patronat nur ein persönlicher, nicht an den Gütern haftender, sei. Allein wenn auch diese strenge Scheidung zwischen der corporativen Persönlichkeit des Klosters und dem Klostergut in früherer Zeit vollständig bedacht und durchgeführt wäre, so würde doch auch der persönliche Patronat nicht sofort als höchstpersönlich und unvererblich zu behandeln sein. Hatten doch die Klöster selber ihr Patronatrecht sehr oft durch Uebertragungen von Laien erworben. Jedenfals hat der Reichdeputationshauptschluss vom 25. Februar 1803 die Patronatrechte sicher nicht ausnehmen wollen, als er im §. 36 bestimmte: »Die.... zur Entschädigung angewiesenen Stifter, Abteien und Klöster, so wie die der Disposition des Landesherren überlassenen, gehen mit allen Gütern, Rechten, Kapitalien und Einkünften...über, sofern nicht ausdrükliche Trennungen festgestellt sind.« — Auch die an dem Patronatrecht haftenden Pflichten sind doch — im Allgemeinen wenigstens — von den beteiligten Regierungen nicht abgelehnt worden.

201) Das Concordat vom 18. August 1855 hatte im art. 25 dem Kaiser die fortwährende Ausübung des dem s. g. Religionsfonds zustehenden Patronatrechts zugesichert; die gleichzeitigen Erklärungen des Erzbischofs Rauscher aber lauten unter Num. XVIII dahin, dass bei künftig etwa eintretenden Aufhebungen einer Corporation, die Präsentationsrechte derselben erlöschen sollen.

desherrlichen Patronats als Regel festhalten wollen. Diese allerdings monströse Auffassung, welche mit der Lehre der römischen Kirche ganz unvereinbar ist, hat kürzlich in Baden den heftigsten Widerspruch erfahren; und hätten sich die dortigen Reclamationen des Clerus auf diesen Patronatstreit beschränkt, so würde ihnen auch in anderen Kreisen eine gröſsere Beistimmung zu Theil geworden sein. Verwerflich blieb freilich auch dabei das an das Jahr 1848 erinnernde Verlangen, dass die langjährige factische Geltung jener anomalen Theorie plözlich ignorirt werde, so wie die Bezeichnung derselben als einer »protestantischen Auffassung«, während doch ihr bayrischer Ursprung bekant genug ist [202], — wenn man nicht gar den deutschen Kaiser Ferdinand II., als Erzherzog von Oesterreich, für den Urheber halten will [203].

110. Während so in Deutschland eine neue Gattung von Patronatrechten erfunden wurde, hatte man in Frankreich das ganze Institut, schon vor dem Untergange der Kirche selbst, zu Grabe getragen. Denn die »constitution

202) Als neue Erfindung wurde sie sofort von Frey im J. 1805 angegriffen, und diese Bezeichnung rechtfertigt sich auch aus dem Inhalt der churbayrischen Erlasse vom 26. August und 22. September 1803, welche öfter wieder abgedrukt worden sind, namentlich auch in der vorhin (Note 199) erwähnten anonymen Schrift S. 275...84, und bei Hinschius S. 20...24. Der erste Erlass lautet kurzweg dahin: »Seine Churfürstliche Durchlaucht haben ... den Grundsatz festgesetzt, dass ... Höchstihnen ... das Patronatrecht an allen jenen Pfarreien und sonstigen Beneficien zustehe, an welchen kein jus laicale patronatus haftet.« — Als doctrineller Verteidiger dieses neuen Grundsazes trat erst 1805 der Landesdirectionsrath und Professor Gregel zu Würzburg auf. vgl. auch Richter Kirchenrecht §. 145. Ueber Württemberg vgl. Reyscher das württemb. Concordat. ed. II. 858 S. 59...62.

203) Hinschius S. 15 ff.

civile du clergé« vom 12. Juli 1790, welche zwar im Tit. I art. 21 ausdrüklich die völlige Gleichstellung der Laienpatronate mit den geistlichen Patronaten verfügte, hatte doch gleichzeitig (art. 20 und Tit. II art. 1) alle Beneficien ausser dem Amte des Bischofs und des Pfarrers aufgehoben, und für die Besezung dieses lezteren unbedingt die Form der Bezirkswahlen, verbunden mit der canonischen Institution (§. 118) vorgeschrieben. Ob man in der nicht beseitigten königlichen Ernennung zum bischöflichen Amte, oder in dem Recht der Bischöfe und Pfarrer, ihre Vicare zu ernennen, ein noch bestehendes Patronatrecht zu finden meinte, mag dahin gestellt bleiben; der Name verschwand, und ward auch nicht wieder gebraucht, als im Jahre 1806 den Fundatoren von Hospitien und ähnlichen Anstalten gewisse analoge Vorrechte zugesichert wurden [204].

Jedenfals liegt aber in der französischen Gesezgebung kein Hindernis für eine neue vertragmäfsige Gewährung von Patronatrechten, fals die Bischöfe sich dazu bewogen finden solten.

B. Das heutige Patronatrecht [205].

1. Rechte und Pflichten des Patrons.

111. Das wichtigste Recht des Patrons besteht in seiner Mitwirkung zur Verleihung von Kirchenämtern, besonders von Pfarrämtern, die aber erst in den folgenden Abschnit dieses Kapitels (§. 131 ff.) gehört.

Ausserdem gebühren ihm:

1) gewisse Ehrenvorzüge: ein vorbehaltener Plaz in der Kirche, bei Processionen, als Grabstätte; ferner Kirchentrauer und Kirchengebete;

---

204) Kaiserliches Decret vom 31. Juli 1806, bei Hermens IV, 709.

205) vgl. Concil. Trid. Sess. XXII cap. 11 de ref. Sess. XXV cap. 9 de ref.

2) pecuniäre Unterstüzungen aus dem zureichenden Kirchenvermögen im Falle schuldloser Verarmung[206];
3) ein allgemeines Aufsichtsrecht über die Verwaltung der Kirche und ihres Vermögens, verbunden mit dem Recht der Beschwerde bei den höheren geistlichen und weltlichen Behörden[207].

Die Pflichten des Patrons sind nach dem kanonischen Rechte mehr negativer Art: sie beschränken sich auf Vermeidung von Rechtswidrigkeiten bei der Ausübung seiner Befugnisse. Zu neuen pecuniären Opfern ist er direct (vgl. Note 208) nur verpflichtet, wenn er in den Besiz von Kirchenzehnten gelangt war; anders nach einigen Landesgesezen, so wie in der evangelischen Kirche.

2. Erwerb, Verlust, Suspension des Patronatrechts.

112. Für den Erwerb des Patronats an einem Kirchengebäude gilt die Regel: patronum facit fundus, dos et aedificatio, d. h. der Patron muss ausser dem Grund und Boden und den Baugeldern auch noch ein Unterhaltungscapital (dos) angewiesen haben, während für den Stifter eines Kirchenamts an einer schon bestehenden Kirche diese Dotation allein genügt. Urkundliche Anerkentnisse oder Vorbehalte des Patronatrechts sind dabei wenigstens nicht unbedingt erforderlich. Als ausserordentliche Erwerbsgründe sind Verjährung und Unvordenklichkeit, als abgeleitete Vererbung und, mit Zustimmung des Bischofs, Schenkung zugelassen.

Der Verlust des Patronatrechts trit ein durch den Untergang des Objects, durch Verzicht oder Verjährung und durch Misbrauch. Zum Verzicht genügt schon die

206) Nach böhmischem Localrecht konte der Patron ein Drittel des Nachlasses seines ohne Testament verstorbenen Beneficiaten erben.

207) can. 60 C. XVI qu. 1. can. 31 C. XVI qu. 7. — Eigene Verwaltungsrechte hat der Patron nicht.

wiederholte wissentliche Nichtausübung bei Amtserledigungen, so wie die Ablehnung ausserordentlicher Beiträge, um den Untergang der Patronatstelle abzuwenden[208]. Als Misbrauch gilt besonders Antastung des Kirchenvermögens, Mishandlung des Geistlichen, und nach dem Concil von Trient auch die gesezwidrige Veräusserung des Patronatrechts[209].

Suspendirt wird das Patronatrecht teils in einzelen Fällen durch einmalige rechtswidrige Ausübung, teils lebenslänglich durch persönliche Unfähigkeit, z. B. bei Nichtchristen, oder durch Unwürdigkeit, namentlich wegen bestrafter Verbrechen. Durch Verschiedenheit der christlichen Confession wird in Deutschland die Ausübung der Patronatrechte nicht ausgeschlossen[210]; auch den Frauen ist sie überall gestattet.

VI. Die Besezung der Kirchenämter.

A. Allgemeinere Regeln.

1. Die Vacanz und die Expectativen.

113. Der Erwerb eines Kirchenamts ist an vier Hauptbedingungen gebunden: dass das Amt erledigt, dass der Verleiher berechtigt, der Erwerber befähigt und die Erwerbung ordnungsmäſsig vollzogen sei. Die dritte dieser Bedingungen steht immer in speciellerem Zusammenhange mit den einzelen zu erwerbenden Aemtern[211]; über die

---

208) vgl. Richter §. 144. Lippert Patronatrecht S. 185.

209) Gegen Laien, namentlich gegen Evangelische, kan dies nur zur Anwendung kommen, wo die Beschlüsse des Concils als Landesgesez publicirt sind.

210) arg. Instr. Pacis Osnabrug. art. V. §. 31. vgl. Preuss. LdR. II, 11 §. 340 ff. — Wegen der Juden: Preuss. Verordng v. 30 Aug. 1816, 23 Juli 1847 §. 3.

211) Das allgemeinste Erfordernis ist die Tonsur im Augenblicke der Verleihung, die aber allein nur sehr selten genügend ist.

erste, zweite und vierte sind auch manche gemeinsame Vorschriften ergangen.

Bei der ersten Hauptbedingung soll die Vacanz blos von Rechts wegen nicht immer zur Wiederbesezung des Amtes genügen: es soll, um anstöfsigen Zwisten zu entgehen, eine Vacanz de iure et facto abgewartet werden [212].

Demohngeachtet sind grade von Rom aus sogar sehr viele s. g. Expectativen (gratiae expectatiuae) verliehen worden, besonders bei den einfachen Beneficien (§. 72). Die Versuchungen zu solchen Anomalien sind aber hier, wie bei den bischöflichen Coadjutoren (§. 84), durch die Stürme der Revolution meistens beseitigt worden, nachdem schon das Concil von Trient den künstlichen Ausweg von generellen oder von blos bedingten Expectanzen (z. B. promitto cum potero) verboten, und die Möglichkeit eines Successionsrechts des Coadjutors enger begrenzt hatte [213].

Viel verwickelter sind die Fragen bei den anderen beiden Erfordernissen; sie knüpfen sich mehr oder minder an das s. g. Provisionsrecht und an die canonische Institution.

2. Das Provisionsrecht. Die Devolution und die Reservationen.

114. Das kirchliche Amtsverleihungsrecht (ius prouidendi de beneficio) ist entweder einer kirchlichen Behörde ausschliessend beigelegt, oder unter verschiedene Behörden geteilt. Im ersten Falle ist es ein volles, im zweiten ein unvollständiges Provisionsrecht (ius prouisionis plenae, minus plenae).

Aus dieser Teilung entspringt aber ein Gegensaz zwischen der eigentlichen collatio, und der ihr vorher-

---

212) cap. 28 de Praebendis in VI° (3, 4).

213) Conc. Trid. Sess. XXIV cap. 19 de ref. Sess. XXV cap. 7.

gehenden designatio personae; dergestalt dass nur bei dieser lezteren auch dem Laienpatron oder den Staatsbehörden eine Mitwirkung einzuräumen ist, die Collation aber unbedingt von der Kirchenbehörde ausgehen soll.

115. Hieran schliest sich ein weiterer Gegensaz von ordentlicher und ausserordentlicher Provision, insofern die leztere bald in einzelen Fällen durch Devolution einer höheren Behörde, statt des ordentlichen Verleihers, gebühren, bald auch in Folge allgemeiner Reservationen als unmittelbares päpstliches Verleihungsrecht eintreten soll.

Das Devolutionsrecht gebührt dem Bischof bei einer verschuldeten Nachlässigkeit der ihm untergebenen Verleiher, namentlich der Kapitel; dem Erzbischof nach sechsmonatiger Säumnis des Bischofs, dem Papst nach drei Monaten bei der vom Domkapitel versäumten Bischofswahl[214]. Dass auch von der Kirche an den Staat[215], wie vom Staat an die Kirche, Devolutionen eintreten können, läst sich nicht verkennen; aber gesezlich geordnet sind diese Fälle sehr selten.

116. Die von den Päpsten ausgegangenen Reservationen wurden zwar schon im funfzehnten Jahrhundert durch die Concilien zu Constanz (1414...18) und zu Basel (1432 ff.) sehr wesentlich beschränkt; aber der Erfolg dieser Concilienschlüsse würde auch in diesem Puncte

---

214) Das cap. 41 X de Elect. (1, 6) sezt auch hier noch ein Devolutionsrecht des Erzbischofs voraus.

215) Ein analoges Recht war das zum ius regaliae gehörende der Könige von Frankreich, während der Erledigung eines bischöflichen Stuhles alle vacanten Pfarreien der Diöcese zu besezen. Man behandelte es als Accessorium des interimistischen Nuzungsrechts, nach der seltsamen Parömie: »Collatio beneficiorum censetur pertinere ad fructus«. P. de Marca de concordia sacerdotii et imperii cap. 22 num. 7.

für Deutschland sehr verkümmert worden sein, wenn nicht eine mildernde Praxis und die neueren Concordate noch engere Schranken für jene Reservatrechte gezogen hätten.

Man unterscheidet jezt drei Hauptklassen derselben:

a) Reseruatio beneficiorum ad curiam romanam uacantium; d. h. die Päpste haben sich schon um die Mitte des dreizehnten Jahrhunderts[216] die Wiederbesezung aller Aemter vorbehalten, deren Inhaber in Rom oder innerhalb zweier gesezlicher Tagereisen von Rom sterben würden. Gemildert ist dieser Vorbehalt durch die Beschränkung auf die Frist eines Monats nach dem Sterbefall, und durch stillschweigende Befreiung der meisten Patronatspfarren von demselben.

b) Die Reservationen der Bullen Execrabilis (1317) und Ad regimen (1435), wodurch im Wesentlichen alle unter directer Mitwirkung des Papstes erledigten oder unbesezt gebliebenen Aemter für diesmal dem päpstlichen Verleihungsrechte vorbehalten wurden.

c) Reseruatio mensium, durch welche Martin V. sich dem Costnizer Concil gegenüber darauf beschränkt hatte, von allen übrigen Aemtern nur diejenigen unmittelbar wieder zu besezen, die nicht im März, Juni, September und December, sondern in den anderen acht Monaten des Jahres erledigt würden. Das nur für Deutschland geschlossene Costnizer Concordat (1418) hat aber das Amt der Bischöfe und die höheren Dignitäten in den Kapiteln (§. 81) von dieser Reservation ganz befreiet; und da durch die Praxis ein Gleiches in Ansehung aller Pfarrämter und aller Laienpatronatstellen geschehen ist, so bleiben im Wesentlichen nur die einfachen Canonicate der Dom- und Stiftskirchen derselben unterworfen. Auch wurden die acht päpstlichen Monate gleich

216) cap. 2 de Praebendis in VI° (3, 4), von Clemens IV († 1268).

anfangs zu Gunsten der gehörig residirenden Bischöfe auf sechs reducirt, weshalb denn jezt nur noch die sechs ungraden Monate des Jahres (Januar, März u. s. w.) als päpstliche bezeichnet werden.

Für die Ausübung der reseruatio mensium ist der Papst an eine dreimonatige Frist gebunden.

117. Dass dieses complicirte System der Reservationen auch in den folgenden Jahrhunderten keinen guten Eindruk machen konte, ist begreiflich; je weniger von dieser Seite her die Rechte der Landesbischöfe geachtet schienen, um so näher lag auch den Landesfürsten die Versuchung, sie zu vergessen, und die unbeschränkte Vergebung fast aller kirchlichen Beneficien, auch ohne den landesherrlichen Patronat (Note 199...203), in Anspruch zu nehmen [217].

Manche Eingriffe dieser Art sind in den neueren Concordaten in der Form eines päpstlichen Indults zu Gunsten katholischer Landesfürsten legalisirt worden.

3. Der wirkliche Erwerb des Kirchenamts.

118. Diejenigen Acte, durch welche der gehörig Designirte wirklich zum Kirchenamte gelangt, sind sehr verschieden, je nachdem das Provisionsrecht ein volles oder ein unvollständiges gewesen war.

Im ersten Falle braucht bei den niederen Aemtern und Sinecuren zu der schriftlichen Ausfertigung der Amts-

---

217) So war es namentlich am Niederrhein unter der Regierung des letzten Kurfürsten von Baiern (1802...1806). – Schon vom Mittelalter her übte der Kaiser auch das Recht der bindenden ersten Bitte (ius primariarum precum) gegen jedes Kapitel einmal, während der Papst das Kapitel viermal durch ein mandatum de prouidendo bei erledigten Kapitelstellen verpflichten konte. s. §. 129. Von Frankreich s. Note 215.

erteilung, nur die einfache Amtseinführung, (institutio corporalis)[218] hinzuzukommen (§. 113), während die Erwerber der höheren Aemter meistens auch noch der feierlichen Consecration, oder wenigstens einer Benediction (§. 127. 128) bedürfen.

Im zweiten Falle soll die Designation in der Regel noch durch eine besondere Beistimmung, bald des Bischofs, bald des Papstes, ergänzt werden, welche meistens als institutio canonica, authorizabilis oder uerbalis, in einzelnen Fällen aber als päpstliche Confirmation oder Admission bezeichnet wird[219].

119. Die Kirche geht von dem Grundsaz aus, dass die Verleihung ihrer Aemter unentgeltlich geschehen müsse, dass beide Theile sich durch Leistung oder Annahme einer Zahlung der Simonie (nundinatio rei spiritualis) schuldig machen würden. Unter dem Drange äusserer Notwendigkeiten ist aber dieser Grundsaz namentlich für die römische Curie auf die designatio personae beschränkt worden, so dass für gewisse Acte der Institution die Entrichtung selbst bedeutender hergebrachter Gebühren oder Abgaben (*συνηθείαι*)[220] sogar gefordert werden durfte. In Rom hat meistens die päpstliche Canzlei diese Angelegenheit bei ihren Ausfertigungen zu vermitteln, weshalb denn zugleich auch die päpstlichen Reservationen (§. 116) hauptsächlich in den seit Johann XXII. hergebrachten Instructionen für diese Canzlei (den regulae cancellariae) enthalten sind. Dabei unterscheidet man fünf Hauptgattungen von Taxen:

1) seruitia minuta, oder eigentliche Expeditionsgebühren;

---

218) Auch inuestitura, und bei den Chorherren installatio (von der Anweisung des Chorsizes, stallum) genant.

219) vgl. Richter KR. §. 183. 184.

220) vgl. Iustiniani nouella 56 c. 1. Nou. 123 c. 3. 16. Nou. 131 c. 16.

2) seruatia communia, oder Consecrations- und Benedictions-Gebühren, welche die Bischöfe und Aebte zu zahlen haben;
3) die Palliengebühr der Erzbischöfe (§. 86);
4) die Annaten (annatae), d. h. der Betrag einmaliger Jahreseinkünfte, der für alle vom Papste ausser dem Consistorium verliehene, nicht ganz geringfügige Beneficien entrichtet werden solte; für Deutschland beseitigt durch eine fingirte sehr niedrige Taxe aller dieser Pfründen;
5) die Quindennia, d. h. fünfzehnjährlich wiederkehrende Annaten für solche Pfründen, die mit einer geistlichen Corporation vereinigt, und daher gar nicht mehr verleihbar sind[221].

Eine den Annaten gleiche Abgabe ziehen mitunter auch die Bischöfe für ihre Verleihungen, wobei auch die verwandten Namen annalia, oder ius deportuum, vorkommen.

B. Die Besezung der Kirchenämter in Rom.

1. Die Papstwahl.

120. Ursprünglich war zwischen der Besezung des römischen und der anderen bischöflichen Stühle kein wesentlicher Unterschied[222]. Die Gemeinde und der Clerus der Stadt musten sich mit den benachbarten Bischöfen (als den Vertretern des Metropolitans (§. 85) über die Wahl vereinigen, soweit das unbestrittene Aufsichts- und Bestätigungsrecht, erst der römischen Kaiser, dann der germanischen Könige, der byzantinischen, fränkischen und deutschen Kaiser, nicht periodisch auf directe Ernennungen hinaus führte, deren Rechtmäfsigkeit auch wohl mehr als

---

221) Eingeführt von Paul II im J. 1470 (c. 4. 7 de Annatis in VII°. 2, 3), ist diese Angabe jezt meistens verschwunden.

222) Staudenmaier Geschichte der Bischofswahlen. Tübingen 1830. — Richter KR. §. 123. Walter §. 227.

einmal von der Stadt und den römischen Bischöfen selber bekräftiget wurde[223]. Dieses kaiserliche Uebergewicht ward erst während der Minderjährigkeit Heinrich's IV. durch die Wahlordnung des J. 1059 gebrochen, welche zwar in ihrer echten Fassung das Wahlrecht fast ganz auf die Cardinalbischöfe, aber noch unter Mitwirkung des Kaisers, beschränken wolte, durch Interpolationen jedoch dahin verändert ward, dass den Cardinalbischöfen die vorbereitenden Maasregeln, allen Cardinälen aber die Wahl selbst gebühren solte, während dem übrigen Clerus und dem Volke nur eine nachträgliche Zustimmung, dem Kaiser aber sogar nur die schuldigen Ehren in nichtssagender Weise vorbehalten blieben[224].

Unter diesen Modificationen gelang es denn auch bald, die Anwesenheit und Aufsicht der kaiserlichen Gesandten ganz zu vermeiden; und seitdem hat das Princip der gänzlichen Freiheit der Papstwahl keinen rechtlichen Widerspruch mehr erfahren[225]. Der factisch geübte Einfluss der angesehensten katholischen Fürsten auf die Wahl hat sich jedoch dahin gestaltet, dass ihre Recusation einer unerwünschten Person berüksichtiget wird.

121. Die Cardinäle, welche an der Papstwahl Theil nehmen wollen, müssen sich unaufgefordert in Rom, oder wo der lezte Papst gestorben war, einfinden. Um gegen auswärtige Einflüsse möglichst gesichert zu bleiben, be-

223) vgl. can. 22 Dist. 63 (a. 774). can. 23. 32. eod. (a. 963).

224) Aecht bei Pertz monumenta Germaniae T. IV (legum T. II) appendix pag. 176: interpolirt bei Gratian, can. 1 Dist. 23. — Die verschiedenen Texte veranlassten schon im J. 1090 den Cardinal Deusdedit zu dem Vorwurf einer Fälschung. Gieseler Kirchengeschichte Bd. II. Abth. 1 S. 187...190. — Richter KR. §. 123.

225) Auch Napoleon I. konte sich die Ernennung des Papstes, als seines Kronbeamten, nur vorbehalten, da er als Kaiser eine Vacanz des römischen Stuhles nicht erlebt hat.

ziehen sie für die Zeit der Wahl ein abgeschlossenes Gebäude: das Conclave[226].

Wählbar ist nur ein Geistlicher (ex ecclesia), und zwar in der Regel nur ein Cardinal, auch wenn er noch nicht Priester wäre[227].

Die Wahl wird vollzogen entweder durch Quasi-Inspiration, wenn sofort alle Wähler übereinstimmen, oder durch Compromiss, wenn sie ihr Stimmrecht auf einen oder mehrere Collegen übertragen; oder — und zwar in der Regel — durch Scrutinium, d. h. durch geheime Stimmenzählung, die aber eine Majorität von zwei Dritteln aller Stimmen ergeben muss. Um diese wenigstens nachträglich durch einen accessus zu erlangen, können Zwischenverhandlungen nicht vermieden werden.

Der gehörig Erwählte ist, wenn er die Priesterweihe besizt, im Notfall ohne Weiteres zur Ergreifung des obersten Kirchenregiments berechtiget. In der Regel aber soll zuvor die Consecration, so wie die Krönung durch den Cardinaldecan (Note 169), und dann erst die feierliche Besiznahme in altherkömlicher Weise stattfinden.

2. Die Besezung des Cardinalcollegiums[228].

122. So wie die übrigen Prälaten der römischen Curie, so werden auch die Cardinäle durch den Papst allein ernant, — sie heissen amtlich seine Creaturen — nur unter Anerkennung herkömlicher Empfehlungen einiger katholischen Fürsten (daher die cardinales coronae) und der Anwartschaft gewisser römischer Prälaturen auf die Erteilung des Purpurs (posti cardinalizii). Nach

---

226) cap. 3 §. 1 de Elect. in VI° (1, 6). Clem. 2 §. 3 eod. (1, 3)

227) can. 1 §. 4 Dist. 23: „Eligatur [Aeligant bei Pertz] autem de ipsius ecclesiae gremio, si reperitur idoneus, uel si de ipsa non inuenitur, ex alia assumatur".

228) vgl. Concil. Trid. Sess. XXIV, cap. 1 de ref. Sess. XXV cap. 1 de ref. — Richter §. 125.

der Zustimmung des Cardinalcollegiums wird nur nachträglich, der Form halber gefragt.

Die Fähigkeit zur Cardinalswürde ist im Ganzen eben so bedingt, wie die zum bischöflichen Amte (§. 123). Nach dem Concil von Trient soll eine Auswahl aus den ausgezeichneten und gelehrten Geistlichen aller Nationen stattfinden; doch hat Italien, und Rom insbesondere, fast immer die Mehrzahl geliefert. Von dem Erfordernis des reiferen Alters und des Besizes einer höheren Weihe zur Zeit der Ernennung kan nach Umständen abgesehen werden [229]; dagegen sollen vier Theologen aus den Mendicantenorden sich unter den Cardinälen befinden.

Die feierliche Verkündung und Aufnahme des Ernanten im Cardinalscollegium (mit der clausura und apertura oris) ist nicht wesentlich für die Ausübung seiner Rechte; entscheidend ist nur der Empfang des rothen Birets. Wenn aber sein Name ganz verschwiegen blieb, weil der Papst denselben in petto (in pectore) behalten wolte, dann darf er einstweilen auch die Rechte des Cardinalats nicht ausüben [230].

C. Die Besezung der Bistümer.

1. Fähigkeit des Erwerbers.

123. Die Fähigkeit zum Erwerbe eines bischöflichen Stuhls erfordert:

a) das dreissigjährige Alter;

b) die Weihe des Subdiaconus seit mindestens sechs Monaten, und die Nachholung der etwa mangelnden beiden höchsten Weihen binnen Jahresfrist [231];

229) Leo X, aus dem Hause der Medici, war schon im vierzehnten Jahre zum Cardinal ernant, und im achtzehnten in das Collegium aufgenommen.

230) Walter KR. §. 132a Note 2.

231) Concil. Trid. Sess. XXII, cap. 2 de ref. cap. 4 eod. — Von der Kinderlosigkeit, welche die griechische Kirche ne-

c) gehörige wissenschaftliche Bildung, verbürgt durch die akademische Doctorwürde der Theologie oder des kanonischen Rechts, oder durch ein öffentliches Zeugnis der Lehrfähigkeit[232];

d) der Erwerber darf nicht bereits ein anderes Bistum besizen[233];

e) es darf in seinen Beziehungen zur Landesregierung kein Hindernis der Amtsführung liegen. Diese zwar nicht allgemein anerkante, aber in der Natur der Sache begründete Bedingung erledigt sich von selbst, wenn der Regierung die Ernennung des Bischofs überlassen ist; sonst aber pflegt es durch Herkommen oder besondere Vorschrift verboten zu sein, eine »persona minus grata« zu wählen[234];

f) mitunter ist auch durch Concordate oder sonstige Abreden ausdrüklich festgestellt, dass der Bischof nur aus dem Landesclerus genommen werden dürfe. So namentlich in Preussen nach der Bulle »de salute animarum« (§. 23).

Aus den unter a bis d erwähnten Bedingungen entspringen die s. g. kanonischen Hindernisse, von welchen bis zu einem gewissen Grade Dispensationen möglich sind. Der hierauf beruhende Unterschied zwischen dem ganz fähigen und nicht ganz unfähigen Bewerber (eligibilis und postulabilis) gilt aber nur für Bi-

---

ben der Ehelosigkeit fordert, ist in der römischen, wo leztere sich von selbst versteht, nicht die Rede.

232) Concil. Trident. Sess. XXII, cap. 2 de ref.

233) cap. 6. X de Postulatione praelatorum (1, 5).

234) So z. B. für die westlichen Bistümer Preussens und für Breslau durch ein nicht officiell publicirtes päpstliches Breve an die Domkapitel vom 16. Juli 1821: „Vestrarum partium erit eos adsciscere, quos ... prudentiae insuper laude commendatos, nec Serenissimo Regi minus gratos esse noueritis: de quibus, antequam solemnem electionis actum ex canonum regulis rite celebratis, ut uobis constet, curabitis". vgl. Mejer Propaganda II, 493...499. Richter KR. §. 181 Note 25.

schofswahlen; für Preussen ist er ausdrüklich aufgehoben.

2. Das Wahl- und Ernennungsrecht.

a. Die eigentliche Bischofswahl.

124. Wie in Rom (§. 120), so beruhte auch in den anderen ältesten Christengemeinden die Bestellung des Bischofs auf freier Wahl, welche die Dioccsangemeinde unter Leitung benachbarter Provinzialbischöfe vollzog. So noch in der ersten Hälfte des dritten Jahrhunderts[235]. Die allgemeinere Ausbreitung des Christentums aber sezte, unter steigendem Einfluss des Clerus, die Stadtgemeinde an die Stelle der Diocesangemeinde, den Stadtsenat und die Vornehmeren an die Stelle des Volks[236]. Auch in den germanischen Reichen wurden die Laien zur Bischofswahl zugezogen, bis durch den Lehnbesiz und die Staatsämter der höheren Geistlichen dem Könige die Ernennung des Bischofs, und in Deutschland sogar die Verleihung der bischöflichen Insignien (Ring und Stab) fast überall ausschliessend anheim fiel[237]. Der hieraus erwachsene weltbekannte Investiturstreit endigte freilich für den Kaiser mit einer Anerkennung der »canonica electio« und »libera consecratio« der Bischöfe und Aebte, nur vorbehaltlich seines Aufsichtsrechtes und der Gegenwart königlicher Commissarien[238]; allein zu der alten Gestaltung

---

235) Cypriani epistola 52. 68.

236) Iustiniani Nouella 123 c. 1. Nou. 137 c. 2, verglichen mit const. 42 pr. de episcopis (Cod. 1, 3).

237) Ausnahmen s. Richter KR. §. 183 Note 6.

238) Wormser oder Calixtinisches Concordat von 1122, bei Pertz monumenta (legum) Tom. II, pag. 75. 76. – In Frankreich war es Ludwig der Heilige, der in der pragmatischen Sanction von 1268 auch der gallicanischen Kirche die Wahlfreiheit verhiess.

dieser freien Wahlen kehrte man dennoch nicht wieder zurük. Vielmehr ward die Einmischung der Laien, wo sie noch versucht wurde, nunmehr gänzlich zurükgedrängt[239], und auch den übrigen Diöcesanclerus wusten die Canonici, ungeachtet eines 1139 auf dem zweiten lateranischen Concil ergangenen bestimmten Verbots[240], allmählig von der Wahl auszuschliessen. Dies exclusive, der römischen Wahlordnung (§. 121) analoge Wahlrecht der Domkapitel findet sich entschieden anerkant von Kaiser Friedrich II. in der Goldenen Bulle von Eger vom Jahre 1213[241]. Dadurch blieben die reichsunmittelbaren Bistümer wenigstens dem directen kaiserlichen Verleihungsrechte für immer entzogen, während die Wahlfreiheit der übrigen Bistümer durch die Ausbildung der Landeshoheit von Neuem gefährdet wurde. Nur unter evangelischen Fürsten hat sich dieselbe neuerdings vollkommen entwickelt.

125. In der Form dieser Wahlen wird von der römischen Ordnung mehrfach abgewichen. Erstens sind die Abwesenden besonders einzuladen[242]; zweitens kan bei entschuldigter Abwesenheit das Stimmrecht übertragen werden; drittens ist schon die absolute Stimmenmehrheit entscheidend, und viertens sind öfter landesfürstliche Commissarien zuzulassen, wie denn auch schon durch die Vorverhandlungen über die Eigenschaft einer persona grata (Note 234) der strenge Abschluss der Wähler in einem Conclave unmöglich wird.

Wahlcapitulationen, denen der Neuerwählte sich

239) Gregor IX, cap. 56. X de Electione (1, 6).

240) canon 35 Dist. 63.

241) Pertz a. a. O. pag. 224. 225.

242) Dass auch der Subdiaconat zur Ausübung des Wahlrechts genüge, hat das Concil von Trient Sess. XXII, cap. 2 de ref. ausdrüklich anerkant.

unterwerfen muste, waren sonst in den reichsunmittelbaren Hochstiftern ein nicht seltener Misbrauch.

b. Das landesfürstliche Ernennungsrecht.

126. Die s. g. nominatio regia zum bischöflichen Amte hat sich, auch nachdem sie für den römischen Kaiser verloren ging, dennoch fast in allen katholischen Monarchien unter verschiedenen Titeln als Regel erhalten. In Spanien ist sie ein verfassungsmäfsiges, von dem Concil zu Toledo (681) hergeleitetes Recht[243]; in Neapel beruhet sie auf der monarchia Sicula (Note 175); für Frankreich ward sie durch das Concordat von 1516 allgemein wieder hergestellt, durch das von 1801 auch dem ersten Beamten der französischen Republik gesichert. In Deutschland geschah dies schon im 15ten Jahrhunderte für einzelne Reichstände durch päpstliche Indulte[244], welche neuerdings für Oesterreich[245] und Baiern auch durch Concordate bestätiget sind. Ja sogar in den Gebieten der päpstlichen Missionen, deren Besezung im Allgemeinen von der römischen Curie unmittelbar ausgeht (§. 96), fehlt es nicht ganz an Nominationen durch europäische Fürsten[246].

Von dem päpstlichen Ernennungsrecht s. oben §. 115. 116.

3. Die Institution der Bischöfe.

127. Die weiteren zur wirklichen Erteilung des bischöflichen Amts gehörigen Verhandlungen erscheinen jezt

243) can. 25 Dist. 63.

244) z. B. für Brandenburg 1447. Auch in neuerer Zeit war dem Könige von Preussen bei der Besezung der östlichen Bistümer des Königreichs ein gröfserer Einfluss geblieben, als in den westlichen Provinzen, der jedoch später nicht festgehalten worden ist. Mejer Propaganda Th. II, S. 493...498. 583.

245) Mit wenigen Ausnahmen einzelner Wahlkirchen, z. B. zu Olmüz und Salzburg.

246) Mejer a. a. O. S. 489 Note 2.

als Ausflüsse päpstlicher, den Erzbischöfen allmählg entzogener Reservatrechte. Es muss nemlich

a) die Zustimmung des Papstes von dem Gewählten nachgesucht werden, und zwar binnen drei Monaten, nachdem er sich zur Annahme des Amts bereit erklärt hat. Sie wird in der Regel als Confirmation, bei den postulirten Bischöfen (§. 123) aber als Admission bezeichnet; und sie ist bedingt durch einen vorgängigen Inquisitions- oder Informativprocess über das Vorhandensein der Wahlerfordernisse, den ein geistlicher Commissarius an Ort und Stelle[247] vorzunehmen hat. Demnächst wird sie, gleichzeitig mit der Präconisation des Erwählten im Consistorium der Cardinäle, durch eine Bulle vollzogen. Sie berechtiget, wenn der dem Staate zu leistende Eid hinzugekommen ist, sofort zur Ausübung der bischöflichen Jurisdictionsrechte[248].

b) Hierauf folgt, binnen weiterer drei Monate, die feierliche Consecration des Bischofs in der eigenen Kathedrale, vollzogen durch einen vom Papst beauftragten Bischof und zwei assistirende Bischöfe oder Prälaten, nachdem zuvor der kirchliche Amtseid in die Hände der ersteren abgelegt wurde.

c) Zum vollen Erwerbe der erzbischöflichen Würde muss auch noch die Erteilung des Palliums (§. 86) hinzukommen, so dass dem Erzbischof bis dahin keine Pontificalhandlungen und keine solemnen Jurisdictionshandlungen gestattet sein sollen[249].

---

247) Oft, z. B. in Preussen, darf auch dies nur ein einheimischer Geistlicher sein.

248) Vor derselben pflegt nur dem erwählten, nicht dem nominirten Bischof diese Berechtigung eingeräumt zu werden. Bayerisches Concordat art. IX.

249) Walter K.R. §. 154 Note 9.

D. Die Besezung der Klosterprälaturen.

128. Die Oberen eines Ordens, einer Ordensprovinz oder eines einzelnen Klosters werden aus denjenigen Mitgliedern des Ordens gewählt, welche wenigstens dreissig Jahre alt, und einer solchen Auszeichnung würdig sind. Belehnungen und Patronatsverleihungen von Abteien sind allmählig ganz beseitigt worden[250]; das Princip der Wahl gilt fast ohne Ausnahme, sogar bei den Jesuiten wählt das Generalcapitel den Ordensgeneral, der dann freilich alle anderen Oberen ernennt. Aber nur die Aebte und die Prioren einiger Orden werden von dem Klostercapitel gewählt[251]; die anderen Prioren, so wie alle höheren Oberen, wählt das Provinzial- oder das Generalcapitel.

Zur Wahl einer Abtissin oder Priorin werden nur diejenigen Nonnen zugelassen, die das zwölfte Lebensjahr zurükgelegt haben; wählbar sind in der Regel nur vierzigjährige Nonnen desselben Klosters[252].

Streitige Wahlen unterliegen der Entscheidung des Papstes; dem Bischof gebührt bei den Wahlen der Aebte und Aebtissinnen die Aufsicht und die Benediction, auch in den Frauenklöstern, in Ermangelung eines besonderen Oberen, die Leitung der Wahl.

E. Die Besezung der Kapitel[253].

129. So lange die Dom- und Stiftskirchen nur dem wirklich fungirenden Clerus und den angehenden Clerikern

---

250) cap. 51 X de Electione (1, 6).

251) Oft auf Grund alter kaiserlicher Privilegien; s. das Formelbuch des Bischofs Salomo von Constanz aus dem neunten Jahrhundert (ed. Dümmler 1858) Num. 3.

252) Die Wahlordnung steht im cap. 43 de Electione in VI° (1, 6). Dazu Concil. Trident. Sess. XXV, cap. 7 de regularibus. Richter §. 294.

253) vgl. Walter Kirchenrecht §. 230...233.

zugänglich waren, konte auch die Zulassung zum Canonicat nur von dem Bischof ausgehen, unbeschadet freilich des Beiraths, der dem Kapitel, als dem Presbyterium des Bischofs, auch in diesen Fällen und namentlich bei der Besezung einer Dignität im Kapitel (§. 81) wohl gebühren mogte. Die Vermutung steht demnach auch jezt noch immer dem bischöflichen Verleihungsrechte zur Seite.

Nachdem aber die Capitel zu selbständigen, mitunter sogar zu eximirten Corporationen erwachsen waren, deren Mitgliederzahl geschlossen und deren Einkünfte in feste Anteile zerlegt wurden, fiel es ihnen nicht schwer, bald durch ein directes Cooptationsrecht, bald wenigstens durch Recusation eines unerwünschten Collegen einen entscheidenden Einfluss auf die Verleihung der Canonicate und Dignitäten zu gewinnen. Die nächste Folge davon war eine unkirchliche Erschwerung der Fähigkeit zum Canonicate, indem schon durch die Statuten nur die Mitglieder gewisser bevorrechteter Familien (familles chapitrales) als »stiftsfähig« anerkant wurden; und obwohl weder die Päpste, noch das Concil von Trient dieser anstöfsigen Beschränkung ihre Zustimmung gegeben haben[254], so gelang es doch kaum einmal, sie durch anderweite Beschränkungen weniger schädlich zu machen. Denn auch die Vorschrift des Concils, dass wenigstens die Hälfte der Canonicate an Priester und an Inhaber einer akademischen Würde der Theologie oder des kanonischen Rechts zu vergeben sei, konte selten durchgeführt werden[255]. Für die übrigen Mitglieder verlangt das Concil wenigstens die Weihe als Subdiaconus und das Alter von 22 Jahren,

254) Gregor IX, cap. 37 X de Prabendis (3, 5). — Ausdrüklich verboten ist sie in dem österreichischen Concordat art. 22, so weit sie nicht auf besonderen Stiftungen beruhet.

255) Das Domkapitel zu Cöln zählte einmal 16 Grafen und nur 8 Doctoren.

während früher sogar Unmündige, wenn auch zunächst nur als Domschüler, aufgenommen werden durften[256].

Das bischöfliche Verleihungsrecht bei den Canonicaten hat übrigens viel weniger durch das Cooptations- und Wahlrecht der Kapitel, als durch die Reservationen der päpstlichen Monate (§. 116) und durch das Recht der kaiserlichen und fürstlichen Bitten[257] verloren. Auch patronatische Verleihungen, selbst durch Laien, sind nicht ausgeschlossen; soger das österreichische Concordat hat sie im Art. 22 noch ausdrüklich anerkant. Endlich ward durch das s. g. Optionsrecht der schon vorhandenen Canonici, d. h. die Befugnis in die besser dotirten Stellen aufzurücken, das Recht des Verleihers auf die Besezung der geringsten Stelle beschränkt.

130. Die neueren für Deutschland getroffenen Verabredungen über die Besezung der Capitel haben

1) dem Papste meistens die Ernennung des Dompropsten gesichert, während ihm die Vergebung der einfachen Canonicate in den päpstlichen Monaten nur in Preussen und auch hier nur nominell[258] geblieben ist. In der oberrheinischen Kirchenprovinz giebt es, wie in Hildesheim und Osnabrük, keinen Dompropst und keine päpstliche Verleihung.

---

256) Concil. Trid. Sess. XXII, cap. 4. Sess. XXIV, cap. 12 de ref.

257) s. Note 217. Die kaiserlichen Panisbriefe (Fressbriefe), durch welche den Stiftern der Unterhalt einer bestimmten Person aufgenötiget wurde, haben mit den Kirchenämtern nichts gemein, obwohl man die »Panisten« auch wohl »Laienpfründner« genant hat. Ihr Andenken lebt fort in der Wahlcapitulation Leopold's II. von 1790. art. I §. 9.

258) Die Bulle De salute art. 21 lautet: a nobis canonicatus... conferentur, quemadmodum in capitulo Wratislawiensi hactenus factum est. Hiernach nominirt der König zu den einfachen Kapitelstellen, und der Papst erteilt die Provision auf Grund eines vom Bischof ausgefertigten Zeugnisses.

2) Das directe Verleihungsrecht des Landesfürsten umfasst in Oesterreich alle Canonicate mit Ausnahme der Propstenwürde und der Laienpatronatstellen; in Baiern das Amt des Decans und die einfachen Canonicate in den päpstlichen Monaten.
3) Das Verleihungsrecht des Bischofs beschränkt sich in Oesterreich auf die neugeschaffenen Präbenden eines Canonicus »poenitentiarius und theologalis«[259]; im älteren Preussen umfasst es das Amt des Decans und die einfachen Canonicate in den nicht päpstlichen Monaten, in Baiern die Hälfte dieser lezteren, in Hannover und in der oberrheinischen Kirchenprovinz die Hälfte aller Stellen.
4) Die Domkapitel haben in Oesterreich und Preussen keinen Anteil an der Verleihung; in Baiern besezen sie die Hälfte der einfachen Canonicate in den nicht päpstlichen Monaten, in Hannover und der oberrheinischen Kirchenprovinz alterniren sie mit dem Bischof in der Besezung aller Stellen und der Decanatswürde.

Solche Verschiedenheiten finden sich auch in den übrigen katholischen Landeskirchen; nur in Frankreich gilt, in Ermangelung aller positiven Vorschriften für die wieder neu errichteten Domkapitel, das bischöfliche Verleihungsrecht als alleinige Regel.

F. Die Besezung der Seelsorgeämter.

131. Zu dem Amte der Seelsorge kan nur berufen werden, wer bereits 25 Jahre alt, und zum Subdiaconus geweihet ist; auch ist die Berufung erloschen, wenn nicht binnen Jahresfrist die fehlenden höheren Weihen nachgeholt sind. Doch kan, durch bischöfliche Dispensation, auch der nur Tonsurirte berufen, und die Ordinationsfrist um ein Jahr verlängert werden[260].

---

259) s. oben §. 81. Concordat v. 18. Aug. 1855 art. 23, nach Concil. Trident. Sess. V, cap. 1. Sess. XXIV, cap. 8 de ref.

260) Concil. Trid. Sess. VII, cap. 12 de ref.

Ueber den Besiz der nötigen wissenschaftlichen Bildung sollen die Bewerber sich bei einer gemeinsamen Prüfung ausweisen, die nach dem Concil von Trient von besonderen alljährlich ernanten Examinatoren vorzunehmen ist. Dieser s. g. Pfarrconcurs (examen pro cura) hat sich aber nach der Praxis der meisten Diöcesen, und unter dem Einflusse der Staatsregierungen zu einer allgemeinen Pfarramtscandidatenprüfung erweitert, so dass sie, einmal bestanden, für die nächsten sechs Jahre bei jeder Bewerbung auszureichen pflegt [261].

Wenn die Landesregierung den Grundsaz aufstellt, dass der Erwerber des Pfarramts zum Landesclerus gehören, und eine ihr nicht misliebige Person sein müsse, so wird sie auch nicht zugeben, dass diese Vorschrift durch verlängerte Anstellung bloſser Vicarien umgangen werde.

132. Die Verleihung des Pfarramts gebührt, wie schon bemerkt worden (§. 109), dem Bischof; sein volles Verleihungsrecht (collatio libera), welches er nur auf den Generalvicar durch Specialvollmacht übertragen kan [262], ist so lange vorauszusezen, als kein specieller Grund einer Beschränkung desselben nachgewiesen ist. Diese Beschränkung kan aber enthalten sein

1) in dem Präsentationsrecht des eigentlichen Patrons, wenn er binnen der gesezlichen Frist, welche für Laienpatrone vier, für geistliche sechs Monate beträgt, eine fähige Person in Vorschlag bringt [263];

---

261) Concil. Trid. Sess. XXIV cap. 18 de ref. — Ginze die Pfarrconcursprüfung nach Staats- und Kirchengesez Wien 855. Richter KR. §. 181, Note 19...22.

262) cap. 3 de Off. uicarii in VI° (1, 13).

263) Eine Beschränkung der Auswahl auf die im Pfarrconcurs bereits Bestandenen findet gemeinrechtlich für die Laienpatrone nicht statt.

2) in dem gleichen Präsentationsrecht des Quasi-Patrons, der für einen Pfarrvicar die Unterhaltungsgelder angewiesen hat; namentlich wenn sie in der fixirten s. g. pars congrua für den beständigen Vicar einer incorporirten Pfarrei bestehen. Hierauf beruhet in der Regel das fiscalische Präsentationsrecht, welches in Oesterreich ungefähr dem geistlichen Patronatrecht gleich gestellt ist[264].

Ausser diesen Präsentationsrechten kan das freie Verleihungsrecht des Bischofs auch durch die Frage, ob der zum Pfarramt Bestimmte der weltlichen Obrigkeit eine persona grata sei (§. 131), geschwächt werden; alle weiteren Eingriffe in dasselbe sind aber nach kanonischem Rechte unstatthaft[265]. Auch soll selbst die Präsentation nicht allein durch Fristversäumung, sondern auch durch misbräuchliche Ausübung, namentlich durch Annahme einer pecuniären Gegenleistung (Simonie, §. 119), für dasmal unwirksam werden, während die bloſse Unfähigkeit des zuerst Präsentirten wenigstens dem Laienpatron das Recht einer anderweitigen Präsentation nicht entzieht[266].

133. Die dem Bischof unveräusserlich und unverjährbar verbleibende Mitwirkung bei der Verleihung des Seelsorgeamts besteht in der kanonischen Institution (§. 118), welche ehemals in seinem Namen durch den Archidiaconus, jezt persönlich oder durch den Generalvicar urkundlich vollzogen wird. In Folge derselben wird die wirkliche factische Besizeinweisung (institutio

264) s. oben Note 199 bis 202. Der bloſse landesherrliche Tischtitel (§. 54) gehört nicht hieher, weil er hauptsächlich zur Unterstüzung der nicht oder nicht mehr angestellten Priester bestimmt ist.

265) canon 6. Causa XVI. qu. 2 (a. 1095). cap. 4. cap. 7 §. 1 X de Officio archidiaconi (1, 23).

266) arg. cap. 4 X. de Off. iud. ordinarii (1, 31). Richter KR. §. 190 Note 11.

corporalis) des neuen Pfarrers meistens dem Landdechanten oder dem Erzpriester aufgetragen.

VII. Der Verlust der Kirchenämter.

134. Wie durch den Tod des Inhabers, so soll auch durch gewisse Fälle persönlicher Unfähigkeit jedes Kirchenamt ohne Weiteres verloren gehen: nemlich durch Confessionswechsel, durch Eintrit in den Mönchstand, durch Eingehung einer Ehe und durch Uebernahme eines neuen, mit dem älteren incompatiblen Amtes.

Dagegen darf mit der Verleihung eines ständigen Amtes weder der Vorbehalt des Widerrufs, noch ein Endtermin oder eine Resolutivbedingung verknüpft werden. Da aber diese Regel für blos commissarische Aemter, wie das des apostolischen Vicars (§. 96), des Missionars und selbst des Hilfspfarrers (§. 98) nicht gelten soll, so ist in manchen Bezirken die Zahl der absezbaren und versezbaren Geistlichen viel gröfser als die der unwiderruflich angestellten [267].

135. Aber auch die unwiderrufliche Anstellung schüzt nicht gegen Emeritirung bei schuldloser Unfähigkeit, nicht gegen Entlassung oder Absezung im Wege eines Straf- oder Disciplinarverfahrens. In Fällen dieser zweiten Art wird der amtlose Geistliche zum Demeritus; da aber auch dabei ein völliger Austrit aus dem geistlichen Stande (reductio ad communionem laicam) jezt ohne feierliche Degradation oder Confessionswechsel unmöglich ist, so bleibt der Kirche immer noch die Sorge für dessen Unterhalt, weshalb in einigen neuern Concordaten die Einrichtung besonderer s. g. Domus demeritorum, ausser den Domus emeritorum, erstrebt worden ist.

---

267) In der Erzdiöcese Cöln soll es gegen 700 widerruflich angestellte Succursalisten geben.

Die blofse Suspension, so lange sie nur von den Amtsgeschäften (ab officio) und nicht auch von den Amtseinkünften (a beneficio) erfolgt, kan sogar ohne alles Verfahren eintreten, wenn der Bischof, der Generalvicar oder der Offizial sie aus nicht bekant gewordenen Gründen (ex informata conscientia) für nötig hält[268].

Von dem weltlichen Richter kan der katholische Geistliche seines Amtes nicht direct entsezt werden; wird aber seine Amtsunwürdigkeit gerichtlich ausgesprochen, so trit seine Unfähigkeit zu staatlichen Functionen, die an sein Amt geknüpft waren, ohne Weiteres ein, und es muss bei normalen Verhältnissen auch mindestens seine Versezung sofort erfolgen[269].

Im Allgemeinen ist aber die Versezung im kanonischen Rechte nicht begünstiget; die eigenmächtige wird mit dem Verlust beider Aemter gestraft (Note 272), die unfreiwillige darf wenigstens nicht als eigentliche Strafversezung auf eine s. g. Pönitenzpfarre geübt werden.

136. Die freiwillige Entsagung ist den Kirchenbeamten bei eintretenden genügenden Gründen unverwehrt; nur muss (natürlich mit Ausnahme des Papstes) die Genehmigung der vorgesezten Behörde hinzu-

---

268) Man hat dieses, schon im Verwaltungswege nicht ganz unbedenkliche Recht der Suspension aus dem Concil. Trid. Sess. XIV cap. 1 de ref. und aus der priesterlichen Pflicht des Gehorsams hergeleitet, spricht aber doch auch schon von einer sententia ex informata conscientia. vgl. Richter §. 216 Note 3. Schulte KR. §. 96 der zweiten Ausgabe. In Italien hat ein Gesez vom J. 1862 dieselbe ganz verboten.

269) vgl. Preuss. LdR. II, 11 §. 531...538. 105...107. In dem Entwurf des Preuss. Strafgesezes vom J. 1848 Tit. 27 war die Absezung des Geistlichen im weltlichen Strafverfahren noch anerkant; in dem definitiven Strafgesez von 1851 ist sie übergangen und nur noch eine Geldstrafe wegen gewisser geistlicher Amtswidrigkeiten im Einführungsgesez art. XII §. 5 angedrohet worden.

kommen. Auch soll die Entsagung in der Regel eine vollständige und unbedingte sein: der Vorbehalt eines Widerrufs (saluo regressu) ist ganz verboten [270]; der einer Pension kan nur bei reich dotirten Aemtern gestattet werden [271]; auch die Bedingung des Tausches muss der Bischof speciell genehmigen [272], und die Resignation zu Gunsten eines Dritten (in fauorem) kan nur der Papst bestätigen.

270) Conc. Trid. Sess. XXV cap. 7 de ref.

271) vgl. Richter KR. §. 204 Note 10.

272) cap. 5. 7. 8 X. de rer. permut. (Decr. Greg. 3, 19). cap. un. eod. in VI^{0}. Clem. un. eod. (3, 5).

Viertes Kapitel.

Die evangelischen Kirchenbehörden.

I. Der Pastor und seine Gehülfen [273].

A. Bedeutung des evangelischen Pfarramts.

137. Das geistliche Amt (ministerium uerbi diuini) ist in der evangelischen Kirche das vom Heiland eingesezte Hirtenamt; der Name Pastor ist der entsprechendste für Den, der es verwaltet. Dasselbe kan aber, seiner innern Bedeutung nach, nie ganz mit dem des römisch-katholischen Pfarrers (§. 97 ff.) zusammenfallen, obwohl es ihm äusserlich in allen Hauptpuncten zu entsprechen scheint, und sehr oft noch innerhalb derselben örtlichen Parochialgrenzen geübt wird, wie sie schon vor der Kirchentrennung bestanden. Die Gründe sind folgende:

Einerseits fallen für den evangelischen Pastor alle Spaltungen der potestas ordinis (§. 71) und alle die Beschränkungen hinweg, die dem katholischen Pfarrer aus dem bischöflichen Oberhirtenamte erwachsen, aus welchem sein Pfarramt nur abgezweigt ist. Der evangelische Pastor ist zu allen Leistungen berufen, die das Seelenheil seiner Gemeindeglieder betreffen; der katholische ist auch von einem Acte der Seelsorge, der Firmelung, durch den Bischof ausgeschlossen [274].

---

273) vgl. Böhmer, oben Note 177.

274) Dass die Confirmation in England und in den nordischen

Andererseits aber ist jener nicht so, wie dieser, von seiner Gemeinde durch specifische Wirkungen der Priesterweihe (§. 51) geschieden; er steht mehr in als über der Gemeinde, und es giebt keine pastorale Function, die nicht im Falle dringender Noth auch von andern Gemeindegliedern, zunächst von den erwählten Aeltesten, vollzogen werden dürfte.

Nur unter seiner Gemeinde kan der evangelische Pastor nicht stehen, auch dann nicht, wenn seine Einsezung anomaler Weise von ihr ganz allein vollzogen, ja wenn er auch nur auf Kündigung von ihr bestellt wäre; denn seinen eigentlichen Auftrag hat er von dem Heiland empfangen, und durch sein Amt, welches zugleich ein Amt der ganzen Kirche ist, soll der Zusammenhang der Gemeinde mit der Gesamtkirche vermittelt werden. Dienen soll er, also auch der Gemeinde dienen, um gewaltig zu sein (S. 15); aber die Befehle, die die Gemeinde ihm in rein geistlichen Dingen geben dürfte, müsten zugleich Befehle der Gesamtkirche sein.

B. Einzelne pfarramtliche Rechte und Pflichten.

138. Dem evangelischen Pastor gebührt in seiner Gemeinde:

1) die Verwaltung der beiden evangelischen Sacramente: Taufe und Abendmal;
2) die Leitung der gemeinsamen Andacht, namentlich der Liturgie, und die Predigt;
3) die kirchliche Unterweisung der Lehrbedürftigen und die Confirmation;
4) die Proclamation und die Einsegnung der christlichen Ehen;

Reichen dem Bichof oder dem Generalsuperintendenten vorbehalten ist, gehört zu den älteren, in Deutschland jezt wohl allgemein beseitigten Traditionen. vgl. Schlegel churhannov. Kirchenrecht Th. II. S. 445.

5) der Zutrit zu den Kranken, den Gefangenen und Sterbenden, und die Leitung des christlichen Begräbnisses;
6) die Führung der Kirchenbücher;
7) die Aufsicht über den Wandel der Gemeindeglieder und Wahrnehmung der Kirchenzucht in der nach Localrecht zulässigen Weise und nötigen Begrenzung[275];
8) die Mitaufsicht über die Gemeindeschulen, über die Kranken- und Armenpflege, und über die Güter- und Gebäudeverwaltung in der Gemeinde;
9) der Vorsiz in dem Presbyterium oder Gemeindekirchenrath, wo ein solcher besteht (§. 143);
10) die Amtstracht, das Amtssiegel, der Amtstitel;
11) die fixirte Besoldung[275*], die Benuzung der Beneficialgrundstücke, namentlich der Amtswohnung; der Naturalzehnte oder ähnliche Oblationen, die Stolgebühren und sonstige Accidentien; meistens auch
12) eine Befreiung von kirchlichen Steuern und gewissen bürgerlichen Natural-Lasten, Einquartirung u. s. w.; endlich
13) sehr selten, z. B. in Detmold, vielleicht auch noch in Meklenburg, ein privilegirter Gerichtstand vor dem Consistorium, für sich und seine Familie.

139. Die so eben unter 1 bis 5 aufgezählten Rechte nehmen auch in der evangelischen Kirche meistens die Natur eines Pfarrzwanges an, der sich in Ansehung der Taufe, des Aufgebots und der Trauung von dem der römisch-katholischen Kirche (§. 99) nur durch gröfsere Leichtigkeit der Dispensationen unterscheidet oder unterscheiden solte. Sehr anstöfsig bleibt aber jedenfals der Pfarrzwang gegen diejenigen, welche ausserhalb des Pfarr-

275) §. 144, Rhein. westfäl. KO. §. 118.
275*) Wo Zuschüsse aus der Staatskasse gewährt worden, ist oft zugleich ein Minimum derselben, z. B. von 300 oder 400 Thalern, gesezlich vorgeschrieben.

bezirks communiciren wollen, der aber dennoch in der Rheinisch-westfälischen Kirchenordnung §. 98 wieder ausgesprochen ist, ohne darum auch leicht geübt zu werden.

Dispensationen vom Pfarrzwang in Form von **Dimissorialien** (§. 99) kan, wenn der Pfarrer sie unbillig versagt, das Consistorium, mitunter auch der Superintendent gewähren[276]. Sie werden entbehrlich durch die eben so bedenklichen Exemtionen, die aber gerade durch den übertriebenen Pfarrzwang oft hervorgerufen wurden (§. 48).

Von einem evangelischen Pfarrzwange gegen katholische Bewohner des Gemeindebezirks könten sich höchstens noch sehr vereinzelte locale Anwendungen erhalten haben; bekant ist mir keine einzige.

Schwieriger ist man mit Recht bei der Entlassung der neueren evangelischen Dissidentengemeinden gewesen, so viel die den Parochialhandlungen anhangenden **Stolgebühren** betrift; doch wird auch hier als Regel festzuhalten sein, dass die Mitglieder einer wirklich anerkanten Dissidentengemeinde dem Pfarrzwange ihres früheren Pfarrers in keiner Weise mehr unterworfen sind[277].

C. Abstufungen des evangelischen Pfarramts. Amtsgehülfen.

140. Wenn eine Gemeinde mehr als einen Pfarrer hat, so wird die Rangordnung unter ihnen oft schon an

---

276) Wenn in Schwerin im J. 1863 der Oberkirchenrath alle Dimissorialien auch beim Abendmal für sein Reservatrecht erklärt, und jede Anerkennung blos pfarramtlicher Dispense mit disciplinarischer Rüge bedroht hat, so sind eben damit die kirchlichen Zustände in Meklenburg vollständig gekennzeichnet. Nur die generellen, an keinen bestimmten Amtsbruder gerichteten Dimissorialien liegen nicht in den normalen Amtsbefugnissen des Pfarrers.

277) vgl. oben §. 45. Preuss. LdR. II, 6 §. 183...185.

besonderen Benennungen erkennbar sein: der Oberpfarrer, Hauptprediger, Pastor, pastor primarius, wird dem Diaconus, Archidiaconus, Oberhelfer, Helfer, Prediger vorgehen, und von beiden wird wiederum der bloſse Vicar, Adjunct, Assistenzprediger, unterschieden, der aus den Einkünften des Pfarrers besoldet, aber nicht von ihm allein bestellt wird [278]. Eine ganz gleiche Stellung, oder ein jährlich wechselndes Rangverhältnis unter mehren eigentlichen Pfarrern derselben Parochie ist besonders in reformirten Gemeinden nicht selten [279].

D. Untergebene des Pfarrers.

141. Die Hilfleistungen des s. g. clerus minor — der Küster, Organisten, Gemeindeschullehrer u. s. w. — bei reingeistlichen Functionen werden fast immer durch ein Geheis des Pfarrers oder des Gemeindekirchenraths bedingt sein; selbthätiger können sie als Lehrer, als Führer der Gemeindelisten und Kirchenbücher u. s. w. erscheinen. Nur zum Zwecke jener Functionen pflegt ihnen eine besondere Amtstracht verliehen zu werden; und der besonderen Vorrechte des geistlichen Standes (§. 61) können sie nur theilhaft werden, wenn sie kein bürgerliches Gewerbe neben dem Kirchendienst betreiben. Candidaten des Predigtamts als Oberküster werden sich, mit Ausnahme Hamburgs, wohl nicht leicht finden lassen; hier sind sie auch zur Aushilfe im Predigen bestimmt.

---

278) vgl. Mejer Kirchenrecht §. 106. der zweiten Ausgabe. — Das Pfarrvicariat hat besonders in Württemberg eine groſse Bedeutung, indem jeder Candidat des Predigtamts sich demselben unterziehen muss. Pfarrverweser ohne Parochie finden sich als Missionare, Reiseprediger, Diasporaverwalter.

279) Auch die älteren rheinischen Kirchenordnungen gestatteten §. 33 (31) keine Ungleichheit; die neuere von 1835 §. 6 behandelt sie als Ausnahme.

II. Die kirchlichen Verwaltungsbehörden.

A. Für die Gemeindeverhältnisse.

1. Collegialische Behörden.

142. Nach der schon früher (§. 46. 47) vertretenen Ansicht hat eine jede evangelische Ortsgemeinde sich, als ein von Gott gesetztes Gesamtwesen, auch der Aufgabe willig zu unterziehen, die sichtbare Kirche im kleinsten Maasstabe darzustellen: in ihr soll jedes einzelne Mitglied den Segen eines christlichen Gemeinlebens erfahren, und zugleich einer Vermittelung mit den weiteren kirchlichen Kreisen sich erfreuen.

Hierin liegt zugleich die Notwendigkeit einer geordneten kirchlichen Obrigkeit, eines Gemeindevorstandes, in welchem die kirchlichen Kräfte der Gemeinde sich concentriren sollen; und es gehört zu den hervorragendsten Erscheinungen unserer Tage, dass fast in allen deutschen Staaten mehr oder minder für die Wiederherstellung dieser Organe ernstlich gesorgt wird [280], nachdem sie früher vielfach verkümmert, ja in manchen lutherischen Gemeinden wieder erstorben waren, ehe sie überhaupt ein lebensfähiges Dasein erlangt hatten [281].

143. Der gewöhnlichste Name dieser Behörde war

280) vgl. Mejer Kirchenrecht §. 107 der zweiten Ausgabe. Für Preussen sind, neben der Rheinisch-westfälischen Kirchenordnung vom J. 1835, besonders die Grundzüge einer evangelischen Gemeindeordnung für die östlichen Provinzen vom 29. Juni 1850, (namentlich §.6...14) und die Anträge der kirchlichen Conferenz vom J. 1856 als maasgebend zu betrachten. s. Actenstücke des evangelischen Oberkirchenraths Bd. 3. 4. 1856. 57.

281) Ueber frühere Zustände vgl. Böhmer J. E. P. I, 24 §. 16. 22. 28 sqq. Pufendorf obss. III, 98. 99. Lechler Geschichte der Presbyterial- und Synodalverfassung seit der Reformation. Leyden 1854.

bisher in den reformirten Gemeinden: Presbyterium; die anderswo gewählten Ausdrücke Kirchenrath, Kirchencollegium, Pfarrgemeinderath[282] u. s. w., begründen in der Sache selbst keinen Unterschied. Fast überall sind die Pfarrer von Rechtswegen als geborene Mitglieder und Vorsizer des Collegiums zu betrachten[283]; seltener gebührt auch dem Kirchenpatron oder gar dem evangelischen Vorsteher der Civilgemeinde eine Mitgliedschaft von Rechtswegen. Die übrigen, meist nur temporären Mitglieder des Presbyteriums pflegen in drei Classen zu zerfallen: Aelteste, Kirchmeister (für die Bau- und Cassenverwaltung) und Diakonen oder Armenpfleger, deren Mitwirkung eine wesentliche Bürgschaft für den kirchlichen Character des ganzen Instituts bilden muss[284].

Die Gesamtzahl dieser gewählten und meistens wechselnden Mitglieder des Presbyteriums wird nicht leicht unter vier (in Baden drei), aber auch nicht oft über zwölf betragen.

144. Die Rechte und Pflichten des Presbyteriums als Collegium betreffen:

1) die Vertretung und Leitung der Gemeinde in allen äusseren Rechtsangelegenheiten, namentlich in der Güterpflege, in Verträgen und Processen u. s. w.;

---

282) Bei den Waldensern ist der Name Tisch althergebracht, in den französischen, holländischen und den älteren niederrheinischen Gemeinden bildet das Localconsistorium den Vorstand.

283) Nur die neuesten, rein demokratischen Kirchenordnungen der Schweiz wollen auch dies von einer besonderen Wahl abhängig machen.

284) Die hamburgische, von Bugenhagen stammende Kirchenverfassung unterscheidet Oberalten, Diaconen und Subdiaconen, während für das Pfarramt, neben dem Hauptpastor, der Archidiaconus und die geistlichen Diaconen bestellt sind.

2) den Beistand, dessen das Pfarramt bedarf, sowohl bei den öffentlichen Andachtübungen, als bei der Aufnahme neuer Gemeindeglieder, bei dem Unterricht der Jugend, der Armenpflege und der Aufsicht über die Gemeindeglieder. Aus dieser letzteren kan auch die eigentliche Kirchenzucht erwachsen, die ohne den Beistand eines Presbyteriums niemals von rechtem Segen sein wird [285];
3) die Mitwirkung zu der Besezung des Pfarramts und zu den Synodalverhandlungen, wovon unten zu reden sein wird.

145. Eine minder wesentliche Zugabe zu dieser eigentlichen Behörde bilden in gröſseren Gemeinden die Vertretungen, Repräsentationen, Kirchen-Ausschüsse, von denen, als concentrirten Gemeinden, die äusseren Functionen der ganzen Kirchengemeinde (Pfarrwahlen, Geldbewilligungen, Processe) ausgehen sollen [286]. Wer sich darin gefält, in weltlichen Dingen das s. g. Repräsentativsystem blindlings zu verwerfen, der wird sich auch nicht scheuen, über diese kirchliche Repräsentation leichthin den Stab zu brechen; und dennoch ist sie nicht blos als ein unentbehrliches Mittelglied des Gemeinde-Organismus anzusehen, sondern sie kan auch ihre eigenen Früchte tragen, namentlich als Vorbestimmung und Vorschule für den künftigen Dienst im Presbyterium. Dass alle Mitglieder des Presbyteriums, oft auch die wiederausgetretenen, zugleich Glieder der gröſseren Gemeindevertretung sind, ist eine wesentliche Bürgschaft für das einträchtige

---

285) Eigentliche Jurisdictionsrechte, z. B. durch Bildung eines Sitten- oder Ehegerichts, gehören in Deutschland sehr selten zu den Befugnissen der Presbyterien. Anders in Holland, wo ihnen teilweis die kirchenregimentlichen Functionen der deutschen Consistorien zugefallen sind.

286) vgl. Pr. LdR. II, 11 §. 645...647. Rhein. westfäl. Kirchenordng. §. 18...33. Oldenb. KO. art. 39...44.

Wirken beider Collegien. Der ganzen Gemeinde bleibt unter allen Umständen ein Anteil an der Wahl dieser Vertreter (§. 162).

2. Einzelbeamte der Kirchengemeinde.

146. In den lutherischen Gemeinden, welche bisher ein geordnetes Presbyterium entbehrten, haben doch die auch vor der Reformation schon üblich gewesenen Einzelbeamten, für die Güterverwaltung, für Bauten und Armenpflege, meist einen erweiterten Wirkungskreis erhalten. Die Namen Kirchenvorsteher[287], Kirchengeschworne[288], Juraten, Kirchenväter (uitrici), Kirchmeister, Kastner, Armenväter sind die gewöhnlichsten für diese schon durch die Reichsgeseze bestätigten Beamten[289].

3. Das Patronatrecht in der evangelischen Gemeinde.

147. Die ältesten evangelischen Kirchenordnungen erwähnen der Patronatrechte nicht; aber unter dem Einfluss der Thatsachen muste zwar der geistliche Patronat sich meistens verlieren, der Laienpatronat dagegen sich öfter mit manchen obrigkeitlichen Attributen verschmelzen, die teils aus den Trümmern der bischöflichen Gewalt, teils aus der sonstigen Stellung des Kirchenpatrons erwuchsen. So ist es gekommen, dass man in einzelen Territorien den Patron als die nächste kirchliche Obrigkeit, und als ein unentbehrliches Glied des kirchlichen Organismus betrachtete (Sachsen), oder wohl gar der Gemeinde ein Patronatrecht an ihrer eigenen Kirche zusprach (Hirschberg in Schlesien), ja dass hin und wieder,

---

287) Pr. LdR. II, 11 §. 552...555.

288) Die engere Bezeichnung Leichnamsgeschworne hat sich wohl nur in Hamburg erhalten. Sie gehören zu einem kleineren Verwaltungsausschusse, der s. g. Beede (Wette).

289) s. oben Note 184. Nur in Meklenburg sollen sie gänzlich fehlen.

z. B. in Schlesien und der Oberlausiz, der Patron wirkliche Consistorialrechte in Anspruch nehmen konte[290]. Nicht selten ward das patronatische Präsentationsrecht zu einem freien Ernennungsrechte gesteigert, und eine Mitwirkung des Patrons bei der Gemeindeverwaltung beansprucht: bald durch unmittelbares Eingreifen, bald durch Ernennung der Kirchenvorsteher, jezt auch wohl durch ständige Mitgliedschaft in dem Presbyterium der Gemeinde. Dagegen kan der Patron als solcher niemals zu liturgischen Vorschriften oder zur Wiederentlassung des berufenen Pfarrers berechtiget sein.

Die spirituelle Natur aber, welche das kanonische Recht dem Patronatrechte beilegen wolte, wurde bald nicht mehr anerkant; so lies sich aus dem westfälischen Frieden (V, 31) auch das auf Gegenseitigkeit berechnete Zugeständnis herleiten, dass der Patron einer anderen christlichen Confession angehören könne, als die Gemeinde.

Freilich muste diesem Zuwachs an Rechten auch ein Zuwachs an Pflichten entsprechen: der Patron solte zu fortwährenden Leistungen für die Kirche verpflichtet bleiben, so dass namentlich auf dem Lande sein Beitrag zu kirchlichen Baubebürfnissen das Doppelte des Gemeindebeitrags ausmachen konte[291]; und daraus folgte von selbst die Unmöglichkeit, dass das Patronatverhältnis durch einseitigen Verzicht des Patrons ohne Weiteres erlöschen könne.

148. Ungeachtet des mehrfachen Segens, den diese Patronatverhältnisse namentlich auf dem Lande den evangelischen Gemeinden gebracht haben, hat man doch bei weiterer Abklärung der kirchlichen Zustände sich der

290) Das preussische Landrecht II, 11 §. 568 definirt den Kirchenpatron ausdrüklich als denjenigen, „welchem die unmittelbare Aufsicht über die Kirche, nebst der Sorge für deren Erhaltung und Verteidigung obliegt."

291) vgl. Pr. LdR. II, 11 §. 731.

Ueberzeugung nicht verschliessen können, dass sie auch mit unevangelischen Elementen verbunden sind, welche der Kirche Schaden bringen, und die Entwickelung der Gemeinde im Geiste des Evangeliums hindern. Will man den Patronat neben der Presbyterialverfassung erhalten, so muss er auf diejenigen Befugnisse beschränkt werden, die das kanonische Recht ihm einräumt; die Versuche dem Patron eine feste Stellung in dem Presbyterium oder in dem Synodalverbande[292] zu geben, sind bisher von geringem Erfolge gewesen. Jedenfals muss die Kirche oder die Gemeinde ein Institut, für welches im Evangelium gar keine Grundlage zu finden ist, gegen billige Opfer abkaufen dürfen. Die dahin lautenden Verheissungen neuerer Staatsverfassungen[293] erscheinen um so gerechter, je mehr der Unverstand sie durch abgeschmakte Argumente zu beseitigen bemühet ist. Hat man doch sich nicht geschämt zu sagen: es sei der Patronat für die Kirche eine Vorstufe des königlichen Thrones!

B. Das höhere evangelische Kirchenregiment.

1. Einleitung. Staatshoheitsbehörden.

149. Es war ein schweres Opfer für die deutsche evangelische Kirche, dass sie unter den ersten Stürmen der Reformation den Episcopat auch als äusseres gemeinsames Band Preis zu geben, und sich ganz unter den

---

292) In Preussen ist durch Kabinetsorder vom 5. Juni 1861 gestattet, die Wahl einzelner Kirchenpatrone als solcher, aber höchstens dreier, in die Kreissynode zu bewirken. vgl. Actenstücke des Oberkirchenraths Bd. V. S. 125.

293) Preuss Verfassung art. 17: „Ueber das Kirchenpatronat und die Bedingungen, unter welchen dasselbe aufgehoben werden kann, wird ein besonderes Gesetz ergehen." — Andere, nicht kirchliche Patronatrechte, namentlich den s. g. Schulpatronat, hat, und wohl mit Recht, die neuere preussische Gesezgebung sogar entschieden begünstigt.

Schuz der weltlichen Macht zu stellen genötiget war; denn bis auf diese Stunde ist beiden Theilen die Aufgabe geblieben, die daraus entsprungene Verknüpfung der Organe des eigentlichen Kirchenregiments mit den Staatshoheitsbehörden auf das richtige, ungefährliche Maas zurükzuführen. Hatten auch die unter dem Episcopalsystem (§. 24) entstandenen höheren Behörden selbst während der Herrschaft des späteren Territorialismus (§. 25) ihre kirchliche Färbung nicht ganz verloren, so war doch diese Farbe so verblichen, dass selbst die geistlichen Mitglieder dieser Behörden sich fast nur als gewöhnliche Staatsdiener anzusehen gewöhnt wurden (Note 301).

150. Eine Rükwirkung auf den Organismus des Staates selber konte bei diesen Vermischungen nicht ausbleiben: man muste, auch ohne eine eigentliche Staatskirche (§. 21) zu wollen, doch jedenfals bei denjenigen Ministern oder collegialischen Behörden, welche nicht blos zur Wahrung von Hoheitsrechten in Kirchensachen, sondern zugleich zum eigentlichen Kirchenregiment berufen sein solten, auch eine bestimmte confessionelle Qualification voraussezen[294]. Wie hinderlich dies dem Staate selber werden könne, das haben auf einem ähnlichen Gebiete die Conflicte mit dem Episcopat der römischen Kirche bewiesen[295]: gewiss ist es für beide Theile

294) So in Chursachsen, seit dem Confessionswechsel des regierenden Hauses, 1697 und besonders 1717, bei dem Geheimeraths-Collegium, in dessen Stelle später die „in Euangelicis beauftragten königlichen Staatsminister" getreten sind.

295) Als man, besonders in Süddeutschland, einzelne Gerechtsame der Bischöfe dem Staate zu vindiciren suchte, glaubte man dem Episcopat durch Einsezung einer rein katholischen Staatsbehörde, z. B. eines obersten Kirchen- und Schulraths, eines Oberkirchenraths, einer Kirchencommission u. dgl. genügende Garantien gewährt zu haben. Der Widerstand, den diese Behörden fanden, ging aber so weit, dass Mit-

ersprieslicher, solchen Conflicten durch friedliche Scheidung wesentlich verschiedener Gerechtsame vorzubeugen. Nicht als dürfte es der evangelischen Kirche in den Sinn kommen, diese Auseinandersezung zu erzwingen; aber freuen darf sie sich, dass die Wege dazu neuerdings mehr und mehr angebahnt werden. So namentlich in Preussen, wo die Selbständigkeit der höchsten kirchlichen Behörde gesezlich festgestellt ist; auch in Oestreich hat das Kirchenverfassungsgesez vom 6. Jan. 1866 §. 98 ff. dem Oberkirchenrath und den beiden evangelischen Generalsynoden ein erhebliches Maas autonomischer Wirksamkeit zugestanden.

2. Collegialische Oberbehörden: Consistorien und Kirchenräthe.

151. Die evangelischen Consistorien sollen, als kirchliche Obrigkeiten, diejenigen Theile der bischöflichen Verwaltungs- und richterlichen Befugnisse (§. 76) ausüben, welche nach der Lehre der evangelischen Kirche als wesentliche Bestandteile der Kirchengewalt zu betrachten sind, oder auch zufällig sich als Reste der früheren Kirchen-

---

glieder derselben auch da, wo sie den Staat nur in seinen unbestreitbaren Hoheitsrechten, z. B. in seinem Aufsichtsrechte, pflichtmäſsig vertraten, mit Excommunication verfolgt, andere wenigstens damit bedrohet wurden. Man vergleiche nur das catonische: „consilium ecclesiasticum catholicum esse delendum“ in der von Lindemann verbreiteten Schrift eines Staatsmanns a. D.: „die Wiederherstellung des canonischen Rechts in der oberrheinischen Kirchenprovinz“ 1853. S. 73...86. – Seitdem aber der Staat willig fahren läst, was ihm nun einmal nicht gebührt, wird er in der Wahl seiner eigenen Organe die nötige Freiheit gebrauchen können; er mag auch dann zwar geneigt bleiben, mit den Bischöfen durch Mitglieder ihrer eigenen Kirche zu verkehren: nur seine Selbständigkeit darf er dann diesen Rüksichten nicht mehr zum Opfer bringen.

verfassung erhalten haben. Sie sollen immer collegialische Behörden sein: schon dadurch unterscheiden sie sich von den bischöflichen Officialaten (§. 83), welche nur hin und wieder an die Stelle der Einzelbeamten des Bischofs getreten sind. Der Hauptunterschied besteht aber in der grundsäzlichen Vereinigung von Geistlichen und Laien zu einem Collegium, so dass auch das Amt des Consistorialpräsidenten sehr häufig nicht von einem höheren Geistlichen, sondern von einem Laien bekleidet wird. Ohne dieses Laien-Element giebt es nur hin und wieder auch Ministerial- und Synodalbehörden mit consistorialartigen Rechten: jene von sämtlichen Pfarrern einzelner gröfserer Städte, diese von stehenden Ausschüssen der Landessynoden gebildet.

152. Die Consistorien zerfallen in verschiedene Classen, teils nach ihrem Ursprunge, teils nach dem örtlichen Umfang ihrer Wirksamkeit.

In der ersten Beziehung giebt es jezt fast nur Immediatconsistorien, d. h. solche, welche durch den Landesfürsten eingesezt[296] und nach dem bisherigen Rechte auch ausschliessend besezt werden. Daneben bestanden aber bisher noch einzelne Mediatconsistorien, welche von bevorrechteten Familien[297] oder Corporationen[298] eingesezt waren. Wichtiger ist die im Jahre 1846 für Preussen angeregte Frage, ob nicht auch in den Immediatconsistorien einzelne Stellen durch Wahl oder Präsentation der Gemeinden oder Synoden zu besezen seien.

---

296) Der Fortbestand eines bereits errichteten Consistoriums unter einem katholischen Landesfürsten gehörte seit dem westfälischen Frieden art. V §. 31 zu dem garantirten Besizstande der evangelischen Kirche.

297) der Fürsten und Grafen von Schönburg in Sachsen, Stolberg am Harz, Giech in Baiern.

298) z. B. das städtische Consistorium in Osnabrük und Greifswalde, das frühere Stiftsconsistorium zu Wurzen; vgl. überhaupt Weber sächs. KR. I, 169. 70. I, 288 ff. 309. 439 ff.

Die örtlichen Grenzen der Consistorialbezirke (der Name Diöcese ist verschwunden) fallen in den kleineren Staaten meist mit den Landesgrenzen zusammen: hier giebt es nur Landesconsistorien, die aber mitunter als Oberconsistorium oder Oberkirchenrath betitelt sind. In den gröfseren Staaten bilden die Provinzialconsistorien meistens die erste, der Oberkirchenrath eine zweite, gleichsam erzbischöfliche Instanz[299].

153. Die Befugnisse dieser Behörden betreffen:

1) alle kirchlichen Verwaltungssachen, für welche das Consistorium noch immer als der Ordinarius seines Bezirks (§. 74) erscheint — sei es nun als oberaufsehende, oder als direct mitwirkende Behörde. Seine directe Mitwirkung darf namentlich nicht umgangen werden:
   a) bei Abgrenzung der Pfarrbezirke und Bildung neuer Gemeinden,
   b) bei Besezung des Pfarramts,
   c) bei wichtigen liturgischen Angelegenheiten,
   d) meistens nicht bei Immobiliarveräusserungen aus dem Gemeindevermögen.

---

299) Preussen hatte von 1817 bis 1866 acht Provinzialconsistorien, und seit 1850 einen Oberkirchenrath. Früher, bis zum J. 1808, bestanden neben einem reformirten Kirchendirectorium, ein französisches und ein lutherisches Oberconsistorium. Die dazwischenliegende gänzliche Auflösung der Consistorialverfassung hatte das ganze Kirchenregiment den weltlichen Regierungen, unter dem Ministerium des Innern, später auch der geistlichen Angelegenheiten, zugewendet; und den daraus erwachsenen Verwirruugen und Conflicten ist auch jezt noch nicht genügend abgeholfen worden. s. die Verordnungen v. 23. Oct. 1817. 31. Dec. 1825 und 27. Juni 1845, in meinem Codex des Rheinischen Kirchenrechts S. 92..108. 120...138. — Hinzugekommen sind vorerst die vier Consistorien der neu erworbenen Provinzen in Kiel, Hannover, Cassel und Wiesbaden.

2) die Kirchendisciplin über die Kirchenbeamten, seltener die Kirchenzucht über die übrigen Gemeindeglieder;
3) die Ehesachen, namentlich Ehedispense und Ehescheidungen;
4) das kirchliche Straf- und Schiedsrecht, so weit es überhaupt noch besteht[300].

154. Dabei sind jedoch noch ausserordentliche Erweiterungen und Beschränkungen der Consistorialgewalt nicht ungewöhnlich.

Einerseits erscheint das Consistorium als eigentlicher Delegirter des Landesfürsten, insofern ihm die Ausübung von Hoheitsrechten[301] oder staatlichen, echten oder unechten Patronatrechten (§. 109) übertragen ist. Aus diesem Standpunct erklärt sich das früher zwar nicht ganz seltene, aber doch durchaus anomale Verhältnis, dass auch die kirchlichen Angelegenheiten der Katholiken und der Nichtchristen zur Competenz eines Consistoriums gehören konten.

Andererseits aber pflegen nicht nur einzelne Acte der Kirchengewalt dem evangelischen Landesfürten, als dem Haupt und ersten Gliede der Landeskirche (§. 24. 26) persönlich vorbehalten zu sein — z. B. schwierige Ehedispense; sondern es können auch andere Personen oder Behörden in den Besiz einzelner Consistorialrechte gelangt sein, z. B. die Kirchenpatrone (§. 147) und die Presbyterien[302]. Besonders gehörte dahin früher die Verleihung von Consistorialrechten an die Ober- und akademi-

---

300) Jac. Fr. Ludovici Consistorialprocess. 713. 10te Ausgabe 762, 4°.

301) Sogar die Kirchenordnung für die evangelischen Gemeinden der Provinz Westfalen und der Rheinprovinz vom J. 1835 stellte in ihrem lezten, sehr irrationalen Paragraphen das Provinzial-Consistorium nur zu den Aufsichts-Behörden des Staats über das Kirchenwesen!

302) s. oben §. 144 Note 203.

schen Gerichte, z. B. in Göttingen, welche in Ehe- und Strafsachen die Consistorien vertreten solten [303].

3. Einzelne Verwaltungsbeamte. Superintendenten.

155. Die Namen, welche den höheren Verwaltungsbeamten der evangelischen Kirche beigelegt sind, erinnern zum Theil noch an den früheren Zusammenhang mit der römischen Kirche. So die Erzbischöfe in Schweden und England, die Bischöfe, auch in Dänemark und vorübergehend in Deutschland [223]; die Metropolitane in Hessen, die Pröpste (praepositi) in Holstein, die Decane in Württemberg. Anderswo wählte man die neuen Benennungen Ephoren, Inspectoren, Senioren, Antistites; aber die gangbarste Bezeichnung blieb immer die lateinische Uebersezung des ἐπίσκοπος: Superintendent und Generalsuperintendent. Doch ist nur das Amt des lezteren der bischöflichen Würde vergleichbar, während der gewöhnliche Superintendent mehr die Stellung des katholischen Landdechanten (§. 83) einnimt. Sein Amt ist bald lebenslänglich, bald nur etwa sechsjährig, aber stets mit einer Pfarrstelle verbunden: er ist dem Consistorium untergeordnet, und hat die Geschäfte zwischen diesem und den seiner Aufsicht und Leitung untergebenen Pfarrgemeinden zu vermitteln. Bestehen in seinem Kreise eigene, von den Pfarrgemeinden gesonderte Schulverbände, so pflegt dem Superinten-

303) Dass es zu den Ehedispensen solcher specieller Autorisationen für die Gerichte bedurfte, war klar genug; in eigentlichen Prozessfällen aber war ohnehin schon die Competenz der höheren weltlichen Gerichte als zweite Instanz fast überall anerkant worden — was eigentlich auf den Standpunct einer appellatio ab abusu (§. 17) hinausführte, wenn man die Gerichtbarkeit für ein wesentliches Attribut der Kirchengewalt gehalten hätte.

304) vgl. Richter §. 156. Nur einmal, 1829, ist in Preussen auch der erzbischöfliche Titel ertheilt worden.

denten in diesen eine directe Verwaltung zu gebühren. Dagegen wird der Generalsuperintendent lebenslänglich bestellt: er ist fast immer ein bevorzugtes Mitglied, mitunter sogar Vorsizender des Consistoriums, so dass nur ausnahmweise mehrere Generalsuperintendenten in einem Consistorialbezirke bestellt werden[305].

Diese Amtsverhältnisse unterliegen noch einigen Erweiterungen bei dem Hinzutreten einer Synodalverfassung mit ständigen Synodalbeamten. So wird nach der Rheinisch-westfälischen Kirchenordnung die Kreissynode durch ein Moderamen geleitet und vertreten, welches aus dem von dieser Synode gewählten Superintendenten, seinem Assessor und einem Scriba besteht; das Präsidium der Provinzial-Synode dagegen besteht nur aus drei frei gewählten Geistlichen der Provinzialkirche, deren Erster als eigentlicher Präses sehr wesentliche Amtsrechte ausübt, während dem Generalsuperintendenten der Regel nach das Amt eines königlichen Commissars bei den Synodalversamlungen vorbehalten bleibt[306].

III. Erwerb der evangelischen Kirchenämter[307].

A. Besezung des Pfarramts.

1. Vacanz und Ansteilungsfähigkeit.

156. Wenn ein evangelisches Pfarramt erledigt ist, so soll die Wiederbesezung in der Regel binnen drei oder sechs, mitunter aber, um der Gnaden- oder Nachjahrsberechtigten willen, auch erst nach neun oder zwölf Mo-

305) Für Preussen bestehen Instructionen vom 14. Mai 1829. 31. Mai 1836, in meinem Codex des Rheinischen Kirchenrechts S. 108...119.

306) Rheinisch-westfälische Kirchenordnung §. 36. 46. 148 und Zusaz 47.

307) vgl. Richter KR. §. 198...203

naten erfolgen. Anticipirte Expectanzen sind bei Adjuncten und Pfarrvicaren nicht ganz ungewöhnlich[308].

Die Anstellungsfähigkeit des Erwerbers ist bedingt:

1) durch das Alter von 25, in Sachsen von 21, in Oesterreich von 24, in Hannover von 30 Jahren. Für bloſse Pfarrgehilfen wird mitunter schon eine frühere Amtsfähigkeit zugelassen;

2) durch die bereits bestandene Candidatenprüfung (§. 59), welche jedoch nur selten von einer abermaligen Prüfung „pro ministerio" oder einem „colloquium pro munere" befreiet[309];

3) mitunter durch den Indigenat, dessen Mangel aber bei eminenter Würdigkeit kein Hindernis bildet;

4) durch Anciennität, gesezlich in Bayern[310], factisch sehr oft, wenn die Besezung lediglich von oberen Behörden ausgeht. Für das Wahlrecht der Gemeinden ist diese Beschränkung unhaltbar.

2. Die Verleihungsrechte.

a. Der Gemeinde.

157. Die Verleihung des evangelischen Pfarramts kann zunächst entweder der Gemeinde, oder dem Kirchenregiment, oder dem Patron zustehen; so jedoch, dass der gänzliche Ausschluss der Gemeinde oder des Kirchenregiments von aller Mitwirkung sich principiell niemals rechtfertigen läst. Denn der Pfarrer ist nicht blos zum Dienst der Gemeinde berufen, er soll in der Gemeinde auch der Gesamtkirche, oder richtiger: er soll in beiden dem Haupte der Kirche, dem Heiland dienen (§. 137).

---

308) Auch im Zusaz zur Rheinischen Kirchenordnung §. 64 sind sie anerkant.

309) In Württemberg giebt es auch später noch „Beförderungsprüfungen"; ebenso sonst in Hannover.

310) Verordnung v. 27. Oct. 1820.

Hieraus folgt für die Mitwirkung der Gemeinde vor Allem der Grundsaz, dass dieselbe mindestens berechtiget sei, einen ihr unerwünschten Bewerber auszuschliessen, also das Recusationsrecht, dessen Ausübung wieder durch eine vorgängige Probepredigt (concio docimastica) bedingt bleiben muss. Factisch ist freilich selbst dieses s. g. uotum negatiuum vielen Gemeinden entrissen worden[311]; aber die Notwendigkeit seiner Wiederherstellung haben neuerdings auch die Vertreter der deutschen Kirchenregimente einstimmig anerkant[312]. Dass aber eine durchaus unmotivirte oder grundlose Recusation nicht unbedingt zu berüksichtigen sei, muss sich dabei von selbst verstehen.

158. Grundsäzlich würde aber die Gemeinde statt dieses bloſsen Recusationsrechtes vielmehr eine positive Mitwirkung, ja das Recht der unmittelbaren Berufung ihres Pfarrers anzusprechen haben, so weit dieses Recht nicht durch specielle, rechtlich begründete Ausnahmen beschränkt oder aufgehoben ist[313]. Solche Ausnahmen

311) Nach neueren, freilich nur einseitig erhobenen Notizen (Note 312) soll es noch vernichtet sein in Baiern, Baden, den hessischen Staaten, Nassau, Birkenleld; ferner in einem Theile von Anhalt-Dessau, von Meklenburg-Streliz, in Bremen-Verden und in Osnabrük. Schon die Coblenzer Provinzialsynode des Grosherzogthum Niederrhein vom 20... 27. April 1819 erklärte, dass in der Kurpfalz, im Zweibrük'schen und im Badischen keine Mitwirkung der Gemeinden bei Ernennung des Pfarrers stattgefunden habe. Dass den Gemeinden auch hier noch frei steht, für oder gegen einen Bewerber zu petitioniren, hat natürlich keinen rechtlichen Werth.

312) s. Verhandlungen der Eisenacher Conferenz vom Juni 1855, in Moser's evangelischem Kirchenblat 855. S. 411. 412. 474...486. Ueber Württemberg s. daselbst 1858 S. 273...277.

313) Schon der Westfälische Friede art. VII §. 1 in fi. hat das freie Wahlrecht der Gemeinden für den Fall anerkant,

können, abgesehen von positiven neueren Gesezen, ihren historischen Grund haben teils in dem Fortbestande vorreformatorischer Verhältnisse, teils in patronatischen, auf auf ausdrüklichen Vorbehalten oder auf Verjährung beruhenden Rechten.

Dagegen würden einfache frühere Versäumungen oder misbräuchliche Anmaſsungen von anderen Seiten, weder das Recht noch die Pflicht der Gemeinde aufheben können, in Zukunft von Neuem auf positiver Mitwirkung bei der Besezung des Pfarramtes zu bestehen.

Uebrigens lassen sich zwischen dem freien Wahlrechte und dem bloſsen Recusationsrechte der Gemeinde noch manche ganz zwekmäſsige Mittelwege denken: namentlich die Präsentation von drei durch die Gemeinde bezeichneten Candidaten (so in Württemberg, Meklenburg, Coburg [314], Oesterreich), oder besser [315] noch die Wahl aus drei der Gemeinde durch den Patron oder das Consistorium präsentirten Candidaten. So in Oldenburg allgemein seit 1853 [316],

dass der Landesfürst seine Confession wechseln würde. — Preuss. LdR. II, 11 §. 353: „Bei Kirchen, welche keinen eigenen Patron haben, gebührt der Regel nach die Wahl des Pfarrers der Gemeine.“ Ebenso Rheinisch-westfäl. KO. von 1835 §. 4. Diese Bestimmung wird jezt ergänzt durch art. 18 der Preussischen Verfassung: „Das Ernennungs-, Vorschlags-, Wahl- und Bestätigungsrecht bei Besezung kirchlicher Stellen ist, so weit es dem Staate [also nicht dem Kirchenregimente?] zusteht und nicht auf dem Patronat oder besonderen Rechtstiteln beruhet, aufgehoben. Auf die Anstellung von Geistlichen beim Militär und an öffentlichen Anstalten findet diese Bestimmung keine Anwendung.“

314) Allg. Kblat 1859 S. 391. 414. 415.

315) Denn die höhere Behörde wird die Gesamtheit der brauchbaren Candidaten besser übersehen können, als die einzelne Gemeinde.

316) Neuestes Gesez von 1859, s. Allg. Kblat 1860 S. 17...19. Von Eutin: 1859 S. 390.

und nicht selten in beiden Meklenburg, in manchen Gegenden Preussens (Erfurt, Hannover). Nicht recht passend aber ist es, wenn man dies, wie im Reussischen, nur als ein auf zwei Bewerber beschränktes Recusationsrecht behandeln will.

Bei dem einfachen Recusationsrechte der Gemeinde (§. 157) ist jedes vollberechtigte Gemeindeglied als stimmberechtigt anzusehen; bei den positiven Wahlrechten, ist der Ausschluss der selbständigen Frauen gewöhnlich [317]; wo eine gröfsere Gemeindevertretung (§. 145) besteht, ist meistens dieser auch die Pfarrwahl vorbehalten [318]. Einfache Stimmenmehrheit pflegt überall den Ausschlag zu geben.

b. Das kirchenregimentliche Verleihungsrecht.

159. Die Mitwirkung der höheren Kirchenbehörden — in der Regel des Consistoriums — zur Verleihung des Pfarramts kan auf viererlei Gründen beruhen:

1) auf einer directen Succession in das ältere episcopale Verleihungsrecht, d. h. in das volle Provisionsrecht des Bischofs (§. 132) über früher bestandene Gemeinden [319]. Dann gebührt ihnen die alleinige Vergebung der Pfarrstelle, nur vorbehaltlich des Recusationsrechts der Gemeinde (§. 157);

2) auf dem eigenen Grunde der evangelischen Kirchengewalt, welche nicht blos ihre Zustimmung zu der

---

317) Zu den Ausnahmen gehört die Ordnung der reformirten Gemeinde in Lübek, v. J. 1826. Auch der Anhang zum allg. preuss. Landrecht §. 129 will die Frauen principiell nicht ausschliessen.

318) Rhein.-westf. KO. §. 18. 59.

319) Für Preussen war dieser Verleihungstitel schon durch das Allg. Landrecht (Note 313) ganz ausgeschlossen. Die im art. 18 der Verfassungsurkunde von 1850 vorbehaltene Ausnahme bei den Militär- und Anstalts-Geistlichen beider Confessionen rechtfertigt sich auch schon als eine besondere Gestaltung des Patronatrechts.

Amtsverleihung zu geben, sondern das Pfarramt selber zu einem Dienst der Gesamtkirche zu erheben hat. Daher ist es den evangelischen Grundsäzen ganz entsprechend, wenn die Consistorien auch die Pfarrwahlen der Gemeinde nicht blos bestätigen, sondern die Bestallung vollziehen, und den Auftrag zur Amtseinführung erteilen;

3) auf der Vertretung des Staats in seinem Genehmigungsrechte;

4) auf der Vertretung des Landesfürsten oder des Fiscus in seinen Patronatrechten, so weit diese wirklich eine haltbare Grundlage haben (§. 109).

Dass alle diese verschiedenen Gründe in einander fliessen, wenn die Pfarrstellen durch unmittelbare Mitwirkung des Landesfürsten vergeben werden, ist unvermeidlich; die Consistorien aber haben, je mehr sie sich zu rein kirchlichen Behörden abklären sollen, auch diesen Unterschied in jedem einzelnen Falle sorgsam zu erwägen.

c. Das Verleihungsrecht des Kirchenpatrons.

160. Die schon oben (§. 147) nachgewiesenen Erweiterungen des Patronatrechts in der evangelischen Kirche führten von selbst dahin, dass mancher Patron nicht bei der bloſsen Präsentation des Pfarramtscandidaten (§. 132) stehen blieb, sondern sich zur Vocation und selbst zur Collation der Pfarrstelle berechtiget glaubte. Dennoch bleibt die Bestätigung und Bestallung von Seiten des Kirchenregiments in diesem Falle noch viel wesentlicher als bei der Gemeindewahl; und solte selbst die wirkliche Amtseinführung in die Patronatspfarre nicht vom Superintendenten, sondern vom Patron vollzogen werden, so würde dieser doch dabei nur als Delegirter des Kirchenregiments zu betrachten sein.

Sehr zwekmäſsig erscheint dem Patron gegenüber, das vorhin (§. 158) erwähnte beschränkte Wahlrecht der Gemeinde unter drei Präsentirten.

3. Die Anstellungsformen.

161. Zur wirklichen Anstellung des Pfarrers gehört:

1) die Vocation. Sie soll schriftlich, verbunden mit einer zuverlässigen Angabe der zu erwartenden Amtseinkünfte, erfolgen, und schriftlich angenommen werden;

2) die Ordination, in sofern sie nicht schon bei einer früheren Anstellung oder durch Anticipation vollzogen war (§. 59. 60);

3) die eigentliche Introduction oder Amtseinführung, welche in der Regel zugleich mit der Ordination, in der Pfarrkirche, in Gegenwart der Gemeinde und ihres Presbyteriums so wie des Patrons, durch den dazu speciell beauftragten Superintendenten vollzogen wird.

Statt des kirchlichen Amtseides wird oft nur eine feierliche Versicherung gefordert, nachdem die für den Staatsdienst formulirten Amtseide[320], so wie die s. g. Religions- oder Confessions-Eide[321] wenigstens dem schon bei der Ordination[322] verpflichteten Pfarrer nicht leicht mehr zugemutet werden.

B. Erwerb der übrigen Kirchenämter.

162. Die höheren Kirchenverwaltungsämter werden nach der bisherigen Praxis fast ohne Ausnahme durch den Landesfürsten vergeben; namentlich für die Besezung der Consistorien hat man wohl ein eigenes „ius consistorii" daraus machen wollen. Etwa vorkommende Präsentationen von Seiten der Synoden haben bisher meistens nur den

320) Beseitigt für Preussen durch Königl. Verordn. v. 8. April 1850.

321) vgl. Böhmer Ius Eccl. Prot. lib. I tit. 12 §. 19...26. In Kursachsen ward der Religionseid im J. 1616 eingeführt, 1811 aber wesentlich gemildert. Weber sächs. Kirchenrecht Th. II. Abtl. 2. S. 398...401.

322) s. oben S. 72 Note 123.

Charakter einer Bitte. Eine wesentliche Ausnahme bilden aber die freien Wahlen der neueren Kreis- und Provinzial-Synoden, welche in Rheinland und Westfalen auch die den Kreissynoden präsidirenden Superintendenten umfassen, und nur einer Bestätigung der höheren Kirchen- und Staatsbehörden bedürfen[323].

Die Gemeindeämter werden, so weit sie den Beisiz im Presbyterium betreffen (§. 142...145), meistens durch Gemeindewahl, mitunter durch Cooptation, oder durch Verbindung beider Wege[324], selten durch Ernennung von Seiten des Superintendenten oder des Patrons besezt. Gemeindeschulämter vergiebt oft ein besonderer Schulvorstand, unter Mitwirkung der weltlichen Regierung; die unteren bezahlten Kirchendiener (den clerus minor) ernennt mitunter das Consistorium (Braunschweig), anderswo der Superintendent, der Patron, in der Regel aber der Pfarrer in Gemeinschaft mit dem Presbyterium.

Sinecuren, die der evangelischen Kirche geblieben sind, pflegt die Staatsgewalt zu vergeben; doch sind auch Wahl- und Cooptationsrechte für Aebte und Canonicate nicht ganz erloschen.

IV. Der Verlust des evangelischen Kirchenamts.

163. Für das eigentliche Pfarramt gilt auch in der evangelischen Kirche der Grundsaz, dass es auf Lebenszeit erteilt werden soll (§. 134). Die Vicariate und Missionen, so wie die bloſsen Verwaltungs- und die Laienämter in der Gemeinde, werden aber oft ausdrüklich nur auf bestimmte oder unbestimmte Zeit übertragen. Bei dem

---

323) Rheinisch-westf. KO. §. 38. 46.

324) So in der Rheinisch-westfäl. KO. Die Cooptation allein führt zur Permanenz der einmal gewählten Gemeindebeamten, wenn nicht, wie in Baden, die Wiedererwählung unbedingt verboten ist, was aber noch gröſsere Bedenken gegen sich hat.

Pfarrer ist also eine rein administrative Entlassung unzulässig. Findet aber die Entlassung im Disciplinarwege oder in Folge eines Strafurteils statt, so versteht sich seine Unfähigkeit, weitere Ministerialacte vorzunehmen, von selbst, und es ist überflüssig, ihn noch zu einem ausdrüklichen Verzicht auf deren Vornahme anzuhalten[325].

---

325) vgl. Pr. LdR. II, 11 §. 104...106. II, 10 §. 70...82. Ueber Strafemeritirungen vgl. Erlass des Oberkirchenraths zu Berlin v. 27. Nov. 1854, Allg. Kblat 1855 Num. 1.

Fünftes Kapitel.

Das Kirchengut.

I. Uebersicht. Begünstigungen und Beschränkungen.

164. Die irdischen Dinge, welche der Kirche gehören, zerfallen in zwei Hauptclassen: in gewöhnliches Kirchenvermögen und in die zu gottesdienstlichen Zwecken unmittelbar benuzten Gegenstände. Der Unterschied zwischen beiden besteht äusserlich in dem besonderen Rechtschuz, welcher den zur zweiten Classe gehörigen Objecten als solchen, wegen der ihnen beigelegten Heiligkeit und Unverlezlichkeit, von Staat und Kirche zugesichert wird [326], während die allgemeinen Privilegien des Kirchenguts nur als Vorrechte der kirchlichen Rechtssubjecte zu betrachten sind, denen dasselbe eigentümlich gehört.

Jene zweite Classe von Dingen wird mit dem Namen res sacrae bezeichnet, aber nicht im strengen römischen Sinne des Wortes; denn sie gelten nicht mehr für eigentumsunfähig, und nicht unbedingt für res extra commercium. Die römische Kirche teilt sie weiter ein in res consecratae und res benedictae, je nachdem sie durch die dem Bischof oder seinem Delegirten [327] vorbehaltene Weihe, oder durch blofse priesterliche Ein-

---

326) can. 21 Causa 17 qu. 4. Peinl. GerOrdnung art. 171. — In Rom war der Begrif des sacrilegium sehr wilkürlich erweitert worden, s. Cod. tit. de crimine sacrilegii (9, 29). vgl. übrigens Feuerbach peinl. Recht §. 343.

327) Mejer Kirchenrecht §. 112 Note 11 der zweiten Ausgabe.

segnung ihrer Bestimmung übergeben werden (§. 75). Die evangelische Kirche kennt diese Unterschiede mit den dabei vorausgesezten inneren Wirkungen[328] nicht, und beschränkt ihre darauf bezüglichen, sehr vereinfachten Feierlichkeiten meist auf die Einweihung der Grundstücke zu gottesdienstlichen Zwecken.

Ganz wilkürlich haben einige neuere Juristen das zu milden Stiftungen bestimmte, oder ihnen gehörige Gut als res religiosa bezeichnet; richtig ist nur, dass es der Fürsorge der Kirchenbehörden empfohlen ist, und nach Analogie des Kirchenguts behandelt wird[329].

165. Die Begünstigungen des gewöhnlichen Kirchenvermögens, oder vielmehr der Rechtssubjecte, denen dasselbe gehört, bestehen teils in Erleichterungen des Erwerbes, teils in Erschwerungen des Verlustes: sie sind zum Theil von der Kirche selber, zum Theil aber auch vom Staate ausgegangen.

A. Die Kirche hat die Vermehrung ihrer Güter befördert teils durch die Behauptung eines göttlichen Ursprungs der Zehntpflicht[330], deren Nichterfüllung sogar mit Excommunication zu strafen sei[331], teils durch die Lehre, dass durch freiwillige Gaben an die Kirche das ewige Seelenheil des Gebers gefördert werde. Für die Erhaltung des Kirchenguts hat sie durch das fast unbedingte Verbot der Capitalveräusserungen (s. unten), und durch die geistlichen Strafen gesorgt, womit die Nicht-

---

328) Mejer a. a. O. Note 8.

329) const. 24. 28. 49 de Episcopis (Cod. I, 3). — Brendel das Recht und die Verwaltung der milden Stiftungen. 1814. Richter §. 305 a. e. unten §. 170.

330) So auf dem zweiten Concil von Mâcon (Matisconense) vom J. 583, cap. 5; auf einem Concil zu Mainz im J. 813, cap. 38 (can. 2 Causa XVI questio 2) u. o.

331) can. 5 Causa XVI qu. 7. cap. 7 X. de Praescript. (2, 26).

herausgabe der von ihr zurükgeforderten Güter bedrohet ward. Beides zusammen muste die leztwilligen Verfügungen „pro anima" vermehren und erweitern, zumal wenn es der Kirche gelang, einem nur vor dem Pfarrer und zwei Zeugen errichteten Testamente Geltung zu verschaffen [332].

166. B. Von Seiten des weltlichen Rechts war schon durch Constantin im J. 321 den Kirchen die testamentarische Erbfähigkeit gewährt [333], und durch seinen Mitkaiser Licinius die juristische Persönlichkeit derselben im Allgemeinen anerkant worden [334]; Justinian befreiete alle leztwillige Verfügungen zu frommen Zwecken von dem Abzug der Quarta Falcidia [335], er verstärkte die Rechte der Kirchen gegen ihre Erbpächter [336], und minderte für sie die Gefahren der Klagenverjährung [337], so wie einer vorübergehenden eigenen Zahlungsunfähigkeit [338].

Hauptsächlich aber war es das germanische Mittelalter, welches die kirchlichen Vermögensprivilegien erweiterte, indem es, in Verbindung mit dem Privilegium der Immunität von Hoheitsrechten, allgemeine Abgabenfreiheiten hinzufügte. Anfänglich galten dieselben nur für den vom König geschenkten Grundbesiz [339]; dann solte

---

332) cap. 10. 11 X. de Testamentis (Decretal. Greg. IX. lib. III tit. 26). vgl. oben Bd. II §. 484. 513.

333) const. 4 Theod. Cod. de Ecclesiis (16, 2) const. 1 Iust. Cod. eod. (1, 2).

334) s. unten Note 351.

335) Justin. Nouella 131 c. 12. vgl. Bd. II §. 506. Dazu kamen noch kürzere Auszahlungsfristen, u. dgl. Mejer §. 111 Note 6. 7.

336) Band II §. 196.

337) Bd. II §. 606. und unten §. 192. vgl. cap. 13. 14. 17 X. de Praescript. (2, 26). Göschen Pandekten Th. I §. 151.

338) Nouella 102. cap. 6 §. 2.

339) Concil. Aurelianense I a. 511, cap. 5.

jede Pfarrkirche eine steuerfreie Hufe (mansus) besizen[340], endlich glaubte man in einem Geseze Friedrich II. vom Jahr 1220[341], die unbedingte Abgabenfreiheit alles kirchlichen Grundbesizes, welche die Päpste inzwischen schon mit der Excommunication zu erzwingen suchten[342], wirklich errungen zu haben.

167. Dieses Uebermaas von Begünstigungen muste natürlich auch eine Gegenwirkung hervorrufen. Zunächst im Interesse des Staats und des bürgerlichen Verkehrs; denn diesem ward das für unveräusserlich und steuerfrei erklärte Grundstük gänzlich entrissen, es ward gleichsam in eine todte Hand (manus mortua) gelegt. Die dawider gerichteten, als Amortisationsgeseze bezeichneten staatlichen Anordnungen beginnen mit einem Verbot Lothar's vom J. 825, sich durch Vergabungen an die Kirche den öffentlichen Reallasten zu entziehen[343]; dann folgte Neapel, wo Friedrich II. J. 1231 ein directes Veräusserungsverbot seiner Vorgänger erneuete[344]. In Deutschland finden wir es schon in den Lübeker Statuten von 1220 bis 1226[345]. Es ist also irrig, ein englisches Gesez Heinrichs III. vom J. 1225 für das älteste dieser Verbote zu halten[346].

---

340) Nach einem Aachener Capitulare Ludwig's d. Fr. v. J. 817, cap. 10. (Pertz monum. leg. I p. 207). can. 24. 25. Caus XXIII. qu. 8.

341) Authentica Fridericiana Item nulla, im justinianischen Codex de Episcopis (1, 3). Pertz mom. Legum T. II p. 243. Richter Kirchenrecht §. 304.

342) cap. 4. 7. X. de Immunitate ecclesiarum (3, 49).

343) Pertz monum. Legum I, 251. c. 2 Tom. IV, 543 c. 22.

344) Constitutiones regni Siculi lib. III. c. 29, nach dem berichtigten, bei Canciani (leges barbaror. T. I) nur im Anhang gegebenen Texte.

345) Lübeker Urkundenbuch Bd. I 1843. S. 41.

346) So Mejer Kirchenrecht ed. II S. 344, nach Walter §. 252 Note 14, der sich aber so bestimmt nicht ausdrükt. vgl.

Jene älteren, nur die Vermehrung des kirchlichen Grundbesizes hindernden Verbote verloren freilich einen Theil ihrer Bedeutung, seitdem die gröfseren Staaten die Grundsteuerfreiheit nur noch den kirchlichen Räumen, also besonders den Kirchen und Kirchhöfen, gelassen haben[347]. Man hat aber jezt meistens alle gröfseren Capitalschenkungen an kirchliche Corporationen von der Genehmigung des Staates abhängig gemacht, zum Theil auch sie unbedingt verboten, oder wenigstens bestimmten Abzügen unterworfen[348].

Die Notwendigkeit solcher Beschränkungen, nicht blos im staatswirtschaftlichen, sondern auch im eigenen Interesse der Kirche, ergiebt sich am besten aus den monströsen Summen, zu welchen das Kirchenvermögen in Frankreich, in Spanien, in Neapel[349] so angeschwollen war, dass es der Revolution zum Opfer fallen muste. Wo die Säcularisation (§. 171. 173), gegen die der Rechtsinn sich sträubt und sträuben muss, zur absoluten Notwendigkeit geworden war, da hat auch die römische Kirche erfahren müssen, dass vermeinte Feinde weniger zu fürchten sind, als maaslose Freunde: denn durch Reichtum und Luxus vergiftet, hat sie erst in der Zeit des Darbens sich wieder verjüngen können. Eingedenk der Worte des Heilands, dass sein

---

auch Richter §. 303. Friedberg de finium inter eccl. et ciuit. regundorum iudicio. 861 p. 188 sqq.

347) vgl. Zachariae Staatsrecht ed. III. 867. §. 226 Note 21.

348) In Preussen muss immer eine Anzeige an die weltliche Behörde erfolgen; die königliche Genehmigung wird aber nur bei Schenkungen über 1000 (früher 500) Thaler erfordert. Gesez v. 13. Mai 1833. In Baden ist die Gründung neuer Stiftungen unbedingt, die Zuwendung an schon bestehende Stiftungen aber nur dann der staatlichen Genehmigung unterworfen, wenn sie den Betrag von 1500 fl. übersteigen, Gesez v. 12. März 1863.

349) In Neapel besafs die Kirche schon zu Anfang des 18. Jahrhunderts ein Drittel alles Grund und Bodens. Muratori antiqq. ital. diss. 67.

Reich nicht von dieser Welt sei, und treu seinem eigenen Vorbilde, darf auch die echte Kirche von irdischem Gute nicht mehr in Anspruch nehmen, als was zu den unentbehrlichen Mitteln ihres äusseren Daseins zu rechnen ist.

II. Das eigentliche Kirchenvermögen.

A. Subjecte desselben.

F. Schulte diss. de rerum ecclesiasticarum domino. Berolini 851. Dessen kathol. KR. ed. II. 868 §. 182. Richter §. 302.

168. Alles Kirchenvermögen muss einen bestimmten Eigentümer haben, denn herrenlos dürfen selbst die geheiligten Dinge nicht sein.

Eben so wenig kan das Verhältnis eines blofsen Societätsgutes, einer Eigentumsgemeinschaft unter den Individuen, welche augenbliklich die Kirche oder einen Theil der Kirche darstellen, für genügend gelten: denn die Association ist noch nicht das eigentliche Wesen der Kirche des Heilands, so zahlreich und so löblich auch die engeren Associationen in der Kirche sein mögen. Nur wo das Christentum vom Staate verfolgt oder ignorirt wird, da ist der Standpunct des Societätsgutes als der einzige rechtlich mögliche festzuhalten. So war es in Rom vor Constantin, denn selbst den verbotenen Sodalitäten blieb doch die Teilung ihrer gemeinsamen Casse in der Regel gestattet[350].

Bei geordneten kirchlichen Zuständen muss also die Personification, die rechtmäfsige Bildung corporativer Rechtssubjecte auch für die kirchlichen Vermögensrechte hinzukommen; und diese Personification kan zunächst nur von der Staatsgewalt ausgehen: die vom Heiland gestiftete Kirche ist als solche zur irdischen Herrschaft nicht berufen. Nur die Mitwirkung der Kirche zur Bildung

---

350) fr. 3. pr. de Collegiis (Dig. 47, 22.)

solcher Persönlichkeiten darf in der Regel nicht fehlen, denn den von ihr nicht anerkanten oder aufgelöseten Stiftungen und Innungen vermag der Staat einen kirchlichen Charakter nicht beizulegen. Ja denkbar bleibt es, dass ein Staat für gewisse Fälle die Personification schon zum voraus verheissen, mithin es der Kirche allein überlassen hätte, die nie zu entbehrende materielle Grundlage für jeden einzelen dieser Fälle anzuweisen (Bd. II. §. 29).

169. Diese materielle Grundlage, — gleichsam der Körper der juristischen Person — muss aber, ebenfals schon nach der Natur der Sache, eine feste locale Beziehung haben; ihr Schwerpunct muss sich innerhalb der Grenzen des Staates befinden, welcher die künstliche Persönlichkeit verleihen soll, und nur einer so localisirten juristischen Person kan möglicherweise auch im Auslande die Berufung auf ihre Rechtsfähigkeit gestattet werden.

Dieser zweite Saz ist thatsächlich zu allen Zeiten anerkant worden, wenn auch oft nur instinctmäſsig, eben weil er sich schon von selbst verstand.

So finden wir in dem schon erwähnten Edict des Licinius, aus dem Anfange des vierten Jahrhunderts, welches zuerst die Rechtsfähigkeit der Christengemeinden anerkante, nur die Einzelgemeinden erwähnt[351]; und da der apostolische Begrif einer selbständigen Gemeinde sich bald verlor (§. 46. 47), so genügte der nachfolgenden Zeit wieder die Erhebung einzelner Kirchengebäude zu juristischen Personen, wie auch schon heidnische Tempel

351) Bei Lactantius de morte persec. cap. 48: Et quoniam iidem christiani non ea loca tantum, ad quae conuenire consueuerant, sed alia etiam habuisse noscuntur, ad ius corporis eorum, id est ecclesiarum, non singulorum, pertinentia: ea omnia lege, quae [qua?] superius comprehendimus, citra ullam prorsus ambiguitatem uel controuersiam iisdem christianis, id est corporis [corporibus?] et conuenticulis eorum, reddi iubebis.

derselben Gunst genossen hatten: die Persönlichkeiten wurden nicht blos localisirt, sondern gleichsam fundamentirt.

Daher finden wir von nun an zunächst nur die ecclesiae[352], d. h. die bischöflichen oder die Pfarrkirchen (tituli) und die übrigen uenerabiles loci[353], d. h. die Capellen, Hospitäler, Siechenhäuser, Waisenhäuser u. s. w., als gesonderte vermögensfähige Rechtsubjecte in der Kirche behandelt[354]. Auch die Klöster und Domkapitel, in welchen das in den Gemeinden erloschene kirchliche Vereinsleben sich erneuete, erstrebten und erreichten in Beziehung auf ihre Vermögensverhältnisse nichts weiter, als dass die Kapitel der einzelen Abteien oder Kirchen zu juristischen Personen erhoben wurden.

Selbst die geistlichen Ritterorden, und die nach dem Princip der Centralisation organisirten Mönchsorden der späteren Zeit (§. 65. 69) haben gegen die locale Begrenzung ihrer Vermögenssubjecte auf einzelne Balleien, Com-

352) Justinian, const. 26 de Ecclesiis (Cod. 1, 2). const. 46. 49 de Episcopis (1, 3). Nouell. 115. cap. 3. §. 14. Nouell. 120. 131 cap. 9. — Decr. Gratiani, Causa X quaestio 2. C. XIII qu. 1. cap. 1. X. de Reb. eccl. alienandis (3, 13). — Vollständig sind die Beispiele gesammelt bei Schulte diss. l. c. §. 4. vgl. Roth über Stiftungen, in Gerber und Jhering's Jahrb. f. Dogmatik Bd. I. 1856. S. 189 ff.

353) Theod. Cod. II, 4. cap. 7. — const. 26 §. 1 de Eccles. (Cod. 1, 2). Zahlreiche Beispiele vermächtnisfähiger Corporationen nennt Justinian c. 46 §. 9 de Episcopis (1, 3).

354) Hieher gehören auch die von Justinian erwähnten Oratorien der Erzengel und Heiligen, const. 26 §. 1 de Eccles. Nouell. 131 cap. 9. — Dass die einzelen Capellen und Altäre innerhalb des Kirchengebäudes dadurch, dass sie ihre besondere Dos erhalten konten, auch zu besonderen Persönlichkeiten erhoben wurden, ist zu verneinen, jedenfals aber eine Frage von untergeordneter Bedeutung. Die späteren Spaltungen des Kirchenguts in Mensalgut, Fabrikgut und in einzelne Pfründen aller Art (§. 72. 184) waren gewiss nicht sofort als Spaltungen der Vermögenssubjecte anzusehen.

menden, Ordenshäuser u. s. w. im Ganzen keinen Einwand erhoben.

170. Die Reformation des sechzehnten Jahrhunderts hatte an diesen Rechtsanschauungen wenig geändert, so viel auch factisch in den Vermögensverhältnissen sich ändern muste. Namentlich blieb den evangelischen Pfarrkirchen die unbestrittene Anerkennung ihrer bisherigen Persönlichkeit; sie auf die Gemeinden ausdrüklich zu übertragen, war Niemand veranlast, weil man den rechtlichen Unterschied zwischen einer berechtigten Innung und dem personificirten kirchlichen Zwekvermögen (Bd. II §. 28, 31) wenig beachtete[355]. So ward auch die Fortdauer der Dom- und Collegiatkapitel, der Klöster, Ordensballeien u. s. w. als juristischer Personen in der evangelischen Kirche als rechtlich möglich anerkant, und durch den westfälischen Frieden (V, 25. 26) sogar in gewissem Sinne garantirt. Selbst im neunzehnten Jahrhundert hat die Eigenschaft einer blofsen Localstiftung mitunter hingereicht, das Dasein solcher Gütercomplexe ferner zu fristen[356].

Daneben aber führte die Vermischung von geistlichem und weltlichem Regiment zu neuen Gattungen halbkirchlicher Vermögensubjecte in evangelischen Landen: zu denen der Schulen[357] und der allgemeineren „Fonds“ für

355) Vor Allem mag wohl das Uebergewicht patronatischer Einflüsse (§. 147) dazu beigetragen haben, die corporativen Rechte der Gemeinde selber unentwickelt zurükzuhalten.

356) So in Kursachsen im J. 1805. Weber sächs. Kirchenrecht Th. II Abtl. 3 S. 829. 830.

357) Diese neuen Schulen wurden personificirte Stiftungen während die Universitäten der früheren wie der späteren Zeit Innungen waren und blieben. Die älteren Dom- und Klosterschulen dagegen waren nur annexe Institute ohne eigene Persönlichkeit. Dass in Preussen jede staatlich anerkannte Schulgemeinde oder Schulsocietät ohne Weiteres zur Corporation werde, ist in einem Ministerial-

kirchliche und Unterrichtszwecke, welche meistens aus älterem Kirchengut dotirt wurden. Beides waren Schöpfungen der Landesfürsten oder der Staatsgewalt, aber doch unter Festhaltung kirchlicher Tendenzen. So entstanden die drei Land- und Fürstenschulen und der allgemeine Kirchenkasten in Sachsen[358], so die Klosterschulen in Württemberg, das aerarium ecclesiasticum in Cleve, die s. g. Klostercasse in Hannover, der Heidelberger Administrationsfonds u. s. w.[359].

171. Auch für die römische Kirche traten ähnliche Aenderungen ein seit der Mitte des achtzehnten Jahrhunderts.

Zuerst durch die Aufhebung des Jesuitenordens (1773), welche mehrere Regierungen veranlaste, aus dem eingezogenen Jesuitengut einen eigenen, für Schulzwecke bestimmten Jesuitenfonds zu bilden (§. 178).

Sodann durch die Reformen in den österreichischen Erblanden während der neunjährigen Alleinregierung Josef's II. (29. Nov. 1780 bis 20. Febr. 1790): sie führten zur Bildung eines besonderen Religions- oder Intercalarfonds[360], hauptsächlich aus den Gütern der später supprimirten Klöster, während die incamerirten Jesuitengüter auch hier mit dem Schul- oder Studienfonds vereiniget wurden[361].

---

rescript vom 20. Juni 1829 (Fünfmännerbuch IX 1848 S. 44, s. oben Bd. I S. 188) und seit 1853 auch vom Preussischen Obertribunal angenommen worden. Vogt II, 264.

358) vgl. Weber sächs. Kirchenrecht Th. I S. 165...168. 351 ff. 366 ff. Th. II S. 1018 ff.

359) In Schlesien ist 1855 ein besonderer Landdotationsfonds für die evangelischen Pfarreien der Provinz personificirt worden. Vogt I S. 549 u. 551.

360) d. h. zunächst die aus den Einkünften vacanter Pfründen (§. 189) gesammelten Gelder.

361) Zuerst nach Hofdecreten vom October und December 1781. vgl. Jos. Al. Helfert von dem Kirchenvermögen und dem

Denselben Erfolg haben zulezt auch die unter französischem Einfluss herbeigeführten allgemeinen Säcularisationen (§. 176) in einigen deutschen Staaten gehabt, namentlich in Württemberg 1808, in Baden 1811, in Nassau 1827; während in Frankreich, Belgien und am linken Rheinufer der Begrif eines besonderen Kirchenvermögens ganz verschwunden schien. Was nicht im Wege der Säcularisation vom dem Staatsfiscus verschlungen war[362], das muste entweder für Eigentum der Civilgemeinde[363] oder für Societätsgut[364], oder endlich für reines Privateigentum[365] erklärt werden.

Religionsfonde. 825. ed. III. 834. Der art. 31 des lezten Concordats, welcher die „fundi religionis et studiorum“ für Eigentum der Kirche erklärte, ist mit diesem selbst wieder hinfällig geworden.

362) Königliche Proclamation vom 4. December 1789, bei Hermens Th. I. S. 91. 117. 119. 122. Decret v. 4. Nov. 1793, bei Hermens IV, 24. 25.

363) So die Kirchhöfe, und nach einem Staatsrathsgutachten vom 26. Jan. 1805, die restituirten Kirchengebäude und Pfarrwohnungen (presbytères), welche zum Theil schon seit 1795 den „citoyens des communes et sections de commune“ zum provisorischen Gebrauch für kirchliche Zwecke aller Confessionen, und für andere Versamlungen wieder überlassen waren. Gesez v. 30. Mai 1795, Hermens I, 53. vgl. S. 315. 317...320. II, 315. Die in Folge des Concordats von 1801 ergangenen organischen Artikel vom April 1802 hatten, wie dieses, nur die Fundationen im Interesse der Kirchen zugelassen, ohne die Eigentumsfrage zu berühren. Concordat art. 15. Organ. Artik. 73. 74 und 7. 8. Hermens I, 479. 524 ff. 530 ff.

364) In diesem Sinne wurden den evangelischen Gemeinden des linken Rheinufers im J. 1806 einige Trümmer ihres Kirchenguts gerettet (Hermens I, 534...540), nachdem freilich der Heidelberger Administrationsfonds schon im J. 1804 vom kaiserlichen Fiscus verschlungen war (Hermens IV, 882. 883).

365) Auf diese Weise ward der Kirche in Belgien durch treue Hände Manches gerettet.

172. Diese absolute Vermögenlosigkeit der Kirchen im Bereiche des französischen Rechts konte natürlich nicht lange dauern. Dem Staatsrathsgutachten vom J. 1805, welches den Civilgemeinden das Eigentum der Pfarrgüter zugesprochen hatte (Note 363), stand eine weniger juristische Ansicht gegenüber, welche die schon seit 1802 für jede Kirche wieder angeordnete, und allmählig ins Leben getretene Verwaltungsbehörde, die s. g. Kirchenfabrik (§. 103) als Eigentümerin betrachtete; und nachdem in einzelen Regierungsdecreten schon seit 1803, besonders seit 1805, von Fabrikgütern die Rede gewesen war, erfolgte am 31. Juli 1806 ein kaiserliches Decret, worin die Idee eines Communal-Eigentums verworfen, und die eines Fabrik-Eigentums an die Stelle gesezt ward [366].

Ausserdem hatte man schon im J. 1861, um das verheimlichte ehemalige Kirchengut nicht gänzlich Preis zu geben, die Hospitäler und die „bureaux de bienfaisance" auf dasselbe angewiesen [367], und 1802 wurden sie bestimmter als Eigentümer desselben bezeichnet [368]. Im J. 1807 glaubte auch der Staatsrath statt des Communaleigentums ein Eigentum der Fabriken und der Hospitäler anerkennen zu müssen [369]; und diese Theorie hat bei den meisten französischen Kanonisten [370] und vorübergehend

366) „Les biens des fabriques des églises supprimées appartiennent aux fabriques des églises auxquelles les églises supprimées sont réunies, quand même ces biens seraient situés dans des communes étrangères." Hermens II S. 360.

367) Decrete vom 23. Febr. 26. Juni. 27. August 1801, bei Hermens I, 328. 336. 347. In Rheinpreussen sind durch Gesez vom 23. Mai 1818, die Pfarrkirchen mit diesem verheimlichten Gute beschenkt worden. Hermens II, 657...59.

368) Decret vom 18. Dec. 1802, Hermens I, 665.

369) Gutachten v. 30. April — 31. Mai 1807, Hermens II, 367...370.

370) Affre (Erzbischof von Paris) traité de la propriété des biens ecclésiastiques, und: de l'administration temporelle

auch bei den französischen Gerichten[371] Eingang gefunden, während die spätere Gesezgebung die Fabriken wieder als blofse Verwaltungsbehörden behandelte[372]. Endlich ward in einem kaiserlichen Decret vom 6. Nov. 1813 bei dem katholischen Kirchengut ein vierfaches Eigentum unterschieden: 1) biens des cures, Pfarrwittum; 2) biens des menses episcopales, 3) biens des chapitres cathédraux, 4) biens des séminaires, was die rheinischen Gerichte zu einem Rükschluss auf eine vierfache juristische Persönlichkeit veranlast hat[373].

Strenger ist man in Belgien bei der Ansicht geblieben, dass es überall erst specieller Personificationen bedürfe, um den Gemeinden oder Wohlthätigkeits- und Unterrichtsanstalten die individuelle Vermögensfähigkeit zu gewähren; weshalb denn das Vermögen der meisten von ihnen auch nur als Societätsgut behandelt wird. Hieraus hat sich im J. 1857 der sehr heftige Streit über die Frage entwickelt: ob die Gewährung der Personification, wie bisher, nur der gesezgebenden Gewalt vorzubehalten, oder den Verwaltungsbehörden zu überlassen sei[374].

173. Auch im übrigen Deutschland ist in neuester Zeit über Fragen ähnlicher Art viel verhandelt worden[375];

---

des paroisses. Paris 833. vgl. auch Gaudry traité de la législation des cultes. 854. §. 700 ff.

371) Urteil des Cassationshofes vom 6. Dec. 1835. Anders lautete aber wieder ein Urteil vom 7. Juli 1840.

372) Decret v. 30. Dec. 1809, art. 1, bei Hermens II, 412. 413.

373) Hermens II, 554...572. Rhein. Archiv Bd. 58. 1863 S. 37. Von dem Eigentum an Pfarrkirchen s. unten §. 194.

374) Wolte man für die zweite Alternative das Beispiel anderer Länder geltend machen, so würde doch jedenfals vor den leichtfertigen, beinahe fabrikmäfsigen Personificationen, zu denen es bei uns gekommen ist (Note 358. vgl. Bd. II §. 29) sehr zu warnen sein.

375) vgl. Mejer Kirchenrecht §. 111 der zweiten Ausgabe.

am meisten auf Seiten der katholischen Kirche[376], welche zu Anfang dieses Jahrhunderts in pecuniären Dingen das Schwerste erduldet hatte. Denn was sie hier als wirklich unhaltbar, als bloſsen Auswuchs des kirchlichen Lebens nicht festhalten durfte, das waren ihre politischen Privilegien, ihre Territorien mit Landeshoheit und Reichsstandschaft; die Reichtümer einzelner Kirchen, Klöster und Orden konten nur hin und wieder im südlichen Deutschland unerträglich geworden sein. Aber die Säcularisation ward durch Napoleon systematisch nach Deutschland verpflanzt; sie ward zur Notwendigkeit gemacht, um für die von Frankreich abgerissenen Gebiete die nötigen Entschädigungen, für die geforderten Contributionen die fehlenden Geldmittel aufzutreiben. Dennoch blieb man glüklicherweise weit hinter dem französischen Vorbilde zurük; denn an der fortwährenden Vermögensfähigkeit der Pfarrkirchen und Pfarrgemeinden, sowie der sonstigen nicht gänzlich aufgehobenen Stiftungen und Innungen, ward wohl nirgend in Deutschland gezweifelt[377].

174. Um so weniger ist es zu billigen, wenn man im Hinblik auf jene früher erlittenen Unbilden, wieder zu längst veralteten und jedenfals ganz unjuristischen Theorien[378] von einem einzigen Universalsubjecte alles Kirchengutes, seine Zuflucht nahm, nicht sowohl um fernere Verluste abzuwenden, als um das Verlorene wieder zu erobern. Die Vorstellung, dass Gott selber, der Schöpfer aller Dinge, oder der Heiland, der doch das Reich auf

---

376) Jos. Evelt die Kirche und ihre Institute auf dem Gebiete des Vermögensrechts. 845. J. F. Schulte diss. (S. 175).

377) Auch die eifrigen Vertreter der josefinischen Incamerationen verlangten doch eine vorgängige Einziehung des Kirchengutes, damit es Staatsgut werden könne.

378) Gründlich widerlegt sind sie bereits von J. H. Böhmer I. E. P. lib. III tit. 5 §. 29...32, und Ius parochiale Sect. V cap. 3 §. 3...5; neuerdings von Schulte.

dieser Welt nicht wolte, von armen Menschen zum Eigentümer irdischer Dinge gemacht werden könne, ist unchristlich und heidnisch. Eben so irrig wäre es, die römische oder irgend eine andere Confessionskirche schon darum als Subject des kirchlichen Vermögens anzusehen, weil sie in rein kirchlichen Dingen als vollberechtigte Genossenschaft bestehe; denn die privatrechtliche und vermögensrechtliche Persönlichkeit ist nicht von selbst schon in dem Wesen einer organisirten Genossenschaft mit enthalten, sie muss erst besonders von der weltlichen Macht gewährt sein[379].

175. Die Möglichkeit einer solchen Gewährung beginnt also erst bei den confessionellen Landeskirchen[380]; für diese aber hat man allerdings auch schon

379) s. Bd. II §. 27. Darum ist denn auch die neuere, von Evelt (Note 376) mit ehrenwerther Gründlichkeit entwickelte Vergleichung des gesamten Kirchenguts mit einem grofsen Familienfideicommisse, und der einzelen Vermögenssubjecte mit blofsen fiscalischen Stationen (so S. 105), juristisch nicht haltbar. Wohl ist die Kirche der Familie vergleichbar; aber das spricht nur für eine verwandschaftliche Erbfolge unter den näher verwandten Gliedern (§. 177). Den Stationen vergleichbarer sind die einzelen Pfründen, Altarstiftungen u. s. w., welche durch abgesonderte Verwaltung und Benuzung eine gewisse Selbständigkeit erlangen, ohne doch aus dem Eigentum der Kirche, des Kapitels oder Klosters auszuscheiden. vgl. Note 354. unten §. 184. 186.

380) Schon aus diesem Grunde lies sich in Nassau im J. 1859 dem Bistum Limburg keine juristische Persönlichkeit, und mithin auch keine Fähigkeit, als hypothekarischer Gläubiger eingetragen zu werden, einräumen; denn die Grenzen des Bistums d. h. des bischöflichen Verwaltungsbezirks, überschritten die damaligen Staatsgrenzen. In wie weit auch der bischöflichen Kirche zu Limburg jene Fähigkeit bestritten worden ist, weis ich nicht anzugeben. vgl. übrigens Schulte Die Erwerbs- und Besizfähigkeit der deut-

in dem Reichsdeputationshauptschluss vom Februar 1803 [381] die Verheissung einer gleichsam potenzirten Persönlichkeit finden wollen. Allein diese, von sehr unjuristischen Diplomaten ausgegangene Verheissung beschränkte sich auf einen sehr kleinen Theil desjenigen [382], was schon der westfälische Friede gewährt hatte; daher haben denn auch die späteren Gerichte nicht mehr darin finden können, als eine, damals gewiss nicht überflüssige, Gewährleistung zu Gunsten der noch fortbestehenden kirchlichen Einzelcorporationen [383]. In diesem Sinne brauchen wir denn auch nicht gegen die üblichen Ausdrücke: Kirchengut, Eigentum der Kirche u. s. w. zu protestiren, obwohl es correcter sein würde, sie durch kirchliches Gut zu ersezen.

Die besseren unentbehrlichen Sicherheiten für die Landeskirchen finden sich in den deutschen Verfassungsgesezen seit der Wiederbefreiung unseres Vaterlandes. Fast einstimmig verbieten sie den bisherigen Misbrauch

---

schen katholischen Bisthümer und Bischöfe ... und des ... von Limburg insbesondere. Prag 1860.

381) §. 63: „Die bisherige Religionsübung eines jeden Landes soll gegen Aufhebung und Kränkung aller Art geschüzt sein, insbesondere jeder Religion der Besiz und ungestörte Genuss ihres eigenthümlichen Kirchenguts auch Schulfonds nach der Vorschrift des westfälischen Friedens ungestört verbleiben." vgl. §. 65: „fromme und milde Stiftungen sind wie jedes Privateigenthum, zu conserviren, doch so, dass sie der landesherrlichen Aufsicht und Leitung untergeben bleiben."

382) In den §§. 35. 36 waren alle Güter der fundirten Stifter, Abteien und Klöster „der freien und vollen Disposition der respectiven Landesherren, sowohl zum Behufe des Aufwandes für Gottesdienst, Unterrichts- und andere gemeinnüzige Anstalten, als zur Erleichterung ihrer Finanzen" überlassen worden.

383) So hat u. A. das preussische Obertribunal entschieden am 30. Jan. 1833. vgl. auch Weber sächs. KR. Th. II. §. 100.

der Säcularisirungen (§. 176); daneben sichern Einige beiden Landeskirchen den fortwährenden Genuss oder Besiz des Kirchenguts[384], während Andere mehr die Erhebung der allgemeinen kirchlichen Fonds zu personificirten Stiftungen zu beabsichtigen scheinen[385]. Selbst die Bildung zweier grofsen Landeskirchenfonds in Württemberg[386], und die Gewährung der Rechte öffentlicher Corporationen an beide Landeskirchen in Baden[387] berechtigt dieselben nicht, privatrechtliche Eigentumsbefugnisse in

---

384) Preuss. Verfassung v. 31. Jan. 1850, art. 13...15. — Oesterreich. kaiserl. Patent v. 31. Dec. 1851 (Zachariae Verfassungsgeseze 1855 S. 68).

385) So in Bayern durch die Verfassung v. 26. Mai 1818 §. 10: „Das gesammte Stiftungsvermögen nach den drei Zwecken des Cultus, des Unterrichts und der Wohlthätigkeit, wird... unter den besonderen Schutz des Staates gestellt; es darf unter keinem Vorwande zu dem Finanzvermögen eingezogen ... werden. vgl. §. 9 daselbst. Sächs. Verfassung v. 1831 §. 60. (Zachariae S. 169. 170). Hannover. Verf. v. 1840 §. 75. (Zach. S. 226). Baden 1818 §. 20. (Zach. S. 333.) Hessen Darmstadt. 1820 §. 43. 44. (Zach. S. 405).

386) Württemberg. Verfassung vom 25. Sept. 1819 §. 82: „Die katholische Kirche erhält zur Bestreitung ihrer Bedürfnisse, wozu keine örtlichen Fonds vorhanden sind, oder die vorhandenen nicht zureichen, und besonders für die Kosten der höheren Lehranstalten, einen eigenen, diesen Zwecken ausschliesslich gewidmeten Kirchenfond. Zum Behufe der Ausscheidung desselhen vom Staatsgute ... wird auf gleiche Weise, wie oben (§. 77) bei dem altwürtembergischen Kirchengute festgesezt ist, eine Commission niedergesezt werden.“ — §. 77: „Die abgesonderte Verwaltung des evangelischen Kirchenguts des vormaligen Herzogtums Würtemberg wird wieder hergestellt u. s. w.“

387) Badisches Gesez v. 9. Oct. 1860 §. 1: „Der vereinigten evangelisch-protestantischen und der römisch-katholischen Kirche ist das Recht öffentlicher Korporationen mit dem Recht der öffentlichen Gottesverehrung gewährleistet.“

Anspruch zu nehmen; nur die neuesten, wieder beseitigten Concordate mit Oesterreich (art. 29) und mit Württemberg (art. 10) würden auch zu dieser Folgerung geführt haben.

Untergang des Subjects.

1. Ueberhaupt. Die Säcularisation.

176. Das Kirchengut wird bonum uacans, wenn für die juristische Persönlichkeit des Eigentümers entweder die körperliche Grundlage (§. 169) verloren geht, oder ihr die Anerkennung des Staats oder der Kirche entzogen wird[388]. Das in solchen Fällen eintretende fiscalische Heimfallsrecht an dem erblosen Nachlasse[389] kan aber zu grofsen Härten, und selbst zu schreienden Ungerechtigkeiten führen, wenn dabei diejenigen Rüksichten und Verpflichtungen verlezt werden, welche von der Billigkeit, zum Theil auch schon rechtlich, geboten bleiben.

Erstens nemlich wäre es immer der gehässigste Act des ius eminens, den erst die allerdringendste Noth gebieten müste[390], wenn der Staat einer kirchlichen Innung

---

388) s. oben Bd. II §. 457. — Für Preussen: Allg. Landrecht Th. II Tit. 6 §. 189...195. Tit. 11 §. 172. Dass aber bei einem Wechsel der Religionsgrundsäze die staatliche Anerkennung für die Gemeinde nicht ipso iure verloren gehe, ist aus II, 11 §. 171 zu entnehmen.

389) Zur Geschichte des an diesen Heimfall sich knüpfenden droit d'épave auswärtiger Staaten auf das in ihrem Territorium liegende Immobiliarvermögen (Bd. II §. 457 Note 12) ist noch zu bemerken, dass Baden demselben im J. 1857 zu Gunsten Aargau's entsagt hat, obwohl im Reichsdeputationshauptschluss von 1803 §. 37 dasselbe grade für die beiden Rheinseiten bestätigt worden war. Napoleon hat es zur allgemeinen Regel erhoben durch Gesez v. 14. Sept. 1810 (Hermens II, 506. 507).

390) Hierauf berief sich Preussen, als es endlich am 30. October 1810 dem Beispiel der benachbarten Staaten folgte, und

oder Stiftung das Corporationsrecht in der Absicht entziehen wolte, um den Erblosigkeitsfall herbeizuführen [391]; ja selbst wenn andere Motive, z. B. staatsgefährliche Umtriebe der Corporation, hinzukämen, würde doch für den Staat noch immer der Schein von ungerechten Confiscationsgelüsten zu meiden sein [392]. Seitdem aber die Kirche durch die neueren Verfassungsgeseze gegen solche Gefahren gesichert ist (Note 385), wird auch freilich nur durch gleichzeitige Aufrechthaltung der Amortisationsverbote (§. 167) das richtige Gleichgewicht zwischen Staats- und Kirchengut gesichert bleiben.

Zweitens versteht es sich schon nach der Natur der fiscalischen Erbfolge von selbst, dass die speciellen Lasten, welche kraft besonderer testamentarischer oder donatari-

---

die Güter der Stifter und Klöster beider Confessionen für Staatsgut erklärte. Acten des evang. Oberkirchenraths Heft 4 S. 89. 90.

391) Nur für diesen Fall solte der allmählig sehr misliebig gewordene Ausdruk Säcularisation jezt noch gebraucht werden. Seine Erfindung soll in die Zeit des westfälischen Friedens hinaufreichen; die modernere Bezeichnung: Desamortisation ist, so viel wir wissen, spanischen Ursprunges. — Jedenfalls ist es nicht correct, wenn man auch die teilweise Aneignung des Kirchenguts (z. B. die Zurüknahme früherer Schenkungen durch Karl Martell) oder die Einziehung von Amtseinkünften während einer temporären Sedisvacanz (z. B. kraft des droit de régale, unten §. 189) als Säcularisation bezeichnet hat. Die Anstöfsigkeit mag freilich im Ganzen dieselbe bleiben; nur die Bildung eines besonderen s. g. Intercalarfonds aus vacanten Amtseinkünften, die besonders im südlichen Deutschland vorkomt, wird nicht zu misbilligen sein.

392) Dass man sich bei jeder Säcularisation um Aufstellung speciellerer Gründe zu bemühen pflegt, ist begreiflich. Selbst die Berufung auf die Nuzlosigkeit oder Zwekwidrigkeit des säcularisirten Instituts muste doch wenigstens den Vorteil haben, dass man ausserhalb Frankreichs die Pfarrkirchen und die Krankenhäuser nicht anzutasten wagte.

scher Clauseln an dem erworbenen Kirchengute haften — insbesondere auch die patronatischen Verpflichtungen — bei der fiscalischen Incameration mit übernommen und erfüllt werden müssen[393].

Drittens endlich darf der Staat sich auch auf dem Standpuncte des strengen Rechts nicht derjenigen Rüksicht verschliessen, die er dem kirchlichen Bewustsein seiner Angehörigen schuldet: denn das religiöse Gefühl ist nicht leicht an die engeren Auffassungen privatrechtlicher Gesichtspuncte zu bannen.

177. Zwei Wege können dieser lezten Rüksicht entsprechen: entweder die formelle Zusage einer den bisherigen Zwecken, auch wo sie nicht obligatorisch festgestellt waren, analogen Verwendung, durch Bildung eines allgemeinen Religions- oder Schulfonds aus den heimgefallenen Gütern (§. 171. 175); oder der Ausschluss des Heimfalls selbst, zu Gunsten solcher Innungen oder Institute, unter denen wegen unverkennbarer verwandschaftlicher Beziehungen auch eine gegenseitige gesezliche Erbfolge wünschenswerth erscheint. Dieser zweite Ausweg ist in Preussen für die Parochien derselben Provinz bereits gewählt worden, freilich mit Ausnahme der Kirchengebäude, und des Kirchenfonds der erloschenen Parochie[394].

---

393) Dies ist ausdrüklich anerkant im Preussischen Landrecht II, 6 §. 193: „Sind ... Gelder oder Sachen ... zu einer gewissen bestimmten Absicht und Verwendung, der Verwaltung der aufgehobenen Corporation anvertraut gewesen, so muss der Staat dafür sorgen, dass die Absicht des Stifters, nach der von selbigem vorgeschriebenen Bestimmung, fernerhin so viel als möglich erreicht werde."

394) Preuss. Gesez vom 13. Mai 1833 §. 1. 3. Das vacant gewordene Kirchengebäude nebst der Kirchenfabrik soll der an dem Orte bestehenden Parochie einer andern Confession zugewiesen werden, insofern ein Bedürfnis dazu vorhanden ist. Also bleibt der Staat der verfügende Eigentümer nach eingetretener Erlöschung.

Nur bis zur völligen Aufgebung seines eigenen Rechts kan und wird der Staat sich auf diesen Wegen nicht drängen lassen. So wie es ihm freistehen muss, die Grenze solcher gleichsam verwandschaftlicher Erbrechte zu bestimmen, so darf er auch bei der Verwendung ehemals ihm angefallener Güter zu Unterrichtszwecken weder ausschliessend auf die specifisch confessionellen Lehrfächer beschränkt, noch bei anderen Fächern in der Wahl des Lehrers an confessionelle Qualificationen strenge gebunden werden. Denn von bloſsen Lehrerpfründen ist hier nicht die Rede, sondern davon, was die Wissenschaft des Christen in sich aufzunehmen habe; und so gut wie sie noch immer aus heidnischen Quellen schöpfen soll, eben so und viel mehr noch muss der deutsche Staat dafür sorgen, dass das Wissen beider christlichen Confessionen ein Gemeingut unter ihnen bleibe.

2. Das ehemalige Jesuitengut insbesondere.

178. Es würde der vorstehenden Erörterungen für die Zwecke dieses Buches nicht in solcher Ausdehnung bedurft haben, wenn nicht neuerdings dieselben Fragen in einer besonderen Anwendung und in einer Weise wieder angeregt wären, die an der Absicht, weitere Kämpfe vorzubereiten, nicht wohl zweifeln lies. Wir meinen das wiederholte Rütteln an einem längst verjährten Besizstande, an den Gütern der im J. 1773 aufgehobenen Jesuitenhäuser.

Als der Jesuitenorden durch das von Clemens XIV erlassene Breve: Dominus redemtor vom 21. Juli 1773 aufgehoben ward, meinte die Curie allen fiscalischen Heimfallsrechten dadurch vorzubeugen, dass sie die Bischöfe mit Einziehung und Verwaltung der erledigten Güter beauftragte. Dies scheiterte aber in Deutschland sofort an dem Widerspruche der Staatsregierungen, welche einstimmig mit dem Kaiser und dem Reichshofrath an dem Grundsaz festhielten:

„quod curiae romanae dispositio circa temporalia ecclesiasticorum nostrorum non concedatur";

und welche teils deshalb, theils auch wegen der im Schulwesen eintretenden Störungen, sich der unbedingten Vollziehung der Bullen widersezten [395]. Selbst in den bischöflichen Territorien ward den landeshoheitlichen Rechten hierin der Vorzug gegeben [396]. Einig war man überall auch darüber, dass die noch vorhandenen Exjesuiten aus den Fonds ihrer bisherigen Collegien alimentirt, und dass fundationsmäſsige Verpflichtungen, die an ihren Gütern hafteten, wenigstens „per aequipollens" möglichst erfüllt werden müsten [397].

Im Einzelnen gingen aber die Ansichten der Regierungen weit auseinander.

Evangelischer Seits war das Dasein eines fiscalischen Heimfalles nicht bezweifelt, nur der durch den westfälischen Frieden garantirte Besizstand des J. 1624 dürfe dadurch nicht verändert werden [398]. Practisch ward diese Auffassung aber nur in den Territorien von Lippe

---

395) Zu einem Schuze der Jesuiten selbst steigerte der Widerspruch sich nur unter Preussischer Hoheit, in Cleve und Schlesien, nach einer Cabinetsordre vom 5. Sept. 1773. Moser Reichsstaatshandbuch auf das J. 1773. S. 127...129. Th. II. 1776. S. 136. 37. J. F. E. Böhmer de iure occupandi statuendique de bonis exstincti ordinis iesuitarum. 1779. p. 22. 23.

396) vgl. Fresenius Betrachtungen über verschiedene Rechtsfragen bei Einziehung der Jesuitengüter 1779, zunächst in Beziehung auf das Nassau-Wied'sche Kloster Besselich und das dabei anzuwendende Epavenrecht (Note 389).

397) Schon das Concil von Trient Sess. XXV cap. 8 de ref. hatte in Ansehung des Hospitalguts gestattet: „in alium pium usum, qui eorum institutioni proximior sit, ac pro loco et tempore utilior, convertantur."

398) Joh. Jac. Moser rechtliches Bedenken von Aufhebung des Jesuiten-Ordens, besonders so viel es die Befugnisse

und Waldek, wo einige nach dem J. 1624 erworbene Ländereien der Jesuiten (Falkenhagen und Luydenberg) von Seiten des Fiscus in Besiz genommen wurden[399].

Grade dieser Ausgang aber muste die katholischen Interessen am tiefsten verlezen; und der Kaiserliche Reichshofrath, der zwar schon am 6/16. November 1773 ein gröfseres, der Curie ungünstiges, Gutachten über die bisherigen Reichslehen und reichsunmittelbaren Besizungen der Exjesuiten an den Kaiser erstattet hatte, erklärte sich in mehren Gutachten und Decreten der nächstfolgenden Zeit wiederholt gegen die Annahme einer vollständigen uacantia bonorum[400], so wie gegen jede Verwendung auch des nicht fundationsmäfsig bestrikten Gutes zu rein weltlichen Zwecken. Dagegen blieb das Verwaltungsrecht der Territorialbehörden vollständig anerkant[401].

Die katholischen Landesregierungen waren aber auch schon durch häufige Collisionen unter einander, und ganz besonders durch den notwendigen Fortbestand des bisherigen Schulwesens, an der unbedingten Durchführung des mehrfach behaupteten und keineswegs aufgegebenen Heimfallrechtes verhindert; sie begnügten sich, den zu

---

eines Evangelischen Reichs-Standes dabey betrifft. 1774. S. 61. 62.

399) Gerechtfertigt durch zwei Göttinger Rechtsgutachten, hauptsächlich von G. L. Böhmer, vom November 1773, wieder abgedrukt in der Abhandlung seines Sohnes (Note 395) pag. 125...150, und durch eine fürstlich Lippe'sche Deduction gegen die Reichshofrathsdecrete vom December 1773. (Abgekürzt in Faber's Neuer Staatscanzley Th. 37 (7) S. 374... 415. Th. 39 (9) 371...418.

400) Die vollständige Caducität der Lehngüter und Reichsrittergüter blieb unbestritten; auch der Bischof von Paderborn benuzte sie zur Einziehung der Herrschaft Büren, wie der Kaiser bei Ebenung, Linz und Mülheim am Rhein.

401) (J. J. Moser) Zwölf (richtiger 13) Reichshofrathsgutachten wegen des Jesuiten-Ordens. 1775.

einem Sustentations- und Schulfonds gewordenen „Jesuitenfonds" mehr und mehr der allgemeinen Finanzverwaltung unterzuordnen, und nur die allmählig geräumten Gebäude wurden öfter sofort zu ganz anderen Zwecken verwendet. Zu einer gänzlichen Umgestaltung dieser Verhältnisse kam es erst durch die französischen Invasionen und den Reichsdeputationshauptschluss; jedenfals aber hat sich seitdem ein vieljähriger Besizstand befestiget, dessen Anfechtung jezt Niemanden einfallen darf[402].

B. Die Kirchensteuern.

1. Collecten. Zehnten.

179. Je weniger die Kirche durch Anhäufung eines Kapitalvermögens den Worten des Heilandes entsprechen

402) Dies ist im Allgemeinen auch der Verlauf der Dinge im Bergischen Lande gewesen, wo der Kurfürst Carl Theodor von der Pfalz das Jesuitengut im J. 1774 „zum Domaniale" einzog, jedoch abgesondert verwalten lies, die Hofkammer aber im J. 1782 die von dem Reichshofrath aufgestellten Restrictionen des fiscalischen Heimfallrechtes als irrig und unverbindlich bestrit, insbesondere um die volle Freiheit des Kurfürsten in der Umgestaltung des Schulwesens zu behaupten. Die darauf folgende kurbayerische Regierung bediente sich dieser Freiheit seit dem J. 1804 namentlich auch durch Anstellung und Unterstüzung evangelischer Lehrer und Lehrerinnen für solche Fächer, die keine Beziehung auf die Religion hatten, so dass seit dem J. 1805 die confessionellen Rüksichten in Düsseldorf grundsäzlich mehr und mehr bei Seite gesezt wurden. Dazu kam, dass während der französisch-bergischen Regierung (1806—1813) der ganze s. g. bergische Schulfonds anderweitig absorbirt wurde, bis der provisorische Generalgouverneur Justus Gruner im December 1813 seine Wiederherstellung verfügte. Hieran hat sich im December 1846 auch sogar die ausdrükliche Zusicherung einer ausschlieslichen Verwendung des Jesuitenfonds für katholische Unterrichtszwecke geknüpft, nicht aber eine abgesonderte Personification dieses

würde, desto notwendiger bleibt es, ihre wiederkehrenden Bedürfnisse durch laufende Beiträge zu decken, zu denen das Scherflein von jedem einzelen Mitgliede der Kirche schon durch sein kirchliches Gewissen gefordert wird. Daher ist denn auch der Staat nicht gemüssiget, einem wohlgeordneten Collectenwesen im Kreise der Gemeinde polizeilich entgegen zu treten, so lange nur von kleinen, freiwilligen Gaben für wirklich kirchliche Zwecke die Rede ist, und nicht entschiedene Misbräuche oder Unordnungen — wie etwa ehemals beim Verkauf von Ablassbriefen — hinzukommen. Unentbehrlich aber wird die Autorisation des Staats bei zwangsweise erhobenen Steuern.

Die ältesten freiwilligen Gaben oder Oblationen[403] an die Kirche bestanden meist in Naturalien zum Gebrauche der Geistlichen. Auch die Zehnten der Feldfrüchte wurden nach dem Vorbilde des mosaischen Rechts[404] freiwillig dargebracht; eben so von Thieren meistens die Erstlinge, primitiae. Seit dem sechsten Jahrhunderte ward aber in Gallien der Zehnte auch als herkömlich gefordert[405], was Carl d. Grofse schon seit 779 unterstüzte, bis er im J. 789 in Sachsen die Zehntpflicht sogar als durch die Offenbarung geboten, allgemein einführte.

Zu allgemeiner Geltung konte jedoch diese Vorschrift nicht gelangen; denn grade in den ältesten Sizen des abendländischen Christentums, in Italien, blieb die gesezliche Zehntpflicht beinahe unbekant.

Eben so wenig gelang es, den Umfang dieser Zehntpflicht so weit auszudehnen, wie es zuerst der h. Augustinus bei den freiwilligen Gaben gewünscht hatte, indem er durch Hinzufügung der s. g. Personalzehnten eine

---

Fonds, welcher nur ein Theil des gröfseren, freier verfügbaren s. g. bergischen Schulfonds geblieben ist.

403) Daher die Opferstöcke, von offerre, opfern.

404) IV Mos. XVIII, 21.

405) Concil. Turonense a. 567. Concil. Matisconense II. a. 583 cap. 5.

vollständige Einkommensteuer daraus zu machen suchte[406]. Auch der Blutzehnte von Thieren kam seltener vor; nur der Prädialzehnte konte „in zehntbaren Gegenden" als Regel behandelt werden.

180. Da die directe Erhebung des Zehnten dem Bischof unmöglich war, so wurde dieselbe meistens den Pfarrern überwiesen. Oft aber traf er auch mit einer gleichen ausserordentlichen Besteuerung der mit Kirchengütern beliehenen Laien zusammen, so dass von demselben Grundstücke ein zweimaliger Zehnte (decimae et nonae) erhoben wurde. Durch die Unerschwinglichkeit dieser Last auf der einen, und durch die Eingriffe der weltlichen Grofsen auf der anderen Seite kam es jedoch hier zu manchen Verschmelzungen, oder es ging auch der Zehnte für die Kirche ganz verloren, bis ihre Reclamationen sich auf dem dritten lateranischen Concil vom J. 1179 bis zur Androhung der schwersten Kirchenstrafen gegen diejenigen steigerten, die den Kirchenzehnten nicht zurük geben würden. Seitdem hat manche Rükgabe sich allmählig, besonders auf testamentarischem Wege, erzwingen lassen; aber sehr oft war es doch nicht die ursprünglich berechtigte Pfarrkirche, sondern ein Kloster oder eine fromme Stiftung, welcher der Zehnte nun „pro anima" (§. 165) legirt wurde.

Weniger hat die Reformation an dem Zehnten, der namentlich nach Luther's Ansicht den kirchlichen Geldsteuern vorzuziehen war, geändert; erst allmählich wurde er hie und da auf einen Aversionalzehnten und dieser auch wohl auf eine Rente in baarem Gelde reducirt. Und wenn der Zehnte einmal zur wahren Prädiallast geworden war, so konte auch die Confession des Grundbesizers dabei nicht mehr in Betracht kommen. Erst im J. 1758

---

406) can. 66 Causa XVI quaestio 1. Dazu can. 4. C. XVI qu. 7. cap. 5. 20. 22. 23. 28 X. de Decimis, primitiis et oblationibus (Decr. Greg. III, 30).

ward in Schlesien die Befreiung der evangelischen Grundbesizer von dem katholischen Kirchenzehnten verordnet, worauf im Preuss. Landrecht die gänzliche Aufhebung des Personalzehnten, und bei confessioneller Lösung des Pfarrverbandes die Sistirung der Prädialzehnten verordnet wurde (II, 11 §. 261. 921. 872). Auch dabei ist es aber in Schlesien nicht geblieben[407].

Durch Aufhebung der Klöster ist der Zehnte sehr oft zum zweitenmal in weltliche Hände zurükgefallen — diesmal freilich unter Aufrechthaltung der daran haftenden Besoldungen (§. 107) und der Baulasten, von welchen noch unten zu reden sein wird. Ganz beseitigt ist er für die linke Rheinseite durch die französische Revolution, für manche Theile der rechten durch Ablösungsgeseze[408].

2. Andere Abgaben.

181. Die sonstigen Abgaben, welche in der einen oder andern Kirche gefordert werden können, teilen sich in vier Hauptclassen:

1) Zufällige Gebühren (Accidentien), für Laien, z. B. die Stolgebühren (§. 100), Dispensgebühren, namentlich bei Eheschliessungen, und die eigentlichen Abgaben für Taufen, Heiraten (Domsteuer in Cöln), Begräbnisse (Mortuarien). Geistliche werden für Confirmationen, Bestallungen[409], Pallien und bei Visitationen mit Gebühren belastet.

---

407) Die Geschichte der schlesischen Zehntverfassung, in welcher namentlich der Unterschied von „wachenden“ und „ruhenden“ (sistirten) Zehnten eine grofse Rolle spielt, hat ihren Abschluss erst durch ein Gesez v. 20. April 1865 gefunden. s. Friedberg in Dove's Zeitschrift VI, 367...423. vgl. Vogt I, 269. 270.

408) Richter ed. VI. S. 970.

409) Diese, nebst der Palliengebühr (§. 86) und den Ehedispensen bilden für die römische Curie sehr wichtige Einnahmen, da ein directes Besteuerungsrecht derselben aus-

2) Ausserordentliche Beiträge der Zehntinhaber und der Patrone bei den später (§. 197) zu erwähnenden Baubedürfnissen.

3) Directe Abgaben der Geistlichen an ihren Bischof, entweder als Abzüge von ihren Amtseinkünften (z. B. die quarta decimarum, mortuariorum der Pfarrer, die früheren decimae Saladinae aller Beneficiaten) oder als Recognitionsgebühren (cathedraticum, synodaticum, Commendegelder u. s. w.). Beide Arten sind jezt meistens verschwunden[410].

4) Directe Abgaben der Eingepfarrten, oder Zuschüsse der Civilgemeinde an die Kirchencasse. Hievon ist hier umständlicher zu reden.

182. Das kanonische Recht konte, da es das Zehntrecht fortwährend auf eine persönliche Verpflichtung der Gläubigen gründet, den Eingepfarrten keine zweite allgemeine Personalsteuer zumuten; und auch evangelischer Seits ward nur die Möglichkeit derselben nach localen Verhältnissen anerkant[411], während die allgemeinere Vorschrift solcher Steuern nur für den Fall eines ausserordentlichen Baubedürfnisses, oder der Berufung eines neuen Pfarrers in die Gemeinde[412] gelten solte.

Ueberhaupt aber können solche Umlagen den Character einer reinen Kirchensteuer nur so lange bewähren, als auf jeden äusseren Zwang bei Erhebung derselben verzichtet wird; denn dieser Zwang muss von der Staatsgewalt erborgt werden, und seine Gewährung hat unvermeidlich auch gewisse Rüksichten auf das staatliche Steuerwesen, Steuerexemtionen u. dgl. zur Folge. So hat selbst die

serhalb des Kirchenstaats nicht anerkant wird. s. oben §. 90. Mejer KR. ed. II. S. 353. 366. 367.

410) vgl. Mejer S. 367.

411) vgl. Preuss. LdR. II, 11 §. 230. 261.

412) Preuss. LdR. II, 11. §. 406...411. 710...755.

rheinisch-westfälische Kirchenordnung[413] den bürgerlichen Steuerfufs als den Maasstab der Kirchensteuern anerkant, und ein neueres rheinpreussisches Gesez vom 14. März 1845[414] hat sogar, einer vermeinten confessionellen Parität zu Ehren, die Besteuerung der Forensen, d. h. auswärtiger Confessionsgenossen, die dem Pfarrbezirk nur durch Grundbesiz angehören, auf der linken Rheinseite für zulässig erklärt[415].

Ein wesentlicher, auf inneren Gründen beruhender Unterschied zwischen beiden Confessionen besteht aber noch darin, dass den evangelischen Gemeinden die Selbstbesteurung und Aufstellung einer eigenen Umlage, vorbehaltlich der Bestätigung durch die Regierung, gebührt, während die katholischen Pfarreien, da sie nicht innungs-

---

413) Rhein. westfäl. KO. §. 18. 21. 131. — Freiwillige Collecten, die eine Gemeinde innerhalb ihres Bezirkes veranstaltet, können in der Regel der staatlichen Genehmigung nicht bedürfen.

414) Die Geschichte dieses in jeder Hinsicht verfehlten Gesezes s. in meiner Ausgabe desselben: das rheinpreussische Gesez u. s. w. 1859.

415) Das Preussische Landrecht II, 11. §. 265 hat diese Forensenbesteurung nur in so weit zugelassen, als sie durch Lokalrecht begründet ist. Die französische Gesezgebung hatte neben der Verpflichtung der Civilgemeinden zu gewissen Beiträgen für die Cultuskosten und die Wohnung der Geistlichen auch gewisse confessionelle Sonderumlagen angeordnet, deren Auflage aber die Sache der bürgerlichen Gemeinde blieb. s. d. Geseze vom 8. April 1803. 24. April und 5. Mai 1806. 15. Sept. 1807 art. 22., und besonders 30. Dec. 1809 art. 36. 92...103. 14. Febr. 1810. (Hermens I, 673...676. II, 343. 380. 381. 428. 467...473. 475...477. Die Verpflichtung der Staatscassen beschränkt sich auf Zuschüsse zur Besoldung des Geistlichen (bei den Pfarrern von 500 bis 1500 Franken), und war schon im J. 1790 in Folge der Säcularisation alles Kirchenguts anerkant worden. Constitution civile du clergé tit. III. (Hermens I, 193...196).

berechtiget sind, das Geschäft der Steuerumlage den bürgerlichen Gemeinden überlassen müssen[416].

C. Die Benuzung des Kirchenguts.

1. Uebersicht.

183. So lange Kirchenvermögen und Diöcesanvermögen identisch war, ward die Benuzung desselben dahin geordnet, dass ein Viertel der Einkünfte dem Bischof, ein Viertel dem übrigen Clerus der Diöcese, ein Viertel den Armen und ein Viertel der Bauhütte der Kirche (ad fabricam ecclesiae) zukommen solte[417]. Diese patriarchalische Einfachheit ward aber unausführbar, als die Zahl der Pfarrkirchen und Pfarrgeistlichen sich mehrte, ohne dass der räumliche Umfang der Diöcesen entsprechend beschränkt wurde: Clerus und Bischof, Pfarrkirche und Kathedrale musten sich in anderer Weise auseinander sezen. Die Klöster wurden von jener Ordnung ohnehin nicht berührt, sie waren meistens fürstliche Stiftungen und standen „sub defensione palatii.“ So wie nun jeder Kirche ihr besonderer Baufonds (opera, Bauhütte) als Dos eigentümlich überwiesen ward, so überlies man auch den Pfarrgeistlichen ausser den persönlich empfangenen Stolgebühren und erhobenen Zehnten noch die Benuzung bestimmter Ländereien ihres Bezirks als Amtsemolument (beneficium), während für den Bischof ein besonderes Mensalgut ausgeschieden, auch wohl eine als Quarta bezeichnete Abgabe der Geistlichen (§. 181) vorbehalten blieb.

Nur bei dem übrigen Clerus der Diöcesankirche, den canonici (§. 78), konte durch Einführung der klösterlichen Zucht auch die Gemeinschaft der Güterbenuzung einstweilen noch aufrecht erhalten werden, indem in der gemeinsamen Wohnung (claustra, curiae) auch eine tägliche Spende von Lebensmitteln und geringen Geldsummen (quo-

416) vgl. Verfügung der kgl. Regierung zu Cöln v. 18. Juni 1851.
417) canon 23...28 Causa 12 quaestio 2.

tidianum stipendium, praebenda) statt finden solte. Als aber diese kanonische Zucht in den Kapiteln und Stiftern sich auflösete, nahmen auch diese Genossenschaften nicht nur das Eigentum des für sie fundirten Kapitalvermögens in Anspruch, sondern sie zerlegten zugleich die Einkünfte desselben in feste Anteile für die einzelen Glieder der nunmehr numerisch geschlossenen Kapitel. Zwar hat die römische Kirche sich wiederholt bemühet, wenigstens einen Theil der alten Zucht durch Aufrechthaltung von Präsenzgeldern, distributiones quotidianae, zu retten[418]; aber in Wirklichkeit sind diese, den Abwesenden vorzuenthaltenden Einkünfte von geringer Bedeutung. Am wenigsten ward bei diesen Teilungen der Armenanstalten gedacht; doch fehlte es ihnen, als selbständigen Rechtssubjecten, auch nicht leicht an sonstigen Kapitalzuwendungen.

2. Die Präbenden.

a. Bestellung und Veränderung der Pfründen.

Lud. Thomassini uetus et noua ecclesiae disciplina circa beneficia (französisch Paris 679. 725 fol.) Paris 691. Lugd. 706. Lucae 728. III. fol. Magont. 787. IX. 4°.

184. Präbende (Pfründe) oder beneficium bedeutet jezt nicht nur die feste mit irgend einem Kirchenamt verbundene Einnahme, sondern auch das Amt selber, wenn es kein eigentlich höheres Kirchenamt ist. Man unterscheidet beneficia simplicia (sine cura scil. animarum) und curata (§. 72).

Nach dem Grundsaz: beneficium datur propter officium soll weder ein Kirchenamt ohne feste kirchliche Einnahme, noch diese leztere ohne ersteres verliehen werden; doch giebt es Ausnahmen, namentlich in der zweiten Hinsicht, und dann verwandelt sich die Pfründe

418) Nach dem Concil von Trient Sess. XXI. cap. 3. Sess. XXII. cap. 3 de reformatione sollen sie ein Drittel aller Einkünfte betragen.

in eine Commende (beneficium commendatur alterius curae). So auch, wenn zwei incompatible, nicht in derselben Hand vereinbare Aemter (z. B. zwei Bistümer) dennoch demselben Inhaber überlassen werden.

Die Sicherung der Amtseinkünfte oder Temporalien (fundatio beneficii) gehört demnach zu den wesentlichen Functionen bei jeder Einsezung (erectio) eines Kirchenamts, kan aber auch als privatrechtlicher Act von dieser lezteren gesondert, und unter Gewährung von Patronatrechten oder unter Zulassung sonstiger Bedingungen (leges fundationis) durch Laien vollzogen werden. Eben so werden spätere Veränderungen des Amtes selber zugleich als Veränderungen der Pfründe behandelt. In dieser Beziehung unterscheidet das kanonische Recht den Fall einer sectio, diuisio, unio, incorporatio, dismembratio, deminutio, pensio, census, retentio, extinctio; wobei aber durchgängig die bischöfliche Autorität erfordert wird.

Practisch ist die Incorporation der wichtigste unter diesen Fällen, d. h. die Vereinigung eines Kirchenamts mit einer kirchlichen Corporation, einem Kloster oder einer Universität, die man sich bis auf das Verbot des Concils von Trient selbst bei Pfarrstellen sehr häufig erlaubte. Das dadurch entstehende Bedürfnis eines beständigen Pfarrvicars ist aber jezt gesezlich dahin geregelt worden, dass für diesen ein angemessener Anteil der Amtseinkünfte (portio congrua, Competenz) gesichert werden muss [419]. Sonst gehören die Abzüge von den Pfründen (pensiones, retentiones) zu den weniger begünstigten Aenderungen.

b. Pflichten und Rechte der Beneficiaten.

185. Die Pflichten der Beneficiaten sind in der Regel schon durch das Amt genauer bestimmt, mit wel-

---

419) cap. 12. 30. 33. X. de Praebend. (3. 5). Conc. Trid. Sess. VII. cap. 7. Sess. XXV. cap. 16. de ref.

chem die Pfründe verknüpft ist; doch hat das kanonische Recht, besonders um den Misbrauch der Sinecuren (§. 72) mehr zu verhüten, noch einige allgemeinere Vorschriften hinzugefügt. Dahin gehört:

1) die Ablegung des Glaubensbekentnisses (professio fidei), jezt nach der von Pius IV im J. 1564 bestimmten Formel[420];

2) die Einhaltung der Residenz am Orte der Pfründe, mit Ausnahme jedoch der Ferien[421] und weiteren Beurlaubungen (residentia ficta), die bei dem Pfarrer höchstens auf zwei Monate gewährt zu werden pflegen;

3) die Beteiligung an den gemeinsamen Gebeten und Gesängen zu bestimmten Stunden (horae canonicae), welche besonders[422] den Dom- und Stiftsherren zur Pflicht gemacht ist, selbst den Abwesenden, und überdies noch unter Anstellung von Domvicarien für den Chordienst in der Kirche. Das s. g. Breviarium (Auszug), worin seit Gregor VII. die wichtigsten Stücke dieser Andachtsübungen vorgeschrieben sind, hat seine jezige Gestalt hauptsächlich durch Pius V. im J. 1568 erhalten[423].

186. Die pecuniären Rechte des Pfründners sind vom gemeinrechtlichen Standpunct aus teils dem Usus, teils dem Ususfructus vergleichbar, während das Lehnsverhältnis, obwohl ursprünglich derselben Quelle entsprungen, doch gegenwärtig keine so nahe Analogie dafür bieten dürfte.

---

420) Bulla „Iniuunctum nobis", hinter den Beschlüssen des Concils von Trient, Richter Corp. Iur. T. II. pag. 110...112.

421) Nach dem Concil von Trient Sess. XXIV. cap. 12. de ref. sollen sie für Canonici höchstens drei Monate betragen, und gegen den Verlust der Präsenzgelder (§. 183 Note 418) nicht schüzen.

422) Allen Beneficiaten und Ordinirten ist sie noch im Basler Concil Sess. XXI. c. 5. vorgeschrieben worden.

423) Walter Kirchenrecht §. 289.

Der Amtserwerb des Pfründners wird zwar, als peculium clericale oder acquaestus ecclesiasticus, von seinem übrigen Vermögen unterschieden, gehört ihm aber als freies Eigentum und kan auch mit voller Freiheit testamentarisch[424] und gesezlich vererbt werden. Nur wenn keine Erben vorhanden sind, bleibt der Kirche der Vorrang vor dem Fiscus bei dem erblosen Nachlas ihres Geistlichen[425].

187. Diese Beerbungsfreiheit ist aber erst nach langen Kämpfen zur vollen Geltung gekommen. Bis in das 13. Jahrhundert ward der Amtserwerb des Geistlichen, besonders des Bischofs, seiner Kirche vindicirt[426], wobei überdies noch die Präsumtion eintrat, dass Alles was nicht erweislich aus anderen Quellen stamme, für Amtserwerb anzusehen sei[427]. Von dem Mobiliarnachlasse des Bischofs aber pflegte das Volk (die Armen?) und der niedere Clerus sofort tumultuarisch Besiz zu nehmen, bis im Orient die Metropolitane, im Abendlande die Fürsten sich dieses s. g. Spolienrecht (ius exuuiarum) beilegten. Nachdem aber schon Friedrich I. im J. 1165 zu Worms die Testamente der Geistlichen von den weiteren Beschränkungen befreiet hatte, welche aus der deutschen Erbgutsqualität ihres sonstigen Vermögens abgeleitet wur-

424) Freilich mit der moralischen Verpflichtung, zunächst der Armen zu gedenken (can. 6. 7. 8. Causa I. qu. 2), und meist auch unter der Bedingung, dass der Kirche wenigstens eine bestimmte Summe, das s. g. Ferto, zugewendet werde. Richter KR. §. 316. 15...18.

425) const. 20 de Episcopis (Cod. I, 3), vom J. 434. can. 7 Causa XII. qu. 5.

426) Greg. Magn. Epp. XII, 38. cap. 7. 8. 9. X. de Testamentis (3, 26).

427) Const. 42. §. 2. de Episcopis (Cod. 1, 3). cap. 1. X. de Testamentis (3, 26).

den[428], und nachdem Otto IV. im J. 1209, Friedrich II. im J. 1213 auch auf das Spolienrecht an dem Nachlass der Prälaten verzichtet hatte[429], beseitigten Localconcilien[430] und Gewohnheitsrechte auch die besonderen Beschränkungen der Testamentsfreiheit in Ansehung des geistlichen Amtserwerbes. Das Concil von Trient aber hat sich begnügt, die Geistlichen von allzu reichlichen Zuwendungen an ihre Verwandten abzumahnen[431].

188. Hiemit hat nun zugleich das Bedürfnis einer schärferen Grenze für die Nuzungszeit des Beneficiaten bestimmter hervortreten müssen. Folgende Aufgaben sind hiebei zu lösen.

1) Die regelmäſsigen, an bestimmte Termine geknüpften Einkünfte des ersten und des lezten Jahres müssen, ohne Rüksicht auf den Tag der Perception, nach Verhältnis der wirklichen Amtsdauer repartirt werden, was man nicht passend als Ermittelung des Deservitenjahrs bezeichnet, während doch nur von Deservitenquoten des Jahres zu reden wäre[432].

2) Bei dieser Repartition pflegt man nicht nach Tagen, sondern nach Monaten oder Quartalen zu rechnen — eine Civilcomputation im publicistischen Maasstabe[433] —, so dass das ganze Sterbequartal, oder der Sterbemonat, den Erben gebührt, wenn der Beneficiat auch nur einen Tag desselben erlebt hatte.

3) Mitunter komt auch noch ein s. g. Carenz- oder

428) Zuerst gedrukt bei Pertz monum. germ. T. IV. (legum II) pag. 138. 143. vgl. Böhmer regesta pag. 132.

429) Pertz l. c. pag. 217. 224.

430) Concil. Herbipolit. a. 1298 cap. 12. Concil. Treuir. a. 1310 cap. 78. Concil. Colon. a 1662. P. II. tit. 13. cap. 3. §. 1.

431) Concil. Trid. Sess. XXV. cap. de ref.

432) vgl. Böhmer J. E. P. III, 5 § 225 ff.

433) s. Bd. II. §. Note 45.

Nachjahr hinzu, als Ersaz für eine Entbehrung von gleicher Dauer beim Anfange der Amtsführung[434].

4) Als ausserordentliche Begünstigung kan sogar eine s. g. Gnadenzeit (annus gratiae) bewilligt werden, um die Schulden des verstorbenen Beneficiaten zu decken. In der evangelischen Kirche ist diese Begünstigung häufiger, um der nachgelassenen Familie zu Hülfe zu kommen, wenn für einen Witwengehalt oder für die Pflege der unmündigen Kinder nicht zum voraus gesorgt ist. Die Ausdrücke Nachjahr und Gnadenjahr werden aber auch häufig verwechselt[435].

c. Die Benuzung vacanter Pfründen.

189. Die Einkünfte vacanter Pfründen können verständigerweise nur zur Bildung eines, für ausserordentliche Bedürfnisse der Kirche bestimmten Intercalarfonds (Note 361) verwendet werden. Und doch haben schreiende Misbräuche es dazu sehr lange nicht kommen lassen. Die Könige von Frankreich und England behaupteten bis auf die neueste Zeit bei erledigten Bistümern das s. g. Regalienrecht (droit de régale temporelle, im Gegensaz der jezt verschwundenen régale spirituelle, dem Recht einfache Pfründen in der vacanten Diöcese zu vergeben), kraft dessen ihnen die Einkünfte während der Sedisvacanz gebühren solten; und die Päpste, Bischöfe und Archidiaconen nahmen bei den von ihnen zu verleihenden Beneficien ein gleiches Recht, das ius deportuum, in Anspruch. Patrone und Schirmvögte thaten dasselbe, sogar die deutschen Kapitel bemächtigten sich der vacanten bischöflichen Einkünfte, nachdem die Kaiser im dreizehnten Jahrhundert darauf verzichtet hatten. Zum Verzicht entschlossen auch die Päpste sich auf den Concilien zu Pisa

---

434) cap. 2 Extrav. Joh. XXII de Electione (1).

435) So schon in der Niederrh. KO. v. 1662 §. 39. Allg. LdR. II, 11. §. 838...856. Rheinisch-westf. KO. §. 65.

und Constanz; den Kapiteln trat ein Verbot des Concils von Trient entgegen[436]; nur einzelen Bischöfen und nichtdeutschen Fürsten ist auch jezt noch ein Theil dieser Rechte geblieben[437].

Uebrigens gehören auch die Commenden (§. 184) nicht selten in den Kreis dieser bedenklichen Vacanz-Verwaltungen.

D. Verwaltung und Veräusserung des Kirchenguts[438].

190. Die Verwaltung des Kirchenguts kan auf dreifache Weise statt finden: durch die kirchlichen Oberen, durch die Beneficiaten oder durch besondere Verwaltungsbeamte.

Der erste Fall galt als Regel in der älteren Kirche: die directe bischöfliche Verwaltung umfasste auch das Vermögen sämtlicher Pfarrkirchen der Diöcese, sie standen in seiner potestas, nur die Klostergüter wurden sehr früh der eigenen Verfügung der Aebte überlassen. Nach dem natürlichen Gange der Dinge muste freilich diese bischöfliche Verwaltung sich nach und nach auf das Eigentum der Kathedralkirche beschränken, übrigens aber in ein blofses Oberaufsichtsrecht verwandeln; und die hieraus erwachsende Selbstverwaltung hat am meisten zu den selbständigen Eigentumsansprüchen anderer Rechtssubjecte beigetragen. Ueberdies hat das kanonische Recht auch dem Prälaten nur in minder wichtigen Dingen ganz freie Hand gelassen; bei der Veräusserung von Immobilien und kostbaren Mobilien, bei der Einräumung neuer Lehn- oder

436) Concil. Trid. Sess. XXIV. cap. 16. de ref. vgl. Walter KR. §. 265.

437) Napoleon I. verfügte in seinem Decret über die Kirchengüter vom 6. Nov. 1813 art. 33: „Le droit de régale continuera d'être exercé dans l'empire, ainsi qu'il l'a été de tout temps par les souverains nos prédécesseurs". Hermens II, 562...65. Auch in Ungarn gilt dieses temporelle Regalienrecht.

438) vgl. Richter KR. §. 320...322.

Erbpachtsrechte u. s. w. ist er in der Regel an die Zustimmung seines Kapitels gebunden [439]; zweklose Schenkungen endlich sind ihm ganz untersagt, und daher mit Nichtigkeit bedrohet [440].

In der evangelischen Kirche ist in dem Consistorium, als collegialischer Behörde, für solche Fälle der Bischof und das Kapitel zugleich vertreten; doch kan es bei wichtigeren Fragen auch an die Genehmigung des Landesfürsten gebunden sein.

Der zweite Fall ist namentlich bei den Amtswohnungen, so wie bei den Grundstücken der Landpfarren zur Regel geworden, deren Verwaltung durch den Pfarrer sich mit der eines Interimswirtes vergleichen läst (§. 186). Die Amtswohnung darf er nicht einseitig vermieten, die Verpachtung der Ländereien ist ihm mindestens für die Dauer seines Amts gestattet [441]. Eine Aufsicht der Oberbehörden pflegt dabei nur im Wege der Kirchenvisitationen, so wie bei der Antretung und Niederlegung des Amtes einzutreten.

191. Der dritte Fall ist allmählig der häufigste geworden. Zwar erscheint der Oeconomus, welcher seit dem Concil von Chalcedon aus dem Clerus der Diöcese gewählt werden solte [442], im Abendlande meist nur noch

---

439) Decr. Greg. de His quae fiunt a praelato sine consensu capituli (X. 3, 10). cap. 7. X. de Reb. eccl. non alienandis (3, 13). cap. 2. X. de Feudis (3, 20).

440) cap. 2. X. de Donation. (3, 24).

441) Concil. Trid. Sess. 25 cap. 11. de reform. — Im rheinischen Recht wird die Befugnis des Nuzniessers, auf höchstens neun Jahre, selbst über die Zeit des eigenen Niesbrauchs hinaus, zu verpachten, auch dem Pfarrer gewährt. Code civil art. 1718. Decret v. 6. Nov. 1813 art. 9. 10. Hermens II, 556. Oben Bd. II. §. 366.

442) can. 21. 22. Causa XVI. qu. 7. s. oben §. 102. Auch die römischen Kaiser sprachen deshalb von religiosi oeconomi. const. 6. Cod. de his qui ad eccles. confug. (I, 12).

als ausserordentlicher Commissarius, z. B. für die Einkünfte vacanter Pfründen[443]; dafür aber ward dem Dompropst, später dem Decan des Kapitels, und bei den Pfarrkirchen auch den Laien unter mannichfachen Benennungen[444] das Amt der Güterpflege regelmäfsig übertragen.

Die Stellung dieser Beamten ist der vormundschaftlichen zu vergleichen. Daher müssen sie ein Inventarium führen und jährlich Rechnung ablegen; auch hat die Praxis den Kirchen ein stillschweigendes Pfandrecht an ihrem Vermögen, wie den Minderjährigen, zugesprochen. Zu ungewöhnlichen Ausgaben, zu Immobiliarveräusserungen und zur Anstellung von Processen bedürfen sie meist einer höheren Autorisation[445], die auch jezt noch oft die Staatsregierung sich vorbehalten hat[446].

192. Gegen widerrechtliche Veräusserungen von Seiten ihrer Verwalter kan die Kirche, so weit dieselben nicht schon ipso iure nichtig sind, die Wiedereinsezung in den vorigen Stand begehren; auch sind ihre Anfechtungsklagen der Verjährung erst von dem Amtswechsel des Verwalters an unterworfen[447]. Dabei ist die Dauer der Verjährungsfristen auch dadurch noch künstlich erweitert worden, dass man, gegen das Verbot des römischen Rechts,

443) cap. 4. X de Off. iud. ordinarii (1, 31). Conc. Trid. Sess. XXIV. cap. 16 de ref.

444) s. oben §. 102. 103. 143. 146. Characteristisch ist die ältere Bezeichnung des Kirchvaters oder Provisors als blofsen Stiefvaters, uitricus. Hartzheim concil. Germ. T. III. pag. 804. (1266 zu Magdeburg). Ludewig reliquiae mss. Tom. I. p. 261.

445) vgl. Preuss. LR. II, 11. §. 219 ff. 645 ff. 687. 704. Das rheinische Recht gestattet den Verwaltern, wie den Pfarrern, eine Verpachtung auf höchstens neun Jahre. Decret v. 30. Dec. 1809 art. 62, Hermens II, 438, 439. III, 296... 307. s. Note 441.

446) vgl. Richter KR. §. 320 Note 6. 7.

447) can. 10 Causa XVI. qu. 3. vgl. Böhmer J. E. P. I, 41. §. 9.

sogleich die vierjährige Restitutionsfrist wider den Eintrit der Verjährung hinzurechnete; und teilweis ist diese verkehrte Doctrin sogar gesezlich bestätiget worden[448]. Die hundertjährige Verjährungsfrist aber, welche die römische Kirche noch für sich allein in Anspruch nehmen will[449], könte ihr in Deutschland schon nach dem Princip der Rechtsgleichheit unter beiden Kirchen nicht ausschliessend zu statten kommen.

III. Die kirchlichen Grundstücke.

A. Die Kirchengebäude.

1. Namen und Arten.

193. Zu den Kirchengebäuden rechnen wir die Kirchen selbst, die kirchlichen Amtswohnungen und die kirchlichen Schulräume; zu den geweiheten Stätten die Kirchen und die Kirchhöfe. Für alle diese Objecte ist die Eigentumsfrage zu erledigen (§. 194. 198); für die Gebäude bildet die Baulast, für die geweiheten Stätten das Asylrecht (§. 202) den Gegenstand besonderer Erörterungen.

Die Versamlungen der ältesten Christengemeinden wurden, wie bekant, oft in den Katakomben, in der Nähe der Märtyrergräber gehalten; daher der Name memoriae martyrum, martyria für die Versamlungsorte, und die spätere Vorschrift, jede Kirche mit der in dem Altar (titulus) verschlossenen Reliquie eines Märtyrers auszustatten[450]. Die Kirche selbst erhielt den Namen basilica, basilica martyrum, von ihrer, den weltlichen Versamlungsorten nachgebildeten Form, welche in das langgestrekte Schif (nauis), in den erhöheten Altarraum

448) Preuss. LdR. I, 9. §. 629. Sächs. Constitut. (1572) P. II. c. 5.

449) cap. 13. 14. 17. X. de Praescr. (2, 26). Richter §. 322. Note 25...27.

450) can. 26. Distr. I. de Consecrat. (Conc. Carthag. a. 401).

(titulus) und den kreisförmigen Abschluss hinter dem Hauptaltar (apsis) zu zerfallen pflegte[451].

Bei weiterer Ausbildung der Pfarrsysteme aber wurden die bischöflichen Cathedralkirchen (cathedrae episcopales) und die einfachen Pfarr- oder Taufkirchen (ecclesiae parochiales, baptismales) unterschieden, so dass allen übrigen Kirchen der gemeinsame Name tituli[452], tituli minores (im Gegensaz der tituli cardinales, baptismales) verblieb[453]. Zu ihnen gehören nach rheinisch-französischem Rechte auch die s. g. Succursalen mit prêtres desservants, und die annexen Kirchen, so weit sie nicht wieder zu wahren Pfarrkirchen erhoben sind[454].

Oratorien und Capellen[455] sind nicht immer selbständige Gebäude: auch als Theil eines Klosters, Hospitals, Gefangenhauses, eines Palastes oder Privatgebäudes können sie zur gemeinsamen Andacht, und mit Erlaubnis des Papstes auch zum Messdienst eingerichtet werden[456].

---

451) Runde Kirchen waren meist aus heidnischen Tempeln entstanden.

452) vgl. Du Cange s. v. titulus. Walter §. 147 Note 4.

453) Hieraus erklärt sich nicht nur die Anweisung eines besonderen titulus in Rom für jeden Cardinal der römischen Curie (§. 93), sondern auch die für alle Priester geltende Vorschrift: „ut nemo ordinetur sine titulo" (§. 54).

454) s. oben §. 98. Das französisch-rheinische Recht unterscheidet sieben verschiedene Arten von Kirchengebäuden: 1) Cathedralen, 2) Pfarrkirchen, 3) Succursalen, 4—5) annexe Kirchen und Capellen, 6) Hauscapellen, 7) Oratorien. Die beiden ersten Classen sollen vom Staat, die dritte von den Gemeinden, die übrigen von ihren Stiftern unterhalten werden.

455) d. h. ursprünglich wohl die Bedachung eines alleinstehenden Altars. can. 26. 29. Dist. I. de Consecr.

456) vgl. Walter KR. §. 150. Die Genehmigung der Staatsgewalt ist unbedingt erforderlich, wenn das bestehende Pfarrsystem dadurch alterirt wird; das rheinische Recht verlangt sie auch ohne diese Voraussezung ganz allgemein. art.

2. Das Eigentum der Kirchengebäude. Simultankirchen.

194. Das Kirchengebäude ist, so lange es als Pfarrkirche benuzt wird, dem Privateigentum entzogen, und als Eigentum der katholischen Pfarrei oder der evangelischen Gemeinde anzusehen, so wie die evangelischen Filialkirchen [457] meistens ein Sondergut der Filialgemeinde sein werden. Dagegen ist ein gewöhnliches Privateigentum möglich:

1) an den Kirchtürmen, die mitunter der Civilgemeinde, auch wohl einer Privatperson gehören;

2) an den Capellen, wenn sie auf Privatgrunde erbauet, oder Theile eines gröſseren Gebäudes sind.

195. Künstlicher stellt sich die Sache bei den Simultankirchen, einer Frucht des dreissigjährigen Krieges [458], die zwar durch den westfälischen Frieden auf die seltenen Fälle beschränkt ward, wo am ersten Januar 1624 (dem s. g. dies decretorius) beide Parteien im Besiz derselben Kirche gewesen waren, später jedoch, zumal während der räuberischen Einfälle Ludwig's XIV. in die Rheinlande, durch eigenmächtige Wiederherstellung eines katholischen Simultancultus (simultaneum religionis exercitium) auf die bedenklichste Weise vermehrt worden

---

organ. 44. Decret v. 22. Dec. 1812, Hermens II, 537...539. Durch ein preussisches CMR. vom 16. Sept. 1862 ist sehr voreilig anerkant worden, dass der Art. 15 der Verfassung dies umgestoſsen habe.

457) Nicht diese, wohl aber die gegenüberstehende Bezeichnung matrix ecclesia findet sich in den älteren Quellen, cap. 3 X. de Eccles. aedif. (3, 48.) Conc. Trid. Sess. XXI. cap. 4. de reform.

458) Vollständig ausgebildet erschien das Verhältnis in Hildesheim schon nach einem Braunschweig-Cölnischen Vertrage vom April 1643 (Lünig Reichsarchiv Pars special. Th. I. S. 537. 540), den aber der Westfälische Friede V, 33 ausdrüklich wieder aufhob.

ist[459]. Dass neuerdings selbst im Wege friedlicher Vereinbarung noch einzelne Simultankirchen entstanden sind, hat denen, die sich darauf einliessen, schwere Verluste bereitet.

Die französische Republik, welche den Simultangebrauch der wieder geöfneten Kirchen anfangs allgemein anordnete (Note 363), hat ihn sehr bald darauf ausdrüklich verboten[460], was aber im Rheinland leider übersehen ward. Auch in Baden besteht das Verbot, während in Preussen und Baiern einmal der Versuch gemacht ist, die vorhandenen Simultanverhältnisse gesezlich zu regeln[461].

Drei Hauptfälle sind hiebei zu unterscheiden:

1) wirkliches Miteigentum,
2) Eigentum auf der einen, Gebrauchsrecht auf der andern Seite,
3) Beiderseitiges Gebrauchsrecht am Eigentum eines Dritten, z. B. der Civilgemeinde bei Kirchhofscapellen, des Militärfiscus bei Garnisonkirchen u. s. w.

Der erste dieser Fälle wird nach den obigen Gesezen nur vermutet, wenn der Besiz oder Gebrauch auf keiner Seite erweislich älter ist, als auf den anderen; sonst soll sogar das Gebrauchsrecht des jüngeren Mitbenuzers nur als bittweise gewährt angesehen werden, fals nicht zur Unterhaltung der Kirche gemeinsame Beiträge entrichtet wurden.

Simultanstreitigkeiten können polizeilich, possessorisch und petitorisch behandelt werden; nur darf die polizeilich

---

459) Der Name simultaneum religionis exercitium soll zuerst 1650 von Bamberg gebraucht worden sein. s. Pütter historische Entwickelung der heutigen Staatsverfassung des teutschen Reichs Th. II. S. 226...239.

460) Organische Artikel vom 18. April 1802 art. 46: „le même temple ne pourra être consacré qu'à un culte".

461) Preuss. LdR. II, 11. §. 309...318. Fast wörtlich gleichlautend: Baier. Religionsedict v. 26. Mai 1818. §. 90... 103. (Walter fontes S. 225. 226.)

einmal getroffene Regelung nicht durch eine blos possessorische Gerichtsverhandlung wieder angefochten werden[462].

3. Errichtung neuer Kirchen.

196. Wird bei dem Neubau einer Pfarrkirche eine Veränderung des bisherigen Pfarrsystems beabsichtiget, so ist die Genehmigung des Staats wie des Kirchenregiments unbedingt erforderlich. In der evangelischen Kirche muss auch die bestehende Gemeinde der Regel nach ihre Zustimmung geben, während der katholische Bischof für diesen Fall zwar die bestehenden Rechtsverhältnisse genau erwägen, aber an den Consens des bisherigen Pfarrers nicht gebunden sein soll[463].

Bei anderen Neubauten, namentlich wenn keine neue Baustelle gewählt wird, genügt die Genehmigung des Kirchenregiments, welches ganz besonders auch die vorhandenen Geldmittel zu prüfen hat. Selbst für die künftige Unterhaltung der katholischen Kirche soll durch ein Kapital (dos ecclesiae) gesorgt sein, ehe die Consecration derselben vollzogen wird[464].

Diese, nach altem, im Pontificale romanum vorgeschriebenem Ritus von dem Bischof (§. 75) vollzogene Feierlichkeit muss später wiederholt werden, wenn die Kirche durch Zertörung ihrer Hauptteile eine execratio erlitten hat. War aber nur eine Entweihung (pollutio) einzelner Theile der Kirche erfolgt, so begnügt man sich jezt mit der einfacheren Reconciliation. Die evangelische Kirche beschränkt sich in allen Fällen auf vereinfachte, nur zur Erhebung der Gemüther bestimmte Einweihungsfeierlichkeiten.

---

462) Entscheidung des preuss. Gerichtshofs für Competenzconflicte v. 9. April 1864.

463) cap. 2. 3. X. de Eccles. aedif. uel reparandis (3, 48). Concil. Trid. Sess. XXI. cap. 4. de reform. vgl. oben §. 76 a. e.

464) Caroli M. capitulare Ticinense a. 801. (Pertz monum. legum T. I. p. 86.) cap. 8. X. de Consecr. eccl. (3, 40).

Die lärmenden, sehr unkirchlichen Feste, durch welche das Andenken der Einweihung begangen zu werden pflegt (Kirchweih, Kirmes), hatten schon im sechzehnten Jahrhunderte in einzelen Diöcesen die Verlegung aller dieser Feste auf einen und denselben Tag veranlast[465], was neuerdings auch Polizeigesezgebungen sich mit gutem Grunde zum Beispiel genommen haben.

4. Die kirchliche Baulast[466].

197. Wenn die Einkünfte oder Ersparungen des vorhandenen Baufonds zu den notwendigen Neubauten oder Reparaturen nicht ausreichen, so werden nach dem Concil von Trient[467] zunächst die Inhaber von Zehnten oder anderen Einkünften der Kirche, zu Beiträgen verpflichtet. Vorzüglich trift dies die Patrone, wenn sie die Zehnten an sich gezogen haben; die Beneficiaten brauchen nur die Ueberschüsse ihrer Amtseinnahmen herzugeben, mit Ausnahme der Kosten für kleine laufende Reparaturen ihrer Amtswohnung, welche ihnen sogar ausschliessend obliegen. Zulezt sollen die Parochianen herangezogen werden.

Landesgeseze und Praxis haben hieran gar Manches geändert.

Zuerst werden in Deutschland fast überall die Patrone, auch wenn sie nicht Decimatoren sind, zu Beiträgen gezwungen[468], während die katholische Kirchenpraxis die

---

465) Walter KR. §. 268 Note 9.

466) Besonders bearbeitet von J. H. Böhmer 721. Helfert 823. 834. Reinhardt 836. Permaneder 838. vgl. Richter KR. §. 303. Mejer S. 357...361. ed. II.

467) Concil. Trid. Sess. XXI. cap. 7 de ref.

468) Nach Preuss. LdR. (II, 11. §. 170 ff. soll der Patron auf dem Lande zwei Drittel, in den Städten ein Drittel zu den Baukosten hergeben; das Uebrige trägt die Gemeinde. In Meklenburg sollen Patron und Gemeinde die Geldbeiträge zu gleichen Theilen leisten; daneben ist aber der Patron

Nichtunterstüzung der bedrängten Kirche oder Pfründe nur mit Entziehung des Patronatrechts bedrohet[469].

Sodann wird die Gemeinde neben dem Patron (Note 368) und vor dem Pfarrer in Anspruch genommen, so dass dieser Leztere in der Regel gar nichts beizutragen hat.

Drittens hat sich die Verpflichtung der Gemeindeglieder oft in eine Reallast ihrer in dem Pfarrbezirk belegenen Grundstücke umgewandelt, so dass auch die s. g. Forensen, welche darin nicht ansässig, sondern nur begütert sind, zu Beiträgen angehalten werden[470]. Die naheliegende Consequenz jedoch, dass alsdann auch die Verschiedenheit des Bekentnisses nicht mehr als Befreiungsgrund erscheinen könne, hat man, und gewiss mit Recht, mehr und mehr verworfen[471].

Viertens ist mitunter auch die Civilgemeinde an die Stelle der Parochianen getreten. Auf der rechten Rheinseite ist dieses Verhältnis selten, und wohl nur als Wirkung patronatischer Verhältnisse anzusehen; auf der linken war es eine allgemeine Folge der ehemaligen französischen Gesezgebung[472] und der Eigentumsübertragungen an die Civilgemeinde, bis das rheinpreussische Gesez vom 14. März 1845 diese Last auf die bereits etatmäfsig fixirten Bei-

---

zur Beschaffung der Materialien, die Gemeinde zu Hand- und Spanndiensten allein verpflichtet (Verordng v. Dec. 1824). In Hannover haben die Patrone sich meistens beitragsfrei zu erhalten gewust; ähnliches soll sich in Salzburg bei dem landesfürstlichen Patronat ergeben haben.

469) Congreg. concil. Trid. interpr. ad h. l. (ed. Richter pag. 121. num. 4).

470) Auch die Congregatio Concilii Trid. spricht von „possidentes“. Richter KR. §. 319 Note 18.

471) Pr. LdR. II, 11 §. 261. Rheinpreuss. Gesez vom 14. März 1845. §. 2. vgl. oben Note 407.

472) Kaiserl. Decret vom 30. Dec. 1809, art. 37. 41...43. 92...103. Veranlast war diese Bestimmung durch die teilweise Uebertragung des ehemals kirchlichen Grundeigentums an die Civilgemeinden, s. oben Note 363...373.

träge beschränkt hat, sofern nicht die Civilgemeinde bei dem Eintrit eines ungedekten ausserordentlichen kirchlichen Bedürfnisses ein schuldenfreies Kapitalvermögen besizen würde.

Zwischen der Kirche selbst und den Amtswohnungen der Geistlichen, Küster und Gemeinde-Schullehrer pflegen die meisten Landesrechte nicht zu unterscheiden; wohl aber hat sich dieser Unterschied aus dem älteren französischen und belgischen Rechte auf die Rheinlande vererbt, indem man bei dem Pfarrhaus eine unbedingte (s. g. principale) bei den Kirchenbauten nur eine bedingte (s. g. subsidiäre) Verpflichtung der Civilgemeinden anzunehmen pflegt.

Sehr ungleich, und meistens sehr drückend sind häufig die Verhältnisse der Filialgemeinden, wenn ihnen ausser der Unterhaltung der eigenen Kirche auch eine Baulast für das von ihnen nicht mehr benuzte Mutterkirchengebäude aufgebürdet wird. Eben so unbillig ist es, ganz ausscheidende Tochtergemeinden zu Mitentrichtung rükständiger Bauschulden anzuhalten, wenn sie auf das Miteigentum am Gebäude verzichten müssen.

B. Die Begräbnispläze und ihre Benuzung.

1. Eigentum der Begräbnispläze.

198. Die Gemeinschaft der Grabstätten war bei den Römern nicht einmal polizeilich geboten; es bestand nur von den zwölf Tafeln her das Verbot des Begrabens in der Stadt, wie bei den Juden [473] in der Nähe aller Wohnungen der Lebenden. Für die Christen dagegen lehnte sich der Gebrauch einer gemeinsamen Ruhestätte (coemeterium) an das Bewustsein einer fortgesezten Gemeinschaft mit den verstorbenen Glaubensgenossen [474]; wobei die germanische Immunität der Kirche oder des

473) IV. Mos. XIX, 11...16.

474) can. 19. Causa XIII. qu. 2 (Augustinus a. 412).

Klosters, und des sie umgebenden (befreieten) Friedhofs, deren man sich zur Aufnahme der Leichen bediente[475], vor manchen Rechtseinwänden schüzte[476]. Als aber Rüksichten der Gesundheitspolizei zur Erneuerung des römischen Verbots nötigten, war auch die Einmischung der weltlichen Communalbehörden nicht mehr abzuweisen; und nachdem man anfangs jeder Kirche ihren besonderen Kirchhof vor der Stadt anzuweisen pflegte, muste bei einer gemischten, oft ihren Wohnsiz wechselnden Bevölkerung auch das Bedürfnis von Gesamt- oder von Simultan-Kirchhöfen mehr und mehr hervortreten, um wenigstens die Todten mit Parochialgrenzstreitigkeiten und mit confessionellem Hader zu verschonen. So sind, auch ausserhalb der französischen Gesezgebung, welche alle Communen zur Anlegung von Begräbnispläzen in bestimmter Entfernung von der Stadt verpflichtet[477], auch anderswo sehr häufig Communal-Friedhöfe entstanden[478].

---

475) can. 18. 15. C. XIII. qu. 2, aus den J. 813 und 895.

476) Im römischen Reiche war das weltliche Verbot im J. 381 ausdrüklich auch auf die Kirchen bezogen worden (const. 6 Theodosian. Cod. de Sepulcris uiol. 9, 17, ibiq. Gothofredus), und erst im Orient hatte Leo der Weise dies später zurükgenommen. Nouella Leonis 53.

477) Kaiserl. Decret v. 12. Juni 1804. art. 1...17. (Hermens II, 276...282). — Dass die ehemaligen eigentlichen Kirchhöfe durch den Wegfall der Beerdigung allein nicht aufgehört haben, Pertinenz der Kirchen zu sein, versteht sich von selbst; aber eben so wenig können die Civilgemeinden das einmal erworbene Eigentum daran stillschweigend dadurch verloren haben, dass jezt das Eigentum am Kirchengebäude ihnen bestritten wird. vgl. Urteil des Obertribunals zu Berlin v. 24. Sept. 1861; dawider Bauerband in Moy's Archiv 1863 S. 279...299. Walter KR. §. 269 S. 584 ed. XIII. Mooren über Eigentum und Benuzung der Kirchhöfe 857. — Die bereits bestehenden Judenkirchhöfe haben sich meistens unverändert erhalten.

478) Nach Preussischem Landrecht II, 11 §. 183. 190 soll bis

Diese allgemeinen Begräbnispläze sind, auch abgesehen von einer kirchlichen Einweihung, res publicae; nur einzelne Theile derselben können Gegenstände von Privatrechten (§. 199) werden. Sie müssen, im Notfall wenigstens, alle Leichen ohne Unterschied des Glaubens aufnehmen, was aber auch schon im westfälischen Frieden bei den eigentlichen Kirchhöfen zu Gunsten der in Deutschland recipirten christlichen Confessionen festgesezt war, und nur noch allgemeiner in Preussen, in Baiern und anderswo vorgeschrieben worden ist[479].

199. Als Privatberechtigung an einzelen Gräbern kan ein volles Eigentum, ein limitirtes Eigentum, und ein blofses Nuzungsrecht vorkommen[480].

Der erste Fall sezt eine ausserhalb des Kirchhofs belegene, mit Vorwissen der Behörde eingerichtete Sondergrabstätte voraus. (vgl. Pr. LdR. II, 11 §. 186. 472.)

Der zweite trit ein bei den gekauften Stellen des allgemeinen Begräbnisplazes, wenn deren Wiederverkauf an dritte Personen nicht untersagt ist. Limitirt ist hier das Eigentum durch den Ausschluss jeder anderweitigen Verwendung, oft auch durch die Beschränkung des ganzen

---

zum Beweise des Gegenteils das kirchliche Eigentum vermutet werden.

479) Westfälischer Friede art. V §. 35. Preuss. LdR. II, 11 §. 189. Baier. Religionsedict v. 1815 §. 100...103. — Die Bestimmung des französischen Decrets art. 15, dass der Communal-Friedhof nach den am Orte bestehenden Confessionsgemeinden örtlich geteilt werden müsse, ist für Rheinpreussen am 27. August 1820 (Hermens II, 281. 82) aufgehoben worden. Als Muster christlicher Milde, und als Gegenstük zu einigen neuesten Erlassen österreichischer Bischöfe muss eine im J. 1830 ergangene Instruction des Bischofs von Trier an seine Pfarrer (Hermens II, 283. 84) gerühmt werden.

480) vgl. Weber sächs. KR. Th. II. §. 112.

Rechts auf bestimmte Zeiten (z. B. hundert, oder vierzig Jahre) oder auf eine bestimmte Zahl von Leichen.

Der dritte Fall ist anzunehmen, wenn die Benuzung überdies nur einer bestimmten Familie, oder nur dem Käufer und seinen Erben für gewisse Jahre zugesichert ist.

2. Das Begräbnis an sich.

a. Auswahl des Ortes. Fristen.

200. Der Nachdruk, mit welchem das kanonische Recht jeder Pfarrkirche ein bestimmtes Anrecht an den Leichnam der in ihrem Bezirke Verstorbenen zuspricht, ist nicht geeignet, einen günstigen Eindruk zu machen, da er fast nur auf dem pecuniären Motive beruhet, dieser Kirche die Leichengebühren und einen Theil (die canonica portio) der Vermächtnisse der Verstorbenen zu sichern [481]. Noch weiter sind aber die evangelischen Pfarrer gegangen, indem sie von jeder auch nur durch ihre Parochie gebrachten Leiche gegen aufgedrungene Cärimonien die vollen Begräbnisgebühren in Anspruch zu nehmen pflegten; erst in neuester Zeit ist der Leichentransport durch Einführung der polizeilichen s. g. Leichen- oder Todtenpässe auch von diesem Misbrauch befreiet worden [482].

Die Beerdigung darf in Deutschland in der Regel erst 72 Stunden nach dem Tode vorgenommen werden; dass sie zu spät erfolgen werde, hat die Gesezgebung weniger gefürchtet [483].

---

481) cap. 1. 2. 3. 4. 5. 8. 10 X de Sepulturis (3, 28). cap. 2. 3. eod. in VI°. (3, 12). Clem. 2. eod. (3, 7).

482) vgl. Weber a. a. O. §. 42. Note 33. Preuss. LdR. II, 11 §. 463...466. Cab. Ord. v. 9. Juni 1833 (Hermens III, 624. IV, 941).

483) Eine Zusammenstellung verschiedener Begräbnisordnungen des evang. Deutschlands s. Moser's Kblat 1858 S. 229...240.

b. Formen der Beerdigung.

201. Wir unterscheiden das feierliche, das kirchliche, das stille und das schimpfliche oder unehrliche Begräbnis. Zu dem feierlichen gehört der Leichenzug oder die öffentliche Leichenrede, zu dem kirchlichen die amtliche Gegenwart des Geistlichen. War er nur im Sterbehause erschienen, so wird das Begräbnis dadurch noch nicht zu einem kirchlichen.

So wie das unehrliche Begräbnis nur als weltliche Criminalstrafe vorkommen kan — wenn es noch nicht gänzlich beseitiget ist [484] — so bleibt auch das Gebot oder Verbot eines feierlichen Begräbnisses die Sache der weltlichen Gesezgebung oder Verwaltung. Der Geistlichkeit aber muss es frei stehen, das kirchliche Begräbnis zu gewähren oder zu versagen, sei es als Act der Kirchenzucht oder um das Ansehen der Kirche zu wahren. Die dabei so oft beklagten Misbräuche werden meist hinwegfallen, wenn nur der gänzliche Ausschluss der Leiche von dem Begräbnisplaze nicht dem Clerus anheim gegeben bleibt; auch läst sich dem evangelischen Pfarrer für zweifelhafte Fälle die Rüksprache mit seinem Presbyterium anempfehlen oder zur Pflicht machen.

C. Vorrechte der geweiheten Stätten.

202. Die Vorrechte der geweiheten oder zum Gottesdienst bestimmten Orte bestehen:

1) in der gröſseren Strafbarkeit der dort begangenen Verbrechen [485];

2) in dem Verbot weltlicher und lärmender Geschäfte an denselben [486];

---

484) wie z. B. in Preussen durch §. 9 des Strafgesezbuches von 1851. vgl. mein Strafrecht (Abtlg. I) §. 43. §. 70. Note 141.

485) vgl. Preuss. Strafgesez von 1851, §. 218. 221.

486) cap. 1. 5 X de Immun. eccl. (3, 49). cap. 2. eod. in VI°. (3, 23).

3) in dem Asylrecht [487], d. h. dem momentanen Schuz des Flüchtlings gegen Verfolgungen aller Art, namentlich auch gegen polizeiliche oder gerichtliche Ergreifungen. Denn von einem bleibenden Schuz kan nicht mehr die Rede sein, seitdem die ältere Sitte, die Auslieferung an die Bedingung einer Strafmilderung zu knüpfen, eben so wenig gestattet wird, als die fortgesezte Verpflegung des Flüchtlings auf Kosten der Kirche oder des Klosters. Dass ihm kein Angrif oder bewafneter Widerstand von dem Asyl aus zu gestatten sei, versteht sich ohnehin von selbst [488].

IV. Die kirchlichen Gerätschaften, Paramente.

203. Die dem Gottesdienste ausschlieslich gewidmeten beweglichen Dinge werden schon um dieses Zwekes willen als heilige Sachen (res sacrae, §. 164) bezeichnet, und vom weltlichen Rechte durch härtere Strafen vor Entwendung geschüzt: nach der peinlichen Gerichtsordnung von 1532 unbedingt, jezt wenigstens so lange sie sich in dem Kirchengebäude befinden. Kirchenraub und Kirchendiebstahl sind als die Hauptfälle des Sacrilegiums zu betrachten [489].

Für die römisch-katholische Kirche trit hiebei noch der schon erwähnte weitere Unterschied ein, dass die zum h. Abendmahl bestimmten Gefäfse (Kelch und Patene) consecrirt, andere Gerätschaften dagegen (Monstranzen,

---

487) Iustin. Cod. I, 12: de His qui ad ecclesias confugiunt. cap. 6. 10 X de Immun. eccles. (3, 49).

488) Alle diese Beschränkungen liegen auch in der bedingten Wiederanerkennung des Asylrechts, im österreichischen Concordat art. 15. vgl. übrigens Richter KR. §. 307. Mejer §. 112. 158, I, 3 und III, 5 a. e.

489) s. mein Strafrecht (Abteilg. I) §. 90. Feuerbach Strafrecht §. 343...347. Preuss. Strafgesezbuch §. 307. Num. 1. Hessisches und Frankfurtisches Strafgesezbuch art. 366. num. 6.

tragbare Altäre, Glocken) nur benedicirt werden[490], während bei den Gewändern, Processionsapparaten, Paramenten u. s. w. auch diese Art der Heiligung zwar nicht ungewöhnlich, aber doch nicht wesentlich ist. Die neueren Strafgeseze nehmen aber auf diese Unterschiede keine Rüksicht, und selbst die peinliche Gerichtsordnung (art. 172) hatte nur den Diebstahl der Monstranz mit der geweiheten Hostie ganz besonders — durch den Feuertod — bestrafen wollen.

490) vgl. can. 4. D. 95. can. 44. 45. D. 1 de Consecr. Richter KR. §. 306. Oben §. 164.

Sechstes Kapitel.

Das kirchliche Rechtsleben.

Einleitung.

203. Das öffentliche Leben in der Kirche (die Kirchenverwaltung im weiteren Sinne) läst sich vom juristischen Standpuncte aus in zwei Hauptteile zerlegen: in das eigentliche Rechtsleben, d. h. dasjenige, bei welchem juristische Zwecke vorwalten, und in die übrige Verwaltung, in so weit auch sie an juristische Regeln gebunden ist. In die erste Classe gehört besonders die rechtsbildende Thätigkeit (das kirchliche Gesezgebungsrecht) und die Rechtspflege; in die zweite die Leitung des Gottesdienstes, das Unterrichtswesen und die Armenpflege.

Freilich ist dieser Gegensaz kein vollkommener; denn es fehlt nicht an Verwaltungszweigen, die in beide Gebiete zugleich hineinreichen. So das Synodalwesen, da die Kirchenversamlungen sich nicht ausschlieslich mit Gesezgebung beschäftigen; ebenso die zur Rechtsanwendung gehörigen Kirchenvisitationen, und ganz besonders die Kirchenzucht, die an sich ganz unjuristisch, dennoch die Quelle des kirchlichen Strafrechts geworden ist.

Es ist daher zwar keine ganz correcte, aber doch wohl die leidlichste Anordnung des reichhaltigen Stoffes, wenn wir denselben in folgende Abschnitte zerlegen:

1) das Synodalwesen;
2) die kirchliche Gesezgebung;
3) das Dispensationsrecht;

4) das Gerichtswesen und die streitige Rechtspflege;
5) Visitationen, Kirchenzucht und Kirchenstrafen;
6) die Ordnung des Gottesdienstes und der Kirchenfeste, die kirchliche Zeitrechnung;
7) das Unterrichtswesen;
8) die Armen- und Krankenflege.

I. Das kirchliche Synodalwesen.

A. In der römisch-katholischen Kirche.

Hefele, Conciliengeschichte. Freiburg. 1855 ff. 5 Bde.

205. Die kirchlichen Synoden, d. h. Versamlungen von Vorstehern oder Abgeordneten verschiedener Gemeinden, sind fast so alt, wie die Kirche selbst[491]. Hauptsächlich erschienen sie als ein Band unter den zu einer Kirchenprovinz vereinigten Diöcesen, welche unter Vorsiz des Metropoliten durch die Provinzialbischöfe vertreten wurden[492]. Die Provinzialsynoden solten schon im vierten Jahrhundert jährlich zweimal gehalten werden[493].

Um dieselbe Zeit begannen aber auch die allgemeinen, ökumenischen Synoden, welche von sämtlichen Bischöfen zuerst des römischen Reichs, dann der katholischen Christenheit, gebildet wurden. Acht Synoden sind auf diese Weise zu Stande gekommen; aber nur die ersten sieben im Orient als gültig behandelt[494].

491) Apostelgeschichte Kap. 15.

492) Bickell Gesch. des KR. Bd. I. §. 18. 86...90.

493) Conc. Nicaen. a. 325. cap. 5. Canon. Apostol. 36.

494) Concil. Nicaenum I. a. 325, Constantinopolitanum I. a. 381. Ephesinum a. 431, Chalcedonense a. 451, Constantinop. II. a. 553, III. a. 680, Nicaenum II. a. 787, endlich Constantinopolitanum IV. a. 869, im Orient widerrufen 879. Dafür betrachtet der Orient die s. g. Trullanische Synode von 692 als Supplement der beiden vorhergegangenen ökumenischen, und nennt sie deshalb auch quini-sexta.

Die späteren als ökumenisch bezeichneten Concilien sind — 13 an der Zahl[495] — nur im Abendlande gehalten und mit einigen Ausnahmen nur von lateinischen Bischöfen besucht worden; ob auf das im J. 1563 geschlossene Concil von Trient im Jahr 1869 ein 14tes wahrhaft ökumenisches folgen werde, bleibt abzuwarten. (vgl. Note 504.)

Viel häufiger, aber doch keineswegs in der vorgeschriebenen Regelmäfsigkeit, ist es in den kleineren Kreisen der abendländischen Kirche zu National- oder Reichssynoden, Provinzial- und Diöcesansynoden gekommen. Demnach haben wir jezt vier verschiedene Stufen von Synoden in der römischen Kirche zu unterscheiden[496].

206. I. Zur Diöcesansynode soll der Bischof zunächst alle Pfarrgeistlichen seiner Diöcese jährlich berufen[497]. Da aber den Pfarrern kein Stimmrecht zugestanden wird (concilia episcoporum sunt), so beschränken die Verhandlungen sich meist auf Beratungen, auf Berichte und auf Publicationen von bischöflichen Verordnungen[498]; und es ist begreiflich, dass man das Institut fast überall

495) Lateranensia I...IV. a. 1123. 1139. 1179. 1215. Lugdunensia I. II. a. 1245. 1274. Viennense a. 1311. Pisanum a. 1409. Constantiense a. 1414...1418. Basileense a. 1432... 1437 (1449). Florentinum a. 1438. 39. Lateranense V. a. 1517. Tridentinum a. 1545...1563.

496) vgl. Richter §. 148...150. Mejer §. 102.

497) Concil. Trid. Sess. XXIV. cap. 2 de ref. — Benedictus XIV. de synodo dioecesana. Ferrara 740. Rom. 755. Augsb. 769. Mogunt. 842. Neuere Schriften von Phillips 849. Schmid 850. Binterim 850.

498) Der den Diöcesan- und Provincialsynoden nach dem Concil von Trient (Sess. XXV, cap. 10. de ref.) gebührende Vorschlag zu gewissen geistlichen Richterämtern geschieht jezt durch den Bischof oder Erzbischof und sein Kapitel; weshalb solche Richter jezt Prosynodalrichter genant werden.

vernachlässiget, mitunter durch Landcapitel unter den Landdechanten (§. 83) ersezt hat. Die Gegenwart eines landesfürstlichen Commissars könte, wenn darauf bestanden würde, nicht zurükgewiesen werden.

II. Zu den Provinzialconcilien soll der Erzbischof wenigstens alle drei Jahre die Bischöfe seiner Provinz und die mit Quasi-Episcopalrechten bekleideten Aebte (§. 76) als stimmberechtigte Mitglieder berufen[499]. Allein wie dort an Stimmberechtigten, so fehlt es hier meistens an Gegenständen der Abstimmung, indem die wichtigsten Angelegenheiten den Provinzialsynoden durch päpstliche Reservationen entzogen sind. Kommen aber dennoch solche Synoden zu Stande, so bedürfen ihre Beschlüsse der päpstlichen Bestätigung[500], und nach Umständen auch des landesherrlichen Placet. In Cöln ist seit dem Jahre 1549 im Frühjahr 1860 zuerst wieder eine Provinzialsynode gehalten worden[501].

III. Reichssynoden oder Nationalconcilien können unter geregelten Verhältnissen nur von den Staatsregierungen veranlast werden; und in diesem Zusammenhange waren sie in Spanien und besonders im karolingischen Reiche früher sehr fest geordnet, während sie in dem jezigen Organismus der Kirche keine regelmäfsige Stufe bilden. Berufung und Vorsiz gebührt dem Primas des Landes, wo ein solcher vorhanden ist (§. 87); für die rechtliche Geltung der Beschlüsse wird es auch der speciellen Genehmigung des Papstes bedürfen[502]. Durch

---

499) Conc. Trid. Sess. XXIII, cap. 1. 8. Sess. XXIV, cap. 1. 2. 5. 12. Sess. XXV, cap. 2. 10....14. 22 de ref.

500) mittels der congregatio concilii Tridentini (§. 94), welcher sie vorzulegen sind.

501) Moy's Archiv 1863 Heft 1 S. 108...128.

502) Bei der folgenreichen Versamlung der deutschen Bischöfe zu Würzburg im September 1848 hat, so viel bekant geworden, sowohl diese als die der deutschen Regierungen gefehlt.

den einseitigen Erneuerungsversuch, den Napoleon im Jahre 1811 unternahm, ist ihre normale Wiederherstellung vielleicht nur erschwert worden.

207. IV. Ein allgemeines Concil der römisch-katholischen Kirche kan nach ihrer jezigen[503] Verfassung nur der Papst berufen[504]; Ausnahmen würden nur möglich sein, wenn der Organismus der Kirche gänzlich zerrüttet wäre[505]. Wesentlich ist die Berufung aller Bischöfe, neben denen aber auch die Cardinäle, die Ordensgenerale und die Prälaten „cum iure quasi episcopali" als stimmberechtigte patres concilii zugelassen werden. Als blos beratende Doctoren können auch gelehrte Theologen und Kanonisten berufen werden. Stellvertreter der Abwesenden wurden auf dem letzten Concil fast ganz ausgeschlossen; früher waren sie häufiger, und dem Papst ist die Befugnis, sich vertreten zu lassen, wohl nie bestritten worden.

Auch die Art der Abstimmung hat gewechselt; doch ist man in Trient zur Abstimmung nach Köpfen zurükgekehrt, nachdem man in Constanz nach Nationen, in Basel nach Deputationen gestimmt hatte, um das Uebergewicht der romanischen Bischöfe zu mäfsigen[506].

Hieraus folgt zugleich, dass auch durch blofse Stim-

503) Die ältesten ökumenischen Concilien wurden von den Kaisern berufen, die auch ihre Beschlüsse bestätigten.

504) Die gesezliche Vorschrift des Basler Concils (Tit. I, cap. 1 §. 1), dass alle zehn Jahre ein allgemeines Concil gehalten werde, ist nie zur Ausführung gekommen.

505) So 1409 bei dem Concil von Pisa, welches wegen des obwaltenden Schisma's auf den Rath der Pariser Sorbonne und angesehener Theologen (besonders Gerson's), von den Cardinälen berufen wurde. Bei den späteren Concilien war der Papst vom Kaiser zur Berufung aufgefordert worden.

506) vgl. Wessenberg die grofsen Kirchenversamlungen des 15. und 16. Jahrhunderts. Constanz 840. 3 Bde.

menmehrheit, namentlich in Disciplinarsachen, gültige Beschlüsse zu Stande kommen können; wann aber solche Beschlüsse auch als bindend oder gar als unfehlbar zu betrachten seien, das würde sich nach der jedesmaligen Stellung des Papstes zur Synode entscheiden. Gilt der Papst für berechtigt nicht nur den Beschlüssen seine Zustimmung zu versagen, sondern dogmatische Fragen auch ohne Concil zu entscheiden[507], so können die Concilien für sich allein zwar als höchste kirchliche Autoritäten, nicht aber als Gesezgeber die Kirche binden[508].

Dass aber die Geltung und Vollstrekbarkeit auch der bestätigten Concilienschlüsse, so weit sie das Kirchenrecht betreffen, noch an dem Widerspruch des Staates scheitern kan, das hat sich bei den s. g. Reformationsdecreten der Tridentiner Synode sehr klar ergeben[509].

B. Die evangelischen Synoden[510].

208. Bei den Synoden der evangelischen Kirche ist vor Allem der principielle Unterschied von den römisch-katholischen Synoden hervorzuheben, dass weder die Laien,

---

507) Die neueste Entscheidung über die immaculata conceptio Mariae V. ist bekantlich zwar nach Beratung mit einzelen Bischöfen, aber ohne Concil ergangen.

508) s. oben Note 160. Gesammelt sind die Beschlüsse der ökumenischen Concilien nur in Verbindung mit Particularsynoden; das Hauptwerk, von Dom. Mansi (Sacrorum conciliorum noua et amplissima collectio. Venet. 759...798 in 31 Folianten), geht nur bis zur Mitte des fünfzehnten Jahrhunderts. vgl. Walter KR. §. 58. Richter §. 17. Mejer §. 85.

509) Hierauf beruhet namentlich auch der Unterschied, der sich bei der Ehegesezgebung des Concils von Trient an die Frage knüpft, ob die Beschlüsse dieses Concils in einem Lande publicirt seien oder nicht.

510) vgl. Richter KR. §. 163. 164. Jacobson Gesch. der Quellen des evang. KR. der Provinzen Rheinland und Westfalen. 1844. Lechler, oben Note 281.

noch die einfachen Pfarrer von denselben ganz ausgeschlossen werden dürfen. Daher ist man überall bedacht gewesen, entweder eine gleiche Zahl von geistlichen oder nichtgeistlichen Mitgliedern, oder die Doppelzahl auf der einen oder anderen Seite anzuordnen[511]; nur die Leitung der Verhandlungen pflegt ausschlieslich oder doch überwiegend den Geistlichen anheimzufallen. Wo aber dennoch hin und wieder auch Geistliche allein zu Synoden zusammengetreten sind, da muss diese Bezeichnung (Pfarrsynoden in Baden) als eine uneigentliche genommen werden; bei einer eigentlichen Synodalverfassung, d. h. wo regelmäfsig wiederkehrende Synoden ein festes Glied des kirchlichen Organismus geworden sind, können die Laien nicht gänzlich fehlen[512].

Solche Synodalverfassungen haben sich aber, mit einzelen Ausnahmen[513], bisher auf die Grenzen eines einzigen Staates beschränkt, wie es ja ursprünglich auch bei den ökumenischen Synoden im römischen Reiche nicht anders war. Die Resultate der evangelischen Kirchentage

---

511) Ungefähr gleiche Zahl bei den jährlichen Kreissynoden in Rheinpreussen und Westfalen, bei der Berliner Generalsynode des J. 1846 und der kirchlichen Conferenz zu Berlin im J. 1856. Doppelte Zahl der Geistlichen in Baden und Baiern, so wie auf den Provinzialsynoden in Rheinpreussen und Westfalen. Doppelte Zahl der Laien nur bei der Generalsynode in Oldenburg, nach Gesezen vom 15. Aug. 1849 und 11. April 1853.

512) Die älteste deutsche Synodalverfassung war die hessische, nach der zu Homburg 1526 beschlossenen reformatio ecclesiarum Hassiae, in Richter's Samlung der Kirchenordnungen S. 56...69.

513) wie früher am Niederrhein, und jezt noch bei den conföderirten reformirten Gemeinden in Hannover, Braunschweig und Bückeburg. Spangenberg das Territorialkirchenrecht im Königreich Hannover, in Lippert's Annalen des KR. II. S. 42 ff. Neueste Kirchenordnung derselben vom 14. Sept. 1839, in Dove's Sammlung S. 312 ff.

und Conferenzen innerhalb des deutschen Bundes, so wie der allgemeineren evangelischen Allianz und ähnlicher Versamlungen, können daher für sich allein, so lange nicht specielIere Vollmachten oder Bestätigungen eines Kirchenregiments hinzukommen, nur als gemeinsame Zeugnisse, als Autoritäten, und somit als die fruchtbarsten Keime eines Gewohnheitrechtes (Buch I §. 45...47) angesehen werden[514].

209. Bei einer vollständig ausgebildeten Synodalverfassung können wir die Landes- oder Generalsynoden[515], die Provinzialsynoden und die Diöcesan- oder Kreissynoden unterscheiden. Regelmäfsig angeordnete Landessynoden giebt es jezt nur in Baden alle sieben Jahre und in Oldenburg alljährlich; Provinzialsynoden in Baiern vierjährlich, in Rheinpreussen und Westfalen dreijährlich. Diöcesansynoden werden unter Vorsiz des Decans in Baiern jährlich, in Baden dreijährlich gehalten; eben so die Kreissynoden in Preussen jährlich unter dem Vorsiz des Superintendenten[516].

Die Gegenwart landesfürstlicher Commissarien bei allen Synodalverhandlungen ist entweder zum voraus geregelt, oder dem Ermessen der Staatsgewalt überlassen. Beschlüsse, die nicht in die weltlichen Angelegenheiten eingreifen,

---

514) Auch die Beschlüsse der Dordrechter Synode vom J. 1618 und 1619, welche für die Niederlande als Nationalconcil anerkant wurde, konten für die übrigen Theile der reformirten Kirche nicht unmittelbar bindend werden.

515) In Baiern werden unter den Generalsynoden nur die beiden Provinzialsynoden verstanden, die nur im J. 1849 zu einer einzigen vereiniget waren (neu geregelt 1853). Dagegen verstand man ehemals am Niederrhein (Kirchenordnungen von 1662. 1663) unter der Generalsynode die je nach drei Jahren vereinigten beiden Provinzialsynoden.

516) In der älteren niederrheinischen Kirchenverfassung wurden die kleineren Synodalkreise als Classen, ihre Versamlungen Classicalsynoden bezeichnet.

können einen gesezlichen Character annehmen, wenn die allgemeinere Synode ihnen beistimmt und das Kirchenregiment sie bestätiget. Auf diese Weise können nicht blos besondere Gemeinde-, sondern auch Diöcesan- oder Synodalstatute entstehen[517].

II. Die nichtsynodale Gesezgebung[518].

A. In der römisch-katholischen Kirche.

210. Dieselben Gründe, welche das Uebergewicht der kirchlichen Gesezgebung über die Gewohnheit verhindern (§. 8), lassen bei beruhigten Zuständen auch die verschiedenen Abstufungen der gesezgebenden Gewalt in der Kirche nicht so scharf hervortreten, wie im weltlichen Rechte. Verordnungen treten an die Stelle der eigentlichen Geseze, und so musten auch während der lezten drei Jahrhunderte, in denen kein allgemeines Concil zu Stande kam, die Verordnungen der Päpste den ersten Rang unter den gesezgebenden Thätigkeiten einnehmen. So lange sie den höheren Gesezen der Kirche und den Landesgesezen nicht zuwider laufen, ist der gesamte Clerus angewiesen, ihnen zu gehorchen[519].

Da aber der niedere Clerus zunächst seinem Bischof zu gehorchen hat, so muss in der Regel für jede Diöcese eine Publication der päpstlichen Verordnungen durch den Bischof hinzukommen; und wo solche Publicationen dem staatlichen Placet unterliegen (§. 17), da kan der Staat

---

517) vgl. Rhein.-westf. KO. §. 33 b. 43 a. Richter §. 80. 172. Ganz selbständige, durch keine Consistorialgewalt bebeschränkte Synoden giebt es in Deutschland jezt nur in der sächsisch reformirten Conföderation (Note 513).

518) Ueber das besonders wichtige kirchliche Gewohnheitsrecht und die Bedingungen seiner Ausbildung vgl. den ersten Theil meiner Encyclopädie §. 39...54. oben §. 8. Richter §. 84. Schulte §. 118...121.

519) s. oben Note 162. Mejer §. 88.

auch in dieser Form die volle Geltung solcher Verordnungen seiner Zustimmung unterwerfen.

Jedenfals bleibt die directe Unterwerfung des Laien unter die päpstlichen Verordnungen mehr eine Gewissenssache, so lange ihnen die ausdrükliche Zustimmung der Staatsgewalt fehlt.

211. Die päpstlichen Constitutionen zerfallen äusserlich in Bullen und Breven[520], je nachdem ihnen eine mehr oder minder feierliche Form gegeben wird. Die immer auf Pergament geschriebenen Bullen haben ihren Namen von der bleiernen Kapsel des angehängten Siegels; die Breven werden meist nur mit dem Fischerringe gesiegelt. Jene beginnen, nach dem Namen des Papstes (oft auch nach den Worten: „ad perpetuam rei memoriam") sogleich mit dem Text der Verfügung; diesen wird als Briefen (Breven) meist noch eine Adresse an bestimmte Empfänger gegeben, wenn es keine Hirtenbriefe oder encyclische Schreiben sind. Citirt werden die Bullen fast immer, die Breven häufig nach den Anfangsworten des Textes[521].

Dem Inhalte nach zerfallen diese Constitutionen in Rescripte, Decrete, Decisionen, Mandate, allgemeine Constitutionen, Privilegien u. s. w.

Als besondere Abarten sind noch die (schedulae oder decreta) motus proprii und die regulae cancellariae apostolicae auszuscheiden. Bei jenen wird

520) Walter §. 59. Schulte §. 108. Mejer §. 85.

521) Die ältesten officiellen Samlungen sind die drei Decretalensamlungen des Corpus Iuris Canonici (Buch I. §. 116. 117); das beste Register bis zum J. 1198 sind die Regesta pontificum romanorum von Jaffè, Berlin 851. 4°. Der neueren s. g. Bullarien sind mehrere neben einander erschienen, namentlich ein Bullarium magnum in Luxemburg (727...757) und ein Bullarium romanum seit 1733, mit neuester Fortsezung seit 1835.

durch die Erklärung des Papstes, aus eigenem Antriebe zu verfügen, die Möglichkeit der Erschleichungseinrede (exceptio sub- et obreptionis) zum voraus abgeschnitten; unter diesen wird ein, bei jedem Regierungsantrit erneuetes Kanzleireglement verstanden, dessen Geltung aber wegen der darin enthaltenen päpstlichen Reservationen ausserhalb Roms vielen Widerspruch erfahren muste[522].

212. Wie für die ganze Kirche der Papst, so kan für den Clerus der eigenen Diöcese jeder Bischof Verordnungen erlassen, zu deren Befolgung der Diöcesanclerus verpflichtet ist, so lange sie weder mit dem gemeinen kanonischen Rechte, noch mit den Beschlüssen der Provinzialconcilien, noch mit der Landesgesezgebung in Widerspruch stehen. Zu diesen Synodalstatuten gehören namentlich die gallicanischen Capitula episcoporum des achten und neunten Jahrhunderts[523], so wie die unten (§. 231) bei der Kirchenzucht zu erwähnenden Bufsordnungen oder Pönitentialbücher (Beichtspiegel) des fünften bis neunten Jahrhunderts, so weit darin juristische Elemente zu finden sind.

213. Das Autonomierecht der Orden, der Dom- und Collegiatkapitel ist auch jezt noch als eine Quelle statutarischer Normen anzusehen, wobei aber das den Domkapiteln gegenüber vorbehaltene bischöfliche Bestätigungsrecht nicht immer gleichmäfsig zur Geltung gekommen ist[524]. Der Bestätigung des Papstes bedarf es für die Ordensstatuten, und überall im Falle eines Widerstreits mit dem gemeinen Rechte; doch ist sie auch sonst wohl von einem Kapitel erbeten worden, um gegen etwanigen Widerspruch des Bischofs gesichert zu sein[525].

---

522) Walter §. 125. Richter §. 76. 87. Mejer §. 53 Note 2.
523) Walter §. 90. Richter §. 37.
524) cap. 9 X de Consuet. (1, 4).
525) vgl. überhaupt Richter §. 169. Mejer §. 88.

Früher war auch den unter einem Erzpriester oder Archidiaconus versammelten Landkapiteln (§. 83. 206) die Abfassung eigener Statuten für ihren Bezirk getattet[526]; jezt würden sie nur eine entsprechende bischöfliche Verordnung zu beantragen haben.

Das kanonische Recht behandelt, ohne genügenden Grund, die kirchlichen Localrechte im Allgemeinen als einen Theil des Gewohnheitrechts[527].

B. Die Gesezgebung in der evangelischen Kirche.

214. Mehr noch, als die römische, ist die evangelische Kirche auf das Gebiet der Verordnungen hingewiesen, da die eines eigenen Willens fähigen Organe der Kirche bisher nicht leicht zu den gesezgebenden Functionen zugelassen wurden. Folgende Fälle sind hier zu unterscheiden:

1) Sehr oft hat die Staatsgesezgebung im Geiste des Territorialsystems (§. 25) diese Functionen ganz absorbirt, oder doch der Kirche nur in kleineren Kreisen die Aufstellung autonomischer oder administrativer Rechtsnormen, neben der usuellen Rechtsentwickelung, übrig gelassen.

2) Neuerdings ist die zwiefache Stellung des Landesfürsten auch wohl benuzt worden, um die Verordnungen, die er als Oberbischof (§. 24) in Kirchensachen erläst, ganz von den Formen der Staatsgesezgebung zu befreien, ohne doch dafür einen anderen zweiten Factor hinzuzufügen, als etwa den vorgängigen Beirat der Theologen, oder die Berichterstattung der höheren kirchlichen Behörden. Dass aber auch auf diesem Wege, auf dem sogar die Formen der ordentlichen Publication versäumt

---

526) Richter §. 150 a. e., nach Binterim.

527) Decret. Greg. Sext. I, 4: de Consuetudine. Oben Note 519.

werden können, den Gefahren einer unkirchlichen oder widerkirchlichen Landesgesezgebung nicht sicher vorgebeugt wird, ist klar.

3) Die volle Wahrung der kirchlichen Interessen erfordert auch bei der Gesezgebung die positive Mitwirkung besonderer, der Kirche speciell verpflichteter Organe, wie sie auch nach den älteren deutschen Verfassungen, und selbst jezt noch in England, durch die Anwesenheit eines besonderen geistlichen Standes auf den Land- oder Reichstagen verbürgt ward [528]. Je mehr aber dieser Factor in der Staatsgesezgebung verschwindet, um so dringender bedarf es auch nach dieser Seite hin einer selbständigen localen, synodalen und presbyterialen Lebensthätigkeit in der Kirche, deren Vorteile für jeden, der sehen will, thatsächlich erwiesen sind [529].

So wie aber keine Landesgesezgebung in kirchlichen Dingen sich über das Evangelium stellen darf, so darf sie auch die Gemeinschaft der Landeskirche mit der evangelischen Gesamtkirche nicht zerreissen. Hierin liegt nur ein neuer Beweis dafür, dass über der gesezlichen Ordnung in der Kirche noch eine höhere Ordnung christlicher Ueberzeugungen waltet. Dass man die liturgische Gesezgebung insbesondere wohl an die Zustimmung der Synoden gebunden hat [530], ist nur eine einzelne Anwendung dieser principiellen Beschränkung.

---

528) vgl. Richter Geschichte der evangel. Kirchenverfassung S. 112 ff. 132, und KR. §. 170. Mejer §. 87.

529) vgl. Richter KR. §. 172 Note 7. Den Gegnern, die sich durch vermeinte Gefahren des Independentismus schrecken lassen, dürfte wenigstens die Erfahrung nahe genug liegen, dass sich aus Pastoren und Patronen allein keine lebendige willensfähige Kirche aufbauen läst.

530) So ausdrüklich im ehemaligen Kurhessen und Hannover, implicite auch in Baden und Oldenburg. Richter §. 170 Note 8.

III. Das kirchliche Dispensationsrecht.

215. Dispensation (dispensatio gratiae) ist die Zulassung von Ausnahmen in der Anwendung gesezlicher Vorschriften, entweder für gewisse Orte und Zeiten (Suspension) oder nur für einzelne Fälle und Personen (Dispensation im engeren Sinne). Alle Dispensationen sind wohl zu unterscheiden von dem befreienden Privilegium, welches der bindenden Regel als gleich berechtigte Norm entgegen trit, und daher meist auch derselben Quelle entstammen oder auf Verjährung beruhen muss[531], während die Dispensation vielmehr im Verwaltungswege erwirkt zu werden pflegt. So erscheint in der römischen Kirche jezt der Papst[532], in der evangelischen der Landesfürst als die Hauptquelle des Dispensationsrechtes, das aber auch durch Delegation oder Indult[533] dort auf die Bischöfe und selbst auf Beichtväter und Pfarrer, hier auf die Consistorien, die Landesbehörden und Superintendenten, die Pfarrer und Presbyterien übergehen kan[534].

Von der Absolution unterscheidet sich die eigentliche Dispensation dadurch, dass jene nur die strafwürdigen Seiten einer gesezwidrigen Handlung, nicht aber die rechtliche Geltung derselben zum Gegenstande hat. Jede Absolution ist eine dispensatio post factum, nicht aber ist umgekehrt diese immer auch jenes.

Die Anwendungen des Dispensationsrechtes müssen sich in demselben Grade mehren, in welchem die gesezlichen Vorschriften an Umfang und Specialität zunehmen;

---

531) vgl. X. V, 33 de Priuilegiis et excessibus praelatorum. cap. 16 X de Maioritate (1, 33). Clem. 2 pr. de Elect. (1, 2).

532) Früher das Provinzialconcil oder der Bischof.

533) Namentlich durch die üblichen Quinquennalfacultäten in Ehesachen. vgl. Vogt II, 44. (27. März 1830).

534) vgl. Richter §. 179. 184. Mejer §. 157.

weshalb denn auch die katholische Kirche reicher an Dispensationsfällen ist als die evangelische. Hauptanwendungen treten ein bei der Firmelung, bei der Weihe, der Amtsfähigkeit (§. 53. 123), den Amtspflichten, den Fastengeboten, dem Gelübde und der Ehe[535].

216. Die Grenzen des Dispensationsrechtes lassen sich besonders auf drei Puncte zurükführen.

1) Es darf nicht von göttlichen[536], noch von solchen menschlichen Geboten dispensirt werden, welche zugleich ein specielles Dispensationsverbot enthalten[537]. Kirchliche Dispensationen von bürgerlichen Rechtsnormen sind durch Delegation des Dispensationsrechtes an die Kirche bedingt.

2) Niemand kan sich selber dispensiren; der etwa als Surrogat der Dispensation benuzte Beirat von Beichtvätern, Theologen oder Consistorien kan zwar für das Gewissen beruhigend, nicht aber für die rechtliche Auffassung des Falles entscheidend sein.

3) Jede Dispensation bedarf besonderer, aus der Prüfung der concreten Umstände entnommener Gründe. Daher war es ein Misbrauch, wenn ehemals auch wohl anticipirte, blos eventuelle Dispensationen, z. B. in Form eines s. g. „breue eligibilitatis" gewährt wurden.

---

535) Von den Ehedispensen ist schon früher, Buch III. §. 108...110, die Rede gewesen; vom Eide daselbst §. 90.

536) So Innocentius III, cap. 13 med. X de Restit. Spol. (2, 13). Das Concil von Trient, Sess. XXIV. can. 3 de sacramento matrimonii, hat nicht das Princip an sich, sondern nur seine Anwendbarkeit auf concrete Fälle beschränken wollen.

537) vgl. Concil. Trid. Sess. XXIV. cap. 5 de ref. matrimonii. Oben Buch III. §. 109 Note 17. Freilich sagte die Glosse zu einer Decretale Innocenz' III. (cap. 3 X de Translat. Episc. 1, 7) vom Papste: „potest supra ius dispensare, idem de ininstitia potest facere iustitiam." s. Mejer KR. §. 35 Note 33.

Uebrigens ist das Verfahren in der katholischen Kirche teilweis verschieden, je nachdem die Dispensation vorher oder nachträglich erbeten wurde; so wie im zweiten Falle, je nachdem der obwaltende gesezwidrige Umstand allgemein bekant war oder nicht [538].

Ein Verbot aller Dispensationsgebühren hat das Concil von Trient vergebens aufgestellt [539]. Die Praxis kennt nicht nur ungleiche Taxen nach Verschiedenheit der Personen; sie fordert auch wohl, für die gleichzeitige Absolution, noch ein zusäzliches Geschenk zu frommen Zwecken [540].

IV. Das kirchliche Gerichtswesen.

A. Umfang der kirchlichen Gerichtbarkeit.

217. Die Anfänge der kirchlichen Rechtspflege fallen in die ersten Jahrhunderte des Christentums; denn je schwerer der äussere Druk auf den ersten Christen lastete, um so mehr musten sie — wie alle bedrängten Glaubensgenossen — den ihnen fremden Richter scheuen, und die Entscheidung der Gemeinde oder des geistlichen Vorgesezten derselben in Anspruch nehmen. Sie musten es um so mehr, als das Evangelium selber ihnen bei Zwistigkeiten die Berufung an die Gemeinde und die Meidung des heidnischen Richters zur Pflicht gemacht hatte [541].

So fanden denn die ersten christlichen Kaiser schon eine schiedsrichterliche Rechtspflege, die episcopalis audientia, vor, deren staatliche Anerkennung zunächst nur darin bestand, dass den Parteien auch nach eingeleitetem Prozesse noch freistehen solte, sich diesem schiedsrichterlichen Verfahren zu unterwerfen [542]. Die Vollstrek-

---

538) vgl. Mejer §. 157.

539) Sess. XXV. cap. 18 de reformatione.

540) Mejer a. a. O. Note 12.

541) Matth. XVIII, 15. 17. I. Cor. VI, 1...8.

542) So nach einer, freilich nicht ganz unverdächtigen Verordnung Constantin's vom J. 318 oder 321 (Const. Sirmon-

barkeit des Spruches aber, für welche der Kirche nur Mittel der Kirchenzucht zu Gebote standen, ward vom Staate wahrscheinlich erst im J. 408 verheissen[544]. So erklären sich denn auch die frühen Klagen des h. Augustinus über das Zeitraubende der bischöflichen Richtergeschäfte[545].

218. Mehr als durch diese conventionelle Grundlage ward das bischöfliche Richteramt durch die Synodalschlüsse der Jahre 391 und 451 befestigt, welche den Clerus ausdrüklich verpflichteten, sich gegenseitig nur vor dem Bischof zu belangen[546]; wie denn auch die Kirchenzucht gegen Geistliche viel wirksamer nachhelfen konte, als gegen Laien. Ganz entscheidend ward aber auch in dieser Beziehung erst Justinian's Privilegium, welches auch die Klagen der Laien gegen Mönche, Nonnen und Geistliche ausschliesslich an den Bischof verwies[547].

Mitunter solte der Bischof auch als Beisizer des ordentlichen Richters fungiren, und bei Klagen über parteiische oder verzögerte Rechtspflege ward ihm von Justinian ein Vermitleramt übertragen[548]. Aber ein s. g. priuile-

dina 17. Hänel nouellae constitutiones 1845. col. 475. 476, und Theod. Cod. I, 27).

544) const. 8 de Episcopali audientia (Cod. 1, 4. Sirmond. 18. Hänel l. c.). Dass auch die bürgerliche Vollstrekbarkeit schon von Constantin vorgeschrieben sei, steht allerdings in einer andern Sirmond'schen Constitution (num. 1, Hänel col. 445...448); aber diese Stelle befiehlt sogar die Abrufung aller Sachen von dem weltlichen Richter, wenn eine Partei auch erst im Laufe des Processes auf den geistlichen Richter provocirt! Darum hat auch Hänel ihre Aechtheit nicht retten können. Sie erscheint zuerst bei Benedict Levita II, 366; etwas befremdlich war sie sogar dem unkritischen Gratian (can. 35...37 C. XI qu. 1) vorgekommen.

545) Augustini († 430) confessiones VI, 3.

546) can. 43. 46. Causa XI qu. 1.

547) Justiniani Nou. 79 cap. 1. 2. 83 pr. 123 cap. 8. 21. 22.

548) Justiniani Nouella 86 cap. 1...4. 7.

gium causarum, eine durch die Natur des Streitgegenstandes begründete exclusive Competenz des geistlichen Richters kante der Orient nicht[549].

219. Anders im Abendlande, wo das intellectuelle Uebergewicht des Clerus hinzutrat, und wo man schon durch den Grundsaz, dass den Römern der römische Richter verbleiben müsse, an concurrirende Jurisdictionen gewöhnt war. In allen Angelegenheiten, auf welche die Kirche factisch einwirkte, ward ihr auch das Richteramt nicht ernstlich bestritten; so umfasste es die Ehen, die Verwandschaftsverhältnisse, Testamente, Eide, Begräbnissachen, Zehnten, Patronatsachen, die Angelegenheiten der Witwen und Waisen[550]; und für diese Jurisdictionsgebiete konte nur etwa das exclusive Recht der Kirche beanstandet werden. Dabei blieb es aber nicht; denn Alexander III. (1159...1180) hatte den Bischöfen nicht nur jede Entscheidung über Incidentfragen, sondern überall das Recht der directen Einschreitung vindiciren wollen, wo der weltliche Richter säumig sei[551]; und Innocenz III. gelangte im J. 1200 zu der Behauptung, dass jedes Streitverhältnis der kirchlichen Entscheidung anheimfallen müsse, wenn dabei einer Partei der Vorwurf der Sünde gemacht werde — d. h. dass das geistliche Schiedsrecht immer als Zugabe zum geistlichen Zucht- und Strafrecht geübt werden könne[552]. Dies war das Princip der denunciatio euangelica, welches die kirchliche Gerichtsbarkeit zur voll-

549) Die schon im J. 399 ergangene Vorschrift, Streitigkeiten „de religione" der bischöflichen Entscheidung zu überlassen (const. 1 Theod. Cod. de Religione 16, 11), sezt schon nach der Natur des Gegenstandes mehr ein aussergerichtliches Verfahren voraus.

550) s. überhaupt Richter §. 191...193. Mejer §. 158. III, 2.

551) cap. 1. 5, 7 X. Qui filii sint legitimi (4, 17). cap. 6 X. de Foro competenti (2, 2).

552) Cap. Nouit ille, 13 X. de Iudiciis (2, 1).

ständigen Concurrentin der weltlichen Rechtspflege machte, so dass Bonifaz VIII. nur noch da, wo das kirchliche Forum kein exclusives war, die Prävention (Buch IV. §. 571) entscheiden lassen wolte[553]. Dass die bürgerliche Obrigkeit sich das nicht gefallen lassen konte, wenn sie überhaupt noch fortbestehen wolte, liegt am Tage.

220. Die ersten Spuren einer Reaction gegen diese Competenzüberschreitungen finden sich im Sachsenspiegel und in alten deutschen Particularrechten[554]; in Frankreich ward sie 1283 gefordert[555], und auch schon gegen 1311 von der anderen Seite beklagt[556]. Dann trat sie in der Goldenen Bulle von 1356 (cap. 11. §. 4) und in dem Costnizer Concordat von 1418 bestimmter hervor[557]; im sechzehnten Jahrhunderte aber fand sie ihren Ausdruk in den s. g. hundert Beschwerden der deutschen Nation[558] und ward seit 1519 zu einem stehenden Artikel der kaiserlichen Wahlcapitulation[559]. Doch ward der privilegirte Gerichtstand der Geistlichen und Kirchendiener, so lange sie ihn nur als Beklagte und nur bei persönlichen Klagen in Anspruch nahmen, selbst in den evangelischen Territorien nicht angefochten[560], er ward sogar auf ihre Familien

553) cap. 2 de Exceptionibus in VI° (2, 12).

554) Sächs. LdR. III, 87 §. 1. Walter §. 182 Note 9.

555) In Beaumanoir's coutume de Beauvoisis. Walter §. 181 Note 9.

556) Von Durandus (Neffe des Speculator, s. Buch I §. 89) de modo concilii generalis celebrandi P. II. tit. 70. vgl. Gieseler Kirchengesch. Bd. II. Abth. 3, S. 160 ff.

557) Aurea bulla cap. 11 §. 4. Concordat. Constant. cap. 4.

558) Aufgesezt im J. 1510, wurden sie 1522 auf dem Reichstag zu Nürnberg dem päpstlichen Legaten überreicht. Es gehören hierher besonders num. 9...13. 56...64. 70...73. vgl. Schilter de libertate germanica lib. 7 c. 2 §. 9 sqq. Thomasius de usu practico denuntiationis euangelicae.

559) Wahlcapitulation art. XIV, §. 4. 5.

560) Mitunter fiel er mit in dem privilegirten Gerichtstande der Staatsbeamten zusammen.

ausgedehnt; wie denn auch die ausschliesliche Competenz der geistlichen Gerichte in persönlichen Ehesachen sich in beiden Kirchen noch lange behauptete.

Nur allmählig gelangte man wieder zu dem Standpuncte, dass die bürgerliche Wirksamkeit kirchlicher Richtersprüche überall durch die Anerkennung des Staates bedingt sei; ein Standpunct, den fast alle neueren Staatsverfassungen stillschweigend dadurch festgehalten haben, dass sie den Landesfürsten oder den Staat für die alleinige Quelle aller Rechtspflege erklärten[561], und die privilegirten Gerichtstände überhaupt beseitigten.

221. Andererseits lag aber für die römische Kirche in diesem Grundsaze allein gewiss kein directes Verbot ihrer eigenen Rechtspflege; nur in Frankreich hatten die organischen Artikel des Jahres 1801 die völlige Abschaffung derselben ausgesprochen[562]. Sie hat aber auch da schon hin und wieder ihre eigenen richterlichen Organe wieder aufgerichtet, wo der Sturm der französischen Revolution sie zertrümmert hatte; teils weil sich auch über die Kirchendisciplin und über manche streitige Verwaltungsfragen in processualischen Formen verhandeln läst, teils weil sie selbst auf den gemeinsamen Gebieten des Privatrechts auf neue Concessionen von Seiten des Staates zu rechnen hatte. So z. B. waren in Baiern und Oesterreich die persönlichen Ehesachen ausdrüklich den geistlichen Gerichten vorbehalten worden, während auf den privilegirten Gerichtstand des Clerus in bürgerlichen Sachen verzichtet wurde. Von Patronatstreitigkeiten schweigt das bairische Concordat, das österreichische verweiset den Laienpatro-

---

561) „Toute justice émane du roi." Preuss. Verfassung art. 86. vgl. Zachariae Verfassungsgeseze, Register s. v. Richterliche Gewalt.

562) Articles organiques art. 10: „tout privilège portant exemption ou attribution de la jurisdiction épiscopale est aboli."

nat an die weltlichen Gerichte[563]. In Nassau wurden im J. 1803 den geistlichen Richtern die Ehesachen in so weit gelassen, als die sacramentale Natur der Ehe in Frage stehe; später hat man dies auf die Ehenichtigkeitsfragen beschränkt, die Ehescheidungsfragen aber der Kirche entzogen (Buch III. §. 140). In Preussen endlich konten für die katholische Kirche bisher dreierlei Gebiete unterschieden werden:

1) Bezirke ohne alle bischöfliche Jurisdiction, weil dieselbe in Folge der Reformation beseitiget worden war;

2) Bezirke, in denen die französische Occupation zur Aufhebung aller kirchlichen Rechtspflege geführt hatte;

3) Bezirke, in denen diese Rechtspflege sich teilweis bis zum Jahre 1848 erhalten hatte, und erst nach dem 5. Dec. 1848 weiteren Beschränkungen unterworfen wurde. Hier hat aber die limitirte Fassung der Aufhebung[564] die Folge gehabt, dass die als fortbestehend betrachtete rein kirchliche Jurisdiction einsweilen sogar auf den Beistand der weltlichen Gerichte zur Erleichterung ihrer Verhandlungen rechnen darf[565].

222. In der evangelischen Kirche solte die geistliche Gerichtbarkeit, auch abgesehen von dem per-

---

563) Baier. Concordat art. 12, c. Oesterr. Concordat. art. 10. 12. 13.

564) Verordng v. 2. Jan. 1849, §. 1, Absaz 2: „Einer gleichen Aufhebung [wie die Privatgerichtbarkeit] unterliegt die geistliche Gerichtbarkeit in allen weltlichen Angelegenheiten, namentlich auch in Processen über die civilrechtliche Trauung, Ungültigkeit oder Nichtigkeit einer Ehe. Alle solche Rechtsangelegenheiten gehören vor die ordentlichen Gerichte". Allgemeiner hatte schon die Verfassung vom 5. Dec. 1848 art. 85 gelautet.

565) Justizministerialblatt 1856. S. 252...268. Vortrag des Ministerial-Commissars im Hause der Abgeordneten 1859. April 13, S. 815. 816. — Die Mitaufführung dieser geistlichen Gerichte in dem amtlichen Jahrbuche der preussischen Gerichtsverfassung hat gewiss ihre grofsen Bedenken.

sönlichen Privilegium der Geistlichen (§. 220), anfangs auch für rein geistliche und selbst für gemischte Sachen, so weit sie überhaupt zur Rechtspflege geeignet waren, fortbestehen; beide Gebiete sind aber mehr und mehr beschränkt worden. Glaubenssachen durften als erzwingbar nicht mehr behandelt werden, und eben so musten rein administrative Fragen hinwegfallen. So blieben denn hauptsächlich alle geschlechtliche Beziehungen (Ehe, Verlöbnis, Stuprum), Patronatsachen, Begräbnis- und Stiftungsangelegenheiten. Jezt entscheiden auch hierin die weltlichen Gerichte[566].

B. Gerichtsverfassung und Verfahren.

1. In der römischen Kirche.

223. In der Regel bildet das bischöfliche Consistorium, d. h. der Official mit seinen Beisizern, als Stellvertreter des Bischofs die erste Instanz, namentlich in Ehesachen. Die frühere Jurisdiction des Archidiaconus ist — eben so wie die päpstliche Jurisdiction in erster Instanz — verschwunden[567]; höchstens ist sie noch für kleine polizeiliche Strafen in Kraft geblieben. Zur Subdelegation ist das Officialat nicht berechtiget.

Die zweite oder Appellationsinstanz ist die erzbischöfliche, das s. g. Metropolitangericht, welches aber häufig nur durch das Officialat der Erzdiöcese, oder, mittels päpstlicher Vollmacht, eines anderen Bistums der Provinz gebildet wird. Ausserdem aber haben auch die päpstlichen Nuntien, wo sie bleibend bestellt sind, das Recht, in zweiter Instanz zu entscheiden[568].

---

566) Richter §. 211.

567) Concil. Trident. Sess. XXI, cap. 20 de ref. XXIV, cap. 3. 20 de ref.

568) vgl. Richter §. 210. Mitunter hat die zweite Instanz auch den Character einer Staatsbehörde, z. B. in Hannover und Baiern. Mejer §. 159. Note 21. 23.

Die dritte (Revisions-)Instanz ist das an die Stelle der Provinzialsynode getretene[569] Synodal- oder Prosynodalgericht, welches als Vertreter der römischen Curie fungirt, aber in partibus, d. h. in jeder Provinz oder eximirten Diöcese bestellt, und nach dem Vorschlage der Synoden oder Bischöfe besezt werden mus[570].

Die Competenz der höheren Instanzen kan aber in der Regel erst nach ergangener Definitivsentenz der unmittelbar vorhergehenden Instanz eintreten; die s. g. appellatio per saltum ist von Rom aus zwar zugelassen, aber auch wieder verboten worden[571]. Ueber diese Frage haben die kirchliche und die weltliche Gesezgebung des 15ten Jahrhunderts ziemlich gleichlautende Regeln aufgestellt[572]; nur ist der zweiten kirchlichen Instanz das Recht vorbehalten worden, die nicht erledigten Sachen erster Instanz nach zwei Jahren sofort an sich zu ziehen[573].

Besonders immatriculirte Anwälte werden sich bei diesen geistlichen Gerichten jezt nicht leicht finden; nur

---

569) Justinian a. 530, const. 29 de Episcopali audientia (I, 4). Nach dieser Verordnung solte der Patriarch der Provinz die vierte Instanz bilden.

570) Conc. Trid. Sess. XXV cap. 10 de ref. s. oben §. 206. Note 498. Die regelmäfsigen Evocationen nach Rom in Justizsachen sind aus denselben Gründen verchwunden, welche den Kaiser schon im Costnizer Frieden von 1183 nötigten, den italienischen Städten delegirte oberste Richter an Ort und Stelle zu verheissen. Pertz monum. leg. II. 181. vgl. Concordat. Constant. a. 1418 cap. 4.

571) cap. 5. 7. 56. 59. 66 X de Appell. (2, 28).

572) Articuli de reformatione a. 1418, VII. (Gärtner C. J. II, p. 130), Concil. Basil. Sess. XXXI. Sanctio pragmat. Biturig. Tit. XXVI. Kurfürstenbeschlüsse von 1439. §. III. (Gärtner I, 56. 57). Reichscammergerichtsordnung v. 1495. §. 20. Con. Trid. Sess. XXIV, cap. 20 de ref. — s. oben Buch IV. §. 618. 694.

573) Conc. Trid. l. c.

das Amt des Eheanwaltes (Buch III. §. 139) pflegt einem Juristen zum voraus übertragen zu sein.

224. Das Verfahren vor den geistlichen Gerichten ist kein anderes, als das im kanonischen Rechte überhaupt vorgeschriebene. Es war anfangs gemischt aus römischer und germanischer Praxis; deutsche ungelehrte Urtelsfinder ersezten die römischen iudices, wurden aber später mit den deutschen Gerichtsformen wieder verdrängt[574], als nach dem Wiederaufleben der römischen Jurisprudenz die s. g. italienische Praxis sich ausbildete. Nachdem aber Clemens V. die Zahl der im summarischen Verfahren zu erledigenden Sachen erweitert, und namentlich auch die Eheprocesse und Zehntstreitigkeiten dahin verwiesen hatte[575], sind seit Beseitigung des privilegirten persönlichen Gerichtstandes der Geistlichen, für die Anwendung des ordentlichen kanonischen Processes in nicht administrativen und nicht strafrechtlichen Angelegenheiten nur wenige Fälle übrig geblieben. Schriftlichkeit und Ausschluss der Oeffentlichkeit werden in beiden Prozessformen festgehalten.

Zur Vollziehung des Urtels kan ausser dem geistlichen Zwange, auch der weltliche Arm angerufen werden[576].

2. In der evangelischen Kirche.

225. Die Justizgewalt der evangelischen Kirche ist in der Regel in dem Consistorium concentrirt, so weit sie überhaupt noch von der bürgerlichen Rechtspflege gesondert ist; und dann pflegt das Consistorium die Stelle eines

574) cap. 3 X de Consuetud. (1, 4).

575) Clem. 2 Dispendiosam de Iudiciis (2, 1). Clem. Saepe (2) de V. S. (5, 11). Oben Buch IV, §. 748. 752. 753.

576) vgl. überhaupt Nic. München das kanon. Gerichtsverfahren und Strafrecht. 2 Bde. 1865. 66. C. F. Reatz collectio scriptorum de processu canonico. Vol. I. Gissae 860.

Obergerichts einzunehmen, so dass das höchste Landesgericht zugleich die lezte (zweite oder dritte) Instanz in eigentlichen Consistorialprocessen zu bilden pflegt[577].

Statt der Consistorien, auch wohl neben denselben, oder als Reste ehemaliger Mediatconsistorien, giebt es mitunter noch besondere Ehegerichte[578]. Dagegen waren die s. g. Pfarrgerichte, welche sonst namentlich in Sachsen und Meklenburg bestanden, nur mit dem Pfarrvermögen verbundene Patrimonialgerichte, ohne Jurisdiction in eigentlichen Kirchensachen[579].

Das Verfahren in Consistorialprocessen soll zwar im Ganzen summarisch sein; es hat sich aber meistens dem Verfahren vor den weltlichen Landesgerichten sehr assimilirt[580].

V. Kirchenaufsicht, Kirchenzucht und Kirchenstrafen.

A. Oberaufsicht und Visitationen.

1. In der römisch-katholischen Kirche.

226. In der römisch-katholischen Kirche ist das Aufsichtamt schon durch den Namen Bischof (*ἐπίσκοπος*) vollständig indicirt; dem Papst als oberstem Bischof gebührt also von selbst auch die Oberaufsicht im eminenten Sinne

577) Mejer KR. §. 160. Note 9...11. Eine höhere Instanz des Oberconsistoriums oder des geistlichen Ministeriums pflegt nur in Disciplinarsachen vorzukommen.

578) Mejer a. a. O. Note 10. -- Am Niederrhein half man sich sonst auch durch zweimalige Actenversendungen an evangelische Juristenfacultäten, welche durch die katholische Justizbehörde (Regierung) zu Düsseldorf vermittelt wurden. Jülich-Bergischer Religionsvergleich von 1672. art. IX.

579) Daher hiessen sie auch Pfarrdotalgerichte. Weber sächs. KR. Th. I, S. 551. 638. II, 597 ff. der ersten Ausg.

580) Ludovici Consistorialprocess, oben Note 300. Nur in den sächsischen Consistorien, z. B. in Altenburg, pflegte das Verfahren von dem der weltlichen Gerichte sehr abzuweichen.

des Worts, während dem Erzbischof als solchem nur noch die Beaufsichtigung der Seminare und der Residenz seiner Suffraganbischöfe geblieben ist[581]. Das Uebrige ist Sache der Bischöfe, als deren Stellvertreter besonders die Generalvicare und die Landdechanten (ehemals die Archidiaconen, §. 83) erscheinen. Zur Aufsicht über die Klöster sind die Ordensobern teils neben, teils ausser den Bischöfen berufen[582].

Die Aufsichtsmittel sind hauptsächlich zwiefach: Berichterstattung und Visitation. Zu beiden Zwecken ist die Mitwirkung der unteren Behörden in Anspruch zu nehmen; also vom Papste die der Bischöfe, vom Bischof die der Pfarrer. Daneben ist natürlich die Abordnung ausserordentlicher Commissarien, z. B. der päpstlichen Nuntien, nicht ausgeschlossen; wie denn auch die Berichterstattungen selber teils regelmäfsige[583], teils ausserordentliche sind.

227. Wirksamer als die einfachen Berichte sind natürlich Lokalvisitationen, deren Geschichte bis in das vierte Jahrhundert hinaufreicht. Im fränkischen Reiche solten sie, nach sehr bestimmten Vorschriften der Kapitularien, alljährlich in Gestalt kleiner Bezirkssynoden, unter Zuziehung vereideter Laien veranstaltet werden, woraus sich auch anderswo die s. g. Sendgerichte und Sendschöffen (testes synodales[584]) entwickelt haben[585].

581) Conc. Trid. Sess. 6. cap. 1. Sess. 22. c. 1. Sess. 23. c. 18 de ref.

582) Mejer §. 104. Note 6. 7. §. 156. Note 7.

583) Mejer §. 156 Note 2. 12. Mündliche Berichterstattungen an den Papst (uisitationes liminum apostolorum) sind von den Bischöfen eidlich zu geloben, aber nicht leicht öfter als einmal ausführbar. Mejer §. 104 156 Note 14. u. a. e.

584) cap. 7 X de Testib. cogendis (2, 21). vgl. can. 7 C. 35 qu. 6.

585) Biener Geschichte des Inquis.-Proc. S. 28...38. Mejer a. a. o. S. 563...65.

Misbräuche jedoch, die sich teils an den inquisitorischen Geist dieser Sendgerichte, und an ihre spätere Ausbildung zur eigentlichen Kezerinquisition, teils an die Vertretung des Bischofs durch die Archidiaconen knüpften, haben diesem Institut den Untergang gebracht; und es ist nur die Vorschrift an die Stelle getreten, dass keine Visitation ohne bischöfliche Genehmigung stattfinden dürfe, dass aber der Bischof selber, oder sein Mandatar, wenigstens alle zwei Jahre die ganze Diöcese visitiren solle[586]. Für die Gegenstände der Visitation ist keine bestimmte Grenze gezogen worden; aber auch die zweijährige Frist kan selten eingehalten werden.

2. In der evangelischen Kirche.

228. In den ersten Entwickelungszeiten der evangelischen Kirche wurden, unter sehr mannichfachen Veranlassungen, die ordentlichen und ausserordentlichen Visitationen, Inspectionen u. s. w. mit grofsem Eifer wahrgenommen, bis sie zulezt sich zu ziemlich friedfertigen Rundreisen der Superintendenten und Generalsuperintendenten zusammenzogen, hin und wieder auch wohl ganz eingingen. Jezt aber ist auch in diesem Zweige des kirchlichen Lebens der volle Ernst wieder von Neuem erwacht[587], und es sind ihm häufig durch Anordnung von regelmäfsigen Pfarrberichten, so wie in Preussen von ausserordentlichen Generalvisitationen[588], sehr zwekmäfsige Ergänzungen gegeben worden.

586) Conc. Trid. Sess. 24. cap. 3 de ref. Mejer Note 4. 5.

587) Mejer a. a. o. Note 15...17.

588) Die revidirte Instruction für die sechs östlichen Provinzen, vom 15. Februar 1854, ist gedrukt in den Actenstücken des Oberkirchenraths II, 1 S. 19...26. Moser Kblat S. 162 ff. Sehr nüzlich ist dabei die Zuziehung einzelner Geistlichen aus anderen Provinzen gewesen.

Nur dafür wird nicht weniger zu sorgen sein, dass diesen Visitationen der polizeiliche und inquisitorische Character möglichst fern bleibe. Bei einem allgemeinen Schema, welches mehr als hundert Fragen aufstellt, kan hie und da auch der Fall wohl eintreten, dass manche Frage viel besser unbeantwortet bleibt. Namentlich ist bei dem Eindringen der Visitationen in die häuslichen Verhältnisse der Pfarrgenossen sehr behutsam zu verfahren, mehr als bei der Prüfung der eigentlichen Gemeinde-Angelegenheiten und der Amtsführung der Kirchenbeamten[589].

B. Die Kirchenzucht und die Kirchenstrafen.

Uebersicht.

229. Wir verstehen unter Kirchenzucht (publica ecclesiae disciplina) im weiteren Sinne die Gesamtheit aller Mittel, mit welchen die Kirche gegen Diejenigen mahnend oder strafend einschreitet, die ihre Ordnungen durch Sünde oder Rechtsbruch verlezen.

Der Hauptzwek dieser Mittel kan aber dem Laien gegenüber nur darin bestehen, den Verirrten auf den rechten Weg zurük zu leiten, und mit sich zu versöhnen[590]; an ein Einschreiten im eigenen Interesse der Kirche ist hauptsächlich nur ihren Beamten gegenüber zu denken, welche der Pflichten des anvertrauten Standes und Berufes vergessen haben. Hierauf beruhet der Unterschied der Kirchenzucht im engeren Sinne, welche gegen die Laien geübt wird, und der eigentlichen Kirchendisciplin gegen Geistliche, Regularen und Kirchenbeamte.

Eben deshalb sind aber auch nur Wenige dieser Zuchtmittel als reine Strafen anzusehen, wohl aber können

589) Das preussische Landrecht II, 11 §. 154. 696 kennt überhaupt nur diese zweite Anwendung der Visitationen, und spricht auch dabei zunächst nur von Revision der Gebäude und der Rechnungen!

590) can. 37 C. 24 qu. 3.

fast alle durch Nebenumstände zu Strafen werden. So die einfache Mahnung, der Vorhalt, wenn sie der Oeffentlichkeit anheimfält, und dadurch zur Rüge wird; so die sichtbaren Zeichen schuldbewuster Reue, wenn sie von der Kirche als Bedingung der Wiederaussöhnung gefordert werden.

Eine ähnliche Bewandnis hat es mit der Einteilung des kanonischen Rechts in censurae oder poenae medicinales[591], bei welchen Wiederaussöhnung und Absolution bezwekt wird[592], und in eigentliche Strafen, poenae uindicatiuae, die aber meistens dem weltlichen Rechte entlehnt, oder doch auf die Mitwirkung oder Zustimmung der Staatsgewalt berechnet sind[593].

230. Nur die wahren Strafen bedürfen immer eines Strafrichters; die übrigen Zuchtmittel liegen meist schon in der Hand des Seelsorgers, der Gemeinde oder des Amtsvorgesezten. Dies hat auch erleichtert werden sollen durch Einführung der Fälle einer, ipso iure eintretenden, excommunicatio latae sententiae, im Gegensaz der censurae ferendae sententiae, die erst eines besonderen Verfahrens und Urteils bedürfen; ein Unterschied, der aber durch übermäfsige Vermehrung jener Fälle erster Art (über 200) seine practische Bedeutung ziemlich verloren hat[594].

---

591) Augustinus, can. 18 C. 2 qu. 1. cap. 1 de Sent. excomm. in VI°. (5, 11).

592) Dahin soll auch das Interdict, die Excommunication und die Suspension vom Amte gehören. cap. 20 X de V. S. (5, 40).

593) Geldbufsen, Gefängnis, körperliche Züchtigung, Degradation, Deposition, und die bürgerliche Acht als Folge der grofsen Excommunication, sind hieher zu rechnen. Bonifaz VIII. hatte die Todesstrafe hinzugefügt.

594) Richter §. 213 a. e. Ueber das Vorhandensein der Thatsache an sich soll immer noch ein Richterspruch gefällt werden. cap. 19 de Heret. in VI° (5, 2). Clem. 2 de Poenis (5, 8).

So wie demnach das eigentliche kirchliche Strafrecht nur die lezte Stufe des kirchlichen Zuchtrechtes bildet, so müssen wir andrerseits auch schon die Beichte und Bufse mit in das Gebiet dieses lezteren hineinziehen; die gröste Wirksamkeit aber werden wir der Zucht in den Pfarrgemeinden anweisen müssen. Daraus ergeben sich folgende vier Hauptstücke für die Erörterung im Einzelen[595]:

1) die Kirchenzucht durch den Seelsorger,
2) die Kirchenzucht in der Pfarrgemeinde,
3) die eigentliche Strafgewalt des Kirchenregiments,
4) die Kirchendisciplin gegen Geistliche, Regularen und Kirchenbeamte.

1. Die Kirchenzucht in der Seelsorge.

a. In der katholischen Kirche: Beichte und Bufse.

231. Zwek der Beichte und Bufse ist die Wiederversöhnung mit Gott, in der Absolution liegt die Versicherung der göttlichen Vergebung der Sünde. Die Bufse ist für die katholische Kirche ein Sacrament, und die Absolution kan nur von dem dazu berechtigten Priester, in schwereren Fällen nur von dem Bischof oder gar nur vom Papst erteilt werden. Die Berechtigung des Priesters ist durch den Besiz einer Pfarre oder durch specielle bischöfliche Vollmacht bedingt, für den Pfarrer aber nach heutiger Praxis nicht mehr auf die eigenen Pfarrgenossen beschränkt. In den dem Papste vorbehaltenen Fällen ist jezt die Absolution fast ohne Ausnahme dem Bischof überlassen, ja selbst der Priester kan sie den Sterbenden

---

595) vgl. übrigens Walter §. 188...194. 285...287. Richter §. 197...211. 244...246. Mejer §. 136. 154. 158. S. 574. §. 159. S. 581...84. §. 160. S. 587. Als Beispiel der particularrechtlichen Entwickelung des Instituts: Mejer Kirchenzucht und Consistorial-Competenz nach Mecklenburg. Rechte. 854. Unten Note 613. 614.

(in articulo mortis) gültig gewähren[596]. Sie ist, obwohl zunächst ein Act der Seelsorge, doch zugleich als Act der Jurisdiction und als Surrogat des eigentlichen Richterspruchs zu betrachten[597].

Wesentlich bedingt ist aber jede Absolution durch ein specielles mündliches, reuevolles Geständnis in der Beichte[598], und durch die vorausgesezte Erfüllung gleichzeitig auferlegter[599] Bufswerke (contritio cordis, confessio oris et satisfactio operum). Für die Bestimmung der Bufswerke gab es schon in der älteren Kirche sehr detaillirte Bufscanones (Beichtordnungen, Beichtspiegel), welche, unter Vorbehalt bischöflichen Ermessens, dem Diöcesanclerus als Anweisung dienten, und die auch von neueren Kanonisten als geistliche Strafgesezbücher bezeichnet werden[600].

---

596) Concil. Trid. Sess. XXIII. cap. 15 de ref. Sess. XIV. cap. 7 et can. 11 de poenitentiae sacramento.

597) „ad instar actus iudicialis, quo ab ipso, uelut a iudice, sententia pronunciatur.“ Conc. Trid. Sess. XIV. cap. 6 de poenit. cap. 7 eod. — Daher hat das Concil von Trient auch die Vorschrift wiederholt, dass jeder Bischof wo möglich einen eigenen Pönitentiar anstellen soll, der zugleich Licentiat oder Doctor der Rechte sei. Conc. Trid. Sess. XXIV cap. 8 de ref. Dies wird aber nicht allgemein gehalten; oft ist das Amt des Pönitentiars auch nur ein Domherrntitel.

598) can. 4 C. 26 qu. 7. can. 52 D. I de Poenit. can. 38. 40. 88. 49 eod. Gratian. ad can. 87 eod.

599) Walter §. 286 Note 14. Das Dogma von der möglichen Mitbenuzung fremder guter Werke aus dem kirchlichen Ueberschusse früherer verdienstlicher Handlungen (thesaurus supererogationis perfectorum) bildet, so lange die damit verknüpften Ablasserwerbungsmittel keinen Widerspruch der Staatsregierung hervorrufen, auch keinen Gegenstand juristischer Erörterungen.

600) Walter §. 188. s. oben §. 212. Entstanden nach griechischen Vorbildern, lassen die abendländischen Pönitentialbücher des fünften bis neunten Jahrhunderts doch auch Einiges von den Bufssystemen der germanischen Volksrechte erkennen. vgl. Wasserschleben die Bufsord-

232. Für die Laien besteht die Verpflichtung, wenigstens einmal im Jahre — zu Ostern — unter Ablegung der Beichte um Absolution zu bitten [601]; ausserdem ist sie die Vorbedingung zum Empfange jedes anderen Sacramentes [602], zu welchem Zwecke auch besondere Beichtscheine (Beichtzettel) ausgestellt werden. Da aber früher der Ausdruk unzweifelhafter Reue als die Hauptsache bei der Beichte angesehen ward, so muste sie nicht nur wegen aller öffentlichen, sondern meist auch wegen geheimer Vergehen öffentlich abgelegt werden, was auch das Concil von Trient in der ersten Anwendung noch als Regel festhalten wolte [603]. Dennoch ist die öffentliche Beichte jezt ganz verschwunden, während die öffentliche Bufse nur noch bei den allgemein bekant gewordenen Vergehen zulässig bleibt.

Die geheime Beichte darf aber in sofern auch eine unvollständige bleiben, als dem Beichtvater verboten ist, nach dem Namen der Mitschuldigen zu fragen. Andererseits soll er sich zur Geheimhaltung des Gebeichteten (sigillum confessionis) strenge verpflichtet halten, so dass ihm, vom kirchlichen Standpunct aus, selbst bei beabsichteten gemeingefährlichen Verbrechen kein anderer Ausweg bliebe, als der, die Absolution an die Bedingung einer Anzeige von Seiten des Beichtenden zu knüpfen [604]. Der Standpunct des weltlichen Strafrechts zu dieser Frage ist schon früher besprochen worden [605].

---

nungen der abendländischen Kirche. 1851, und danach Walter KR. §. 93.

601) cap. 12 X de Poenit. (5, 38).

602) Richter §. 259.

603) Mejer §. 136 Note 8. Concil. Trid. Sess. XXIV. cap. 8 de ref.

604) can. 2 Dist. 6 de Poenitentia. cap. 2 X de Off. iud. ordin. (1, 31). cap. 13 X de Excessib. praelator. (5, 31). cap. 12 fi. X de Poenitentiis (5, 38). Mejer §. 136 Note 15. 16. Walter §. 286 ed. X.

605) s. oben Buch V §. 142. Eine genaue Zusammenstellung der

b. In der evangelischen Kirche.

233. Die evangelische Kirche behandelt die Bufse nicht mehr als Sacrament[606], die Absolution auch nicht als Quasi-Sentenz, hält aber die Wiederholung des Sündenbekentnisses fest als heilige Gewissenspflicht, und ganz besonders als unmittelbare Vorbedingung für die Zulassung zum h. Abendmal. Zu diesem Zwecke verlangte die Augsburgische Confession zwar keine specielle Aufzählung aller begangenen Sünden, wohl aber die Privatbeichte[607]; doch ist allmählich das gemeinsame Sündenbekentnis, wie die gemeinsame Versicherung der Sündenvergebung, mehr zur Regel geworden, so lange sich nicht ein besonderes Verlangen nach persönlichem Zuspruch kund gegeben hat. Hauptbedingung der Absolution sind contritio und fides; die satisfactio durch gute Werke wird als natürliche Frucht der gläubigen Bufse vorausgesezt, und insoweit ist das äussere Pönitenzsystem ganz verschwunden. Im Notfall kan auch ein Laie im Namen der Kirche die Versicherung der Sündenvergebung erteilen, denn das Binden und Lösen (die Schlüsselgewalt, potestas clauium) ist eine Gewalt der ganzen Kirche, und nur in geordneten Zuständen dem geistlichen Amte allein vorbehalten[608].

2. Die Kirchenzucht in der Pfarrgemeinde.

a. In der katholischen Kirche.

234. Dass der Inhaber der Pfarrgewalt diejenigen unter seinen Parochianen, die als Verächter der kirchlichen Ordnungen zugleich die Zucht der Beichte verschmähen,

---

deutschen Landesrechte über diesen Punct enthält Moser's evangel. Kblat 1859 S. 416...438.

606) Abweichend lautete noch die Apologie der Augsb. Confession, cap. 5 §. 31. cap. 7 §. 4.

607) Confessio Augustana Pars I, art. 11. 12. Pars II, art. 4.

608) Articuli Schmalkaldici append. P. II, art. 70. 71.

durch geeignete Ansprachen ermahnen darf, versteht sich von selbst[609]. Die Formen der Ansprache müssen jedoch, um nicht das Gebiet der rechtswidrigen Injurie zu berühren, einigermafsen nach den Umständen bemessen werden.

Eben so versteht es sich von selbst, dass wenn bereits die Offenkundigkeit des Anstofses der ganzen Gemeinde zum wirklichen Aergernis geworden ist, auch vor der Gemeinde davon geredet werden darf; nicht um das Aergernis zu steigern, wohl aber um den geistigen Schaden, den es gebracht, zu heilen[610].

Endlich liegt auch Das in der Natur der Sache, dass wenngleich die Anwendung der censurae latae sententiae (§. 230) nicht in die Hand des Pfarrers allein gelegt ist, doch von seiner Seite auch dieser Anwendung nicht hindernd vorgegriffen werden darf; er wird also, in Ermangelung näherer Instructionen oder herkömlicher Verhaltungsregeln, Anstand nehmen ohne vorgängige Anfrage zu gewähren, was während der Censur versagt werden solte. Weiter gehen die Befugnisse des Pfarrers nicht; namentlich kan er ohne specielle Vollmacht des Bischofs nicht excommuniciren[611].

---

609) Auch das preussische Landrecht (II, 11 §. 50...53. 57. 76...79. 92) hat dies für die Parochianen beider Confessionen vollständig anerkant.

610) Das preussische Landrecht (II, 11, 83...85) verbietet freilich jede Nennung oder indirecte Bezeichnung der beteiligten Personen.

611) Benedict. XIV. de synodo dioecesana lib. V, cap. 4. Anders noch im J. 1170: cap. 3. X de Off. iud. ord. (1, 31). Prälaten mit Quasi-Episcopalgewalt, und päpstliche Legaten können excommuniciren. Mejer S. 551 Note 15. — Auch das preussische Landrecht II, 11, §. 86...90 will den Pfarrern die eigenmächtige Ausschliessung vom gemeinsamen Gottesdienste oder von den Sacramenten nur provisorisch oder als polizeiliche Notwendigkeit gestatten, und die Kirchenzucht (ibid. §. 50...53), sobald sie Ehre oder Vermögen der

Eine wesentliche Beihülfe in dieser Zucht bestand früher in der Mitwirkung der Sendschöffen (§. 227); jezt kan sie dem katholischen Pfarrer durch die Sodalitäten seiner Parochie geboten werden, wenn diese, seiner Aufsicht und Leitung unterworfen, zugleich geeignet sind, das schlummernde Gemeindebewustsein zu wecken und anzuregen (§. 62..70).

b. In der evangelischen Kirche.

235. Wo die evangelischen Pfarrgemeinden im Wesentlichen geblieben sind, was sie vor der Reformation gewesen waren: Verwaltungsbezirke des Seelsorgers — da hat auch die Kirchenzucht sich in den Händen des Pfarrers nur auf Grund seiner Pfarrgewalt und unter dem Beistande der weltlichen Obrigkeit entwickeln können. Es war besonders der Pfarrer auf dem Lande, der seine Gemeinde geistig weit überragend, auch wohl ausgerüstet mit bestimmten Attributen der obrigkeitlichen Gewalt, seine ungeratenen Pfarrkinder vorladen, sie vor Zeugen vermahnen, in der Predigt strafen, an einen abgesonderten Plaz in der Kirche verweisen, ja selbst von dem Patenamt und dem h. Abendmal einseitig ausschliessen konte. Die Mitwirkung der Gemeinde beschränkte sich meist auf das Verlangen der Absonderung lasterhafter Personen und gefallener Frauenzimmer von den gemeinsamen Pläzen in der Kirche.

Dass aber diese Art der Kirchenzucht in gröſseren Städten und überall verkümmern muste, wo die pfarramtliche Autorität sich abschwächte, ist leicht zu ermessen. So verkehrt es auch sein mag, wenn die selbstgefällige Scheu vor „persönlichen Anzüglichkeiten" des Pfarrers auch von der Landesgesezgebung ausdrüklich in Schuz genommen wird, so wenig ist doch andererseits jezt daran

---

Gemeindeglieder betrift, der weltlichen Obrigkeit vorbehalten wissen.

zu denken, den Pfarrer etwa mit einer polizeilichen Gewalt zu bekleiden, um ihn dadurch in der alleinigen Handhabung der Kirchenzucht zu unterstüzen. Mitunter hat man ihm die „positive" Kirchenzucht entziehen, die „negative" belassen wollen [612].

236. Die neueren löblichen und lehrreichen Bestrebungen mancher Landeskirchen, die Kirchenzucht wieder herzustellen [613], werden daher wenig fruchten, wo nicht zugleich beherziget wird, was neuerdings von competentester Seite darüber erinnert worden ist [614]:

„Mir scheint bei Wiedererweckung der Kirchenzucht zweierlei sehr beachtenswerth. Einmal, dass man sich vor der erst im achtzehnten Jahrhundert missbräuchlich eingerissenen Einseitigkeit hüte, blofs gegen Unkeuschheitssünden die Zucht zu üben, da doch nach der Schrift dieselben nicht anders als andere grobe Sünden stehen, eine Ungleichheit in ihrer Behandlung daher unevangelisch ist und die Gefahr nahe liegt, dass die Kirche in den Dienst der Polizei gerathe. Zweitens, dass der Act der sogenannten „Kirchenbufse" wieder auf seinen richtigen Begriff zurückgebracht werde, wonach er eine Versöhnung, keine Strafe ist. Dies wird aber nur dann geschehen können, wenn die Kirche einestheils . . . . anderentheils aber sich gegenwärtig hält, dass zur „Versöhnung mit der geärgerten Gemeinde" nicht blofs eine Parochie, sondern eben eine Gemeinde gehört, und zwar eine die an der begangenen Sünde ein Aergernifs wirklich genommen und die auch ein

612) vgl. Jacobson das Disciplinarrecht der Consistorien in Preussen, in Dove's Zeitschrift Bd. II. 862 S. 243 ff. — Als wirkliche Sittengerichte fungiren wohl nur die Presbyterien in Holland.

613) s. besonders die Verhandlungen der Eisenacher Kirchen-Conferenz vom Juni 1857, in Moser's Kirchenblatt 1857. S. 228...233. 263...291. Neide die Kirchenzucht. Bonn 856, und Verhandlungen der 9. Rhein. Provinzialsynode 1856. S. 177...180. Dazu Mejer KR. §. 154 Note 32.

614) Mejer Kirchenzucht (Note 595) S. VII. VIII. der Vorrede.

der Versöhnung bedürftiges und offenes Herz für den reuigen Sünder hat. So lange in einer Parochie noch keine solche Gemeinde vorhanden ist, wird zwar Kirchenzucht auch geübt, die Form der Kirchenbuſse aber mit der allergrössten Vorsicht gewählt werden müssen; damit nicht, was seiner Natur nach eine Wiederaufnahme sein soll, statt dessen ein stigmatisirendes Ausstoſsen werde.

In einer solchen Gemeinde wird freilich die Kirchenzucht durch die unentbehrliche Mitwirkung des Kirchenvorstandes (Presbyteriums u. s. w.), sei diese nun eine persönliche oder nur eine den Pfarrer autorisirende, einen etwas judicialen Character annehmen, ohne jedoch den ursprünglich seelsorgerischen ganz abzustreifen. Der Hauptvorzug liegt aber unstreitig in dem Segen einer unsichtbaren präventiven Kirchenzucht, welche das Aergernis gar nicht zur Reife kommen läst. Diesen Segen kan nur ein geordnetes Gemeindewesen verbürgen [615]; wo dieses fehlte, da hat mitunter das Conventikelwesen auch zu diesen Zwecken aushelfen sollen — eine bedenkliche Hülfe, weil sie sich der Leitung des Pfarrers zu entziehen, ja ihr zu widerstreben pflegt, der doch in der katholischen Kirche die Sodalitäten stets unterworfen bleiben.

3. Das eigentliche Strafrecht gegen Laien.

a. Behörden und Verfahren.

237. Sowohl die heilenden, als die eigentlichen Strafen (§. 229) können nur von den geistlichen Gerichten verhängt werden, deren Organismus schon oben (§. 222. 224) angegeben worden ist. Ein vollständiges Strafverfahren gegen Laien würde aber auch durch die notwendigen

615) s. oben §. 46. 47. 142. Dass die ausnehmende Seltenheit der Ehescheidungen in Westfalen und Rheinland, ungeachtet der groſsen Scheidungsfreiheit nach preussischem und französischem Rechte, nur hieraus erklärbar wird, ist auch sonst schon bemerkt worden.

Zwangsmittel der Voruntersuchung bedingt sein, die nur von der Staatsgewalt gewährt werden können; und eben deshalb beschränkt sich dasselbe meist auf Einschreitungen in schweren Fällen einer fortgesezten, schon anderweitig ermittelten oder notorischen kirchlichen Vergehung[616], die aber von weltlichen Strafen nicht erreicht wurde; wobei auf die amtliche Untersuchung und zweimalige Ermahnung (monitio canonica[617]) sogleich das Urtel zu folgen pflegt. Die Berufung an die höhere Instanz darf nicht abgeschnitten werden; von eigentlicher Rechtskraft kan aber nur in so weit die Rede sein, als das bischöfliche Strafurtel auch in anderen Diöcesen, denen es mitgeteilt wurde, gelten soll, und als auch die Wiederaufhebung der Censur im Wege der Absolution nur dem ursprünglichen Richter vorbehalten bleibt.

In der evangelischen Kirche sind die Grenzen der Consistorialstrafgewalt gegen die Laien meistens noch enger gezogen; nur wo dem Consistorium noch die Stellung einer eigentlichen Staatsbehörde geblieben ist, vermag es aus diesem Grunde auch als Strafgericht, zwar nicht kirchlicher, aber doch energischer aufzutreten[618]. Geringe Geld- und Gefängnisstrafen (z. B. Unzuchtsbrüche) können in solchen Ländern wohl noch gegen Laien verhängt werden.

b. Kirchliche Vergehen.

238. So lange die Kirche dem weltlichen Strafrechte den Vorrang streitig machte, weil sie an seinen Lücken

616) Die ältere Unterscheidung von fünf verschiedenen Veranlassungen des Strafverfahrens: notoria, accusatio, denuntiatio, inquisitio, exceptio, hat jezt nur eine historische Bedeutung. cap. 16. X de Accus. (5, 1). cap. 31. X de Simonia (5, 3). Biener Beiträge zur Gesch. des Inquisitionsprocesses. 827. S. 38 ff.

617) Concil. Trid. Sess. XXV, cap. 3 de ref. Richter §. 214. Note 18.

618) s. z. B. Mejer Kirchenzucht und Consistorialcompetenz S. 83...100. 133 ff.

und zugleich an seinen Härten Anstofs nahm, muste sie in ihr eigenes Strafgebiet Alles hineinziehen, was ihr als unchristlich oder unkirchlich erscheinen konte. Für ihren heutigen, mehr ergänzenden und nachhelfenden Standpunct aber kommen, wie eben bemerkt, hauptsächlich nur diejenigen Vergehen in Betracht, welche von weltlichen Strafen nicht erreicht werden, oder als unmittelbare Auflehnung gegen die kirchlichen Ordnungen erscheinen. Fleischessünden, Verlezung der ehelichen, elterlichen oder Kindespflichten, Duelle, wucherliche und unsittliche Gewerbe, Störung des Gottesdienstes, Kirchenraub, Schmähungen und Thätlichkeiten gegen Kirchenbeamte[619], Verhöhnung eigener Glaubenssazungen oder geheiligter Gebräuche (Blasphemie), wird jede Kirche an ihren Gliedern direct zu strafen befugt sein. Gegen Angehörige anderer Kirchen hat sie keine Strafgewalt, kein eigenes Recht der Verfolgung, wohl aber den Schuz des Staates in Anspruch zu nehmen[620].

c. Einzelne Strafen.

239. Den Mittelpunct des kirchlichen Strafrechts bildet der Kirchenbann[621], der Ausschluss von der kirchlichen Gemeinschaft, der aber verschiedener Abstufungen fähig ist.

1) Der gänzliche Ausschluss, excommunicatio maior, oder anathema, stüzte sich auf Stellen der heiligen Schrift[622], und ward schon sehr frühe als Abschneidung von dem Leibe Jesu bezeichnet[623], obwohl er die geistige Gemeinschaft des Taufbundes nicht aufheben und daher auch eine Reconciliation niemals ganz verhindern

---

619) Die s. g. excommunicatio canonis. can. 29 C. 17 qu. 4.

620) Daher gehören Apostasie und Proselytenmacherei nicht in das Gebiet der kirchlichen Strafverfolgung.

621) F. Kober der Kirchenbann nach den Grundsäzen des kanon. Rechts. 857.

622) Matth. XVIII, 17. I. Cor. V, 5. I. Tim. I, 20.

623) can. 21. 32. 33. C. XI qu. 3.

kan[624]. Den eigentlichen Nachdruk gab aber dieser Strafe erst die zugleich erwirkte bürgerliche Rechtlosigkeit, die Reichsacht (Buch II §. 26) die zwar noch von dem Concil von Trient gegen Duellanten gefordert[625], aber durch die Umstände selbst unmöglich geworden ist[626]. Daher behandelt die evangelische Kirche den gänzlichen Ausschluss aus der Kirchengemeinschaft gar nicht als Strafe, sondern nur als notwendige Folge eines freiwilligen Abfalls.

2) Der kleine Kirchenbann, excommunicatio minor, besteht in dem Ausschluss nicht blos von den Sacramenten (der s. g. Sacramentsperre), sondern auch von der Kirche oder von einzelen Theilen des Gottesdienstes. In älterer Zeit war er immer mit den Pönitenzen verbunden und zerfiel in vier Stufen[627]. Auch in der evangelischen Kirche ist er nicht ausschliessend auf die Versagung des h. Abendmals beschränkt; auch von der Patenschaft ist ein Ausschluss möglich, und die zuvor erwähnten abgesonderten Pläze in der Kirche (§. 235) dürften zum Theil als Reste jener alten Pönitentialstadien aufzufassen sein. Den gänzlichen Ausschluss von allen Versamlungen hat das preussische Landrecht (II, 11 §. 54...57) auch den Gemeinden, vorbehaltlich des Recurses an den „Staat" (einer Art des recursus ab abusu) gestattet.

3) Das Interdict, welches in das persönliche und das örtliche zerfält. Das erste trift nur den Geistlichen, wenn ihm der Eintrit in die Kirche verboten wird[628]. Das zweite ward eine gefährliche politische Maasregel, denn es bestand in der Einstellung aller, oder doch der

---

624) can. 108. C. XI qu. 3. cap. 11. X de Constit. (1, 2).

625) Concil. Trid. Sess. XXV, cap. 19 de ref. Ueber älteres Recht: Mejer §. 154 Note 6...9.

626) Walter §. 191. Richter §. 214 Note 11. 12. Mejer §. 154 Note 10.

627) Fletus, auditio, genuflexio, consistentia. Walter KR. §. 191.

628) cap. 48. X de Sent. excomm. (5, 39). Auf Laien angewendet, ist es nur eine Abart des kleinen Bannes.

meisten kirchlichen Functionen für ganze Staaten oder Städte. Seit 1606 ist es in Deutschland nicht wieder versucht worden[629], da seine nächsten Folgen jezt eben so leicht, als die entfernteren schwer zu ermessen sein würden; das hat auch Polen im J. 1862 erfahren müssen.

Die sonstigen Strafen sind:

4) Unfähigkeit zu kirchlichen Functionen, namentlich die Irregularität ex delicto. Nach kanonischem Rechte kan darunter nur die Unfähigkeit zum Erwerb der Weihen verstanden werden (§. 53); für die evangelische Kirche gehört dahin auch die zur Strafe verhängte Unfähigkeit zu Laienämtern, zum Eintrit in das Presbyterium oder in die gröſseren Gemeinde-Ausschüsse.

5) Die Bescholtenheit (infamia, Buch II §. 22), früher ein sehr geläufiges Strafmittel des kanonischen Rechts, dessen Anwendung oder Herbeiführung aber jezt von einigen Landesgesezgebungen ausdrüklich verboten oder durch die Genehmigung des Staats bedingt worden ist[630]. Noch mehr gilt dies von der Intestabilität (Buch II §. 490).

6) Die Versagung des kirchlichen Begräbnisses (§. 201).

7) Geldstrafen, namentlich zu frommen Zwekken[631], zunächst als Zeichen der Reue und als Bedingung der Absolution (§. 231), dann auch wohl als Mittel, andere Strafen abzukaufen[632]. Vermögensconfiscationen wurden von Bonifaz VIII. verordnet[633].

---

629) Die Anwendung in England gegen Johann ohne Land (1208) ist wegen ihrer politischen Folgen welthistorisch geworden. vgl. übrigens Richter §. 215.

630) Preuss. LdR. II, 1, 52. 57. 83...85.

631) cap. 2. 3. X de Poenis (5, 37). Conc. Trid. Sess. XXV cap. 3 de ref.

632) Diese verkehrte Behandlung hatte namentlich die s. g. Hurenbrüche in der älteren evangelischen Consistorialpraxis aufkommen lassen. Jezt sind sie wohl überall verschwunden.

633) cap. 19 de Hereticis in VI° (5, 2).

8) Freiheitstrafen (Relegation und Gefängnis, selbst auf Lebenszeit[634]) sind gegen Laien nicht mehr anwendbar[635].

4. Die Kirchendisciplin gegen Geistliche, Regularen und Kirchenbeamte.

W. Molitor über kanonisches Gerichtsverfahren gegen Kleriker. Mainz 856.

240. So wie die Kirchenzucht gegen die Laien von der Seelsorge ausgeht, und nur in einzelen Fällen einen richterlichen Character annimt, eben so kan sie gegen die Geistlichen im Verwaltungswege beginnen, und erst in schweren Fällen oder in höherer Instanz auf den Rechtsweg hinübergeleitet werden.

Hieraus folgt, dass ein streng und gleichmäſsig geregeltes Verfahren in diesen Disciplinarsachen nicht einzuhalten ist. Als Gegenstände derselben sind aber nicht blos die Verlezungen specifischer Amtspflichten zu betrachten, sondern auch alle die Verlezungen des s. g. decorum clericale (§. 58), welche als Excesse bezeichnet, und bei dem niederen Clerus nach Ermessen des Bischofs bestraft werden[636].

Als besondere Disciplinarstrafen können vorkommen:

1) amtliche Verweise;

2) Geld- oder Ordnungstrafen, namentlich wegen unberechtigter Abwesenheit oder Vernachlässigung des äusseren Geschäftsganges. Dahin gehört in der römischen Kirche auch die einfache suspensio a beneficio[637],

634) cap. 15. §. 1. X de Heret. (5, 7). Von Todesstrafen: cap. 18 de Heret. in VI° (5, 2). cap. 3 Ne clerici in VI° (3, 24).

635) vgl. Preuss. LdR. II, 11 §. 52.

636) Conc. Trid. Sess. XXII, cap. 1 de ref. vgl. Decretal. tit. de uita et honestate clericorum (3, 1). De excessibus praelatorum (X. 5, 31. Sext. Clem. 5, 6).

637) cap. 16 in fi. de Elect. in VI° (1, 6). cap. 1 de Sent. et re iud. in VI° (2, 14).

die aber in der evangelischen, seit dem Verschwinden der Sinecuren (§. 72) immer nur in Verbindung mit einer Amtsentziehung, suspensio ab officio, vorkommen kan.

3) Amtsverhinderungen, in sehr verschiedenen Abstufungen:

a) temporär, als eigentliche Suspension. Auf bestimmte Zeit ausgesprochen, ist sie eine Strafe; auf unbestimmte, kan sie eine Censur sein. In der evangelischen Kirche bleibt sie überwiegend eine provisorische Verwaltungsmaasregel, z. B. während einer obschwebenden Untersuchung[638].

b) definitiv, entweder als Strafversezung[639] oder als gänzliche Beseitigung (remotio). Diese leztere kan, je nach der Schwere des Vergehens, als Entlassung (Demeritirung[640]) oder als förmliche Absezung (Deposition[641]), auch wohl als Cassation bezeichnet werden.

4) Verhinderungen in Beziehung auf die Rechte der Weihe:

a) Die suspensio ab ordine, d. h. das Verbot clericaler Functionen, welches in der evangelischen Kirche wieder, wie in alter Zeit[642], mit jeder Suspensio ab officio zusammenfält;

---

638) vgl. Mejer §. 159. Note 4...9.

639) s. oben §. 135. Für evangelische Geistliche und Lehrer ist sie durch Cabinetsordre v. 27. April 1830 ganz aufgehoben worden.

640) Die blofse Emeritirung (§. 135) kan zwar unfreiwillig, aber nicht als Strafe erfolgen.

641) Mit ihr war ursprünglich die reductio ad communionem laicam, welche jezt mit der Degradation (Note 643) zusammenfält, immer verbunden. can. 7. 8. 13. Dist. 50.

642) can. 32. Dist. 50. Ist dem Bischof ein Vergehen des Geistlichen aussergerichtlich, aber sicher bekant, so darf er zur Suspensio ab ordine ex informata conscientia (§. 315) schreiten. Conc. Trid. Sess. XIV, cap. 1 de ref.

b) die Degradation, wenn der Geistliche, besonders zum Zwecke einer bevorstehenden peinlichen Strafe, aller seiner Standesvorrechte entkleidet wird [643]. Bei der Uebergabe an den weltlichen Arm soll die Kirche um Abwendung der Todesstrafe bitten [644].

5) Gefängnisstrafen, sogar lebenslängliche, in einem Kloster, Seminar oder Correctionshause, auch wohl in Verbindung mit geistlichen Exercitien [645];

6) Körperliche Züchtigung, bei Mönchen und niederen Clerikern [646].

Dass die Anwendung dieser beiden lezten Strafmittel (num. 5. 6) durch die Erlaubnis der Staatsgewalt bedingt ist, versteht sich von selbst. Das preussische Landrecht [647] gestattet nur dem Bischof die Auflage von geistlichen Bufsübungen, von Gefängnis bis zu vier Wochen, so wie von Geldbufsen bis zu 20 Thalern. Das bayerische und österreichische Concordat (art. 12, resp. 11) enthält bei dem Rechte der custodia keine Zeitbeschränkung.

VI. Die Ordnung des Gottesdienstes und der kirchlichen Zeiten.

A. Die Liturgie. Das liturgische Recht.

241. Liturgie, eigentlich der öffentliche Dienst in einem Gemeinwesen, und daher speciell auch die verordnete Thätigkeit in der feierlich versammelten Kirchengemeinde, wird im engsten Sinne von denjenigen Functionen verstanden, die den Mittelpunct dieser gemeinsamen Feier

---

643) vgl. Mejer §. 125 Note 8. Walter §. 191 Note 10...17.

644) cap. 27 X de V. S. (5, 40).

645) can. 7. Dist. 50. can. 2. C. 21 qu. 2. cap. 35 X de Sent. Excomm. (5, 39). Richter KR. §. 218.

646) can. 6. C. 11 qu. 1. can. 1. C. 23 qu. 5. can. 8. Dist. 45.

647) Th. II Tit. 11 §. 124...126. 949. 47. 1066. 67. Das neue Strafgesezbuch schweigt davon.

ausmachen sollen; also von der Messe in der katholischen, von dem Altargebet in der evangelischen Kirche. Sie umfasst aber nicht allein die Thätigkeit des eigentlich fungirenden Geistlichen, sondern zugleich auch die sonstigen Functionen, welche zur Vollständigkeit des feierlichen Actes erfordert werden: die Assistenz anderer Geistlichen, den Chorgesang, die Mitwirkung der Gemeinde durch Antwort, Gebet, Gesang, Aufstehen, Niederknien u. s. w. [648].

Der Eindruk, den diese Dinge auf die Gemeinde zu machen, die andächtige Stimmung, die sie zu wecken bestimmt sind, bleibt aber wesentlich dadurch bedingt, dass sie selber der wahre Ausdruk einer gläubigen Gemütsstimmung seien. Hierauf, und nicht auf die Gleichmäfsigkeit des feierlichen Ritus wird in der evangelischen Kirche das Hauptgewicht gelegt, ohne dass deshalb der hohe Werth dieser Gleichmäfsigkeit oder vielmehr der Nachteil störender Ungleichheiten verkant werden solte [649]. Dass keine Kirche eine absolute Gleichförmigkeit in liturgischen Dingen zu erringen vermogt hat, ist gewiss; allerdings aber ist es der römischen Kirche gelungen, das Meiste was einzelen Orten oder Nationen eigentümlich war, durch die specifisch römischen Formen zu verdrängen [650].

---

648) vgl. Richter KR. §. 243...253. Walter §. 275. 276. 288...293. Mejer §. 130. 131.

649) Es ist also sehr verkehrt, der evangelischen Kirche nachzusagen, dass sie die Gebräuche und die Uebereinstimmung darin für ganz gleichgültig erklärt habe. Je mehr die Conferenzen der deutschen Kirchenregierungen auch nach Einheit und Gleichheit des evangelischen Cultus zu streben fortfahren, um so mehr werden sie des allgemeinen Dankes versichert sein.

650) Der älteste s. g. Ordo romanus, welcher der Zeit Gregor's d. Gr. zugeschrieben wird, ist von Cassander (1561) und Hittorp (1568) herausgegeben worden; eine gröfsere Samlung verschiedener Ordines von Mabillon (1689. 1724). vgl. überhaupt Edm. Martene de antiquis

242. Das so eben Gesagte gilt vor Allem auch von der Sprache des gemeinsamen Gottesdienstes, da sie zwar nicht der einzige, aber doch der vornehmste Ausdruk der Gemütsstimmung bleiben soll; die feierliche Kirchensprache, die in den älteren Kirchen, so wie meist auch bei dem vorchristlichen Cultus den todten Sprachen angehört[651], muss in der evangelischen Kirche immer eine gemeinverständliche bleiben, mithin dem Entwickelungsgange der lebenden Sprache in angemessener Entfernung nachfolgen.

Darin aber stimmen alle christliche Kirchen überein, dass sie an der einmal errungenen Gleichförmigkeit ihrer Liturgien möglichst festhalten, und daher namentlich allen Neuerungen, deren Notwendigkeit nicht klar erkant ist, standhaft widerstreben. Das liturgische Recht, d. h. das Gesezgebungsrecht in liturgischen Dingen, ist bald stillschweigend, bald ausdrüklich in besonders enge Schranken gewiesen worden[652]; und nie würde es unbereuet bleiben, wenn etwa bei der Einführung einer neuen Agende oder eines revidirten Gesangbuches, der unvermeidlich eintretende mehr oder minder nachhaltige Widerspruch, namentlich der von Seiten der Laien, ganz rüksichtlos verachtet worden wäre. Ein bloſses Widerspruchsrecht gegen usuelle liturgische Neuerungen ist weniger bedenklich.

---

ecclesiae ritibus. 736. 37. IV. fol., und über einzelne alte Liturgien die Schriften von Assemani, Mabillon, Muratori und Gerbert. Die jezt geltenden Anweisungen sind enthalten: 1) für die bischöflichen Functionen in dem pontificale romanum (zulezt revidirt 1644) und dem caerimoniale episcoporum (zulezt 1727); 2) für das Pfarramt in dem rituale romanum (1644); 3) für die Messe insbesondere in dem missale romanum, veranlast durch das Concil von Trient, publicirt 1570. 1604.

651) Die altgriechische und die slavonische in der griechischen, die lateinische in der römischen Kirche.

652) s. oben Note 530.

B. Die kirchlichen Zeiten.

243. So gut wie für jeden Cultus gewisse Orte vorzugweise in Anspruch genommen werden, eben so bedarf er besonderer fester Zeitbestimmungen, aus welchen für jede Glaubensgenossenschaft ein besonderer kirchlicher Kalender erwächst; der bürgerliche Kalender kan zwar, wie bei uns (Buch III §. 48. 49), dem kirchlichen sehr genau angepasst sein, wird aber nicht leicht ganz in ihm aufgehen.

Es kan also auch eine besondere Gesezgebung in Ansehung der kirchlichen Zeitbestimmungen geben, die aber, in sofern von wesentlichen Aenderungen die Rede wäre, in der römischen Kirche fast nur dem Papste, in der evangelischen dem landesfürstlichen Kirchenregimente vorbehalten ist.

Unser Kirchenjahr beginnt mit dem ersten Adventssontage. Im Laufe desselben treten als maasgebend besonders hervor:

1) die Sonntage,
2) die hohen Feste,
3) die einfachen Gedächtnistage,
4) die kirchlichen Ruhe- und die Fastenzeiten.

244. Der Sonntag wird in der ganzen Christenheit gemeinsam, und so weit dies mathematisch möglich ist[653], auch gleichzeitig gefeiert. Die alttestamentarische Vorschrift: den Sabbat zu heiligen, ward schon im ersten Jahrhundert auf den christlichen Sonntag übertragen[654],

---

653) Das notwendige Ueberspringen eines Kalendertages ist naturgemäfs auf den am wenigsten bewohnten Theil der Erde, den stillen Ocean, aber bisher noch nicht durchweg auf denselben Längengrad verlegt worden.

654) s. oben §. 9. can. 1. C. XV qu. 4. cap. 1. 3. X de Feriis (2, 9).

wobei auch schon seit Constantin[655] die bürgerlichen Verbote von anderweitigen Geschäften zu Hilfe gekommen sind. Diese gesezlichen Verbote betreffen aber meist nur die Entheiligung des Sonntags durch öffentliche oder lärmende Arbeit, durch offenen Handel oder laute Lustbarkeiten und Raufereien[656]; in Frankreich beschränken sie sich auf die Arbeiten im directen öffentlichen Dienst und auf Strafvollziehungen. (Code pénal 25.) Befreiende Privilegien und ausserordentliche Dispensationen können nie ganz entbehrt werden.

245. Der hohen Kirchenfeste giebt es in der ganzen Christenheit vier: den Tag der Geburt des Erlösers, das Oster-, Pfingst- und Himmelfahrtsfest. Dazu kommen in der katholischen Kirche der Tag der Epiphanie (6. Januar), einige Marientage, und das spät erfundene, aus Lüttich stammende Fronleichnamsfest[657].

Das bürgerliche Recht hat überall den Weihnachts- und fast überall auch den Himmelfahrtstag mit unter die Sontagsgesezgebung bezogen, was sich bei dem Oster- und Pfingstfeste schon von selbst verstand. Der vollen Ausdehnung dieser Geseze auf den zweiten oder gar auf einen dritten Festtag, von der man in England nichts weis, treten aber manche nicht immer genug erwogene Bedenken entgegen.

---

655) const. 1. Theod. de Feriis (2, 8). c. 3. Just. eod. (3, 12). Emancipationen, Manumissionen und Feldarbeiten waren ausdrüklich von diesem Verbot ausgenommen.

656) vgl. Richter §. 253. Mejer §. 132. Walter §. 292. Auch von Kirchenschläfern ist in diesen Gesezen mitunter die Rede. Moser Kblat 1855 S. 467.

657) Fron = Dominus, also gleichbedeutend mit festum corporis domini. Dasselbe datirt sich von Urban IV. im J. 1264, und Clemens V. im J. 1311. Gieseler Kirchengeschichte Bd. II §. 77 Note o. p. q.

Der bloſsen Gedächtnistage für die Apostel, die Märtyrer und Heiligen, auch wohl für einzelne Seliggesprochene, und für locale Ereignisse, haben mehrere auf denselben Kalendertag zusammengelegt werden müssen, weil sie die Zahl der Jahrestage übersteigen. Ihre gröſsere oder geringere Bedeutung hat oft nach Zeit und Ort gewechselt[658], doch ist die Feier des Peter- und Pauls- und des Allerheiligentages von der römischen Kirche überall besonders ausgezeichnet worden. An diese Varietäten knüpft sich ferner der Unterschied der gebotenen und der freien Feiertage. — Die evangelische Kirche ist ganz in ihrem Rechte, wenn sie dem Andenken ihrer besonderen Zeugen und Märtyrer eine gleiche Ehre zu erweisen sucht; nur wird es am rechten Erfolge fehlen, so lange nicht zugleich eine gewisse Uebereinstimmung unter den einzelen Landeskirchen erzielt wird. Eben dies galt auch bisher schon von den landesgesezlich verordneten Buſstagen.

246. Als besondere Ruhezeiten muss die Kirche diejenigen in Anspruch nehmen, welche zur Vorbereitung zu den festlichen Tagen oder zur Erinnerung an die Leidensgeschichte des Heilands bestimmt sind. Dahin gehören:

1) die Vorabende der Festtage. So lange die jüdische Sitte, den Tag von Abend zu Abend zu berechnen, auch in der Kirche Geltung hatte, gehörte die eigentliche „Vespera" schon mit in den Festtag hinein[659]; später ward sie eine Zugabe zu demselben.

---

658) vgl. can. 2. C. XV qu. 4. cap. 5 X de Feris (2, 9). — Jacobson in Herzogs Real-Encyclopädie s. v. „Kirchliche Feste". Mejer §. 132 Note 1. 2.

659) So wolte es noch das Mainzer Concil vom J. 813, und danach Gregor IX, cap. 1 X de Feriis (2, 9). Die bürgerliche Gesezgebung würde durch Wiederanwendung dieser Berechnung auf die Sonntagsfeier, und durch Abschluss der

2) Der Freitag, als der Gedächtnistag an den Tod des Erlösers.

3) Die grofse vierzig (46)tägige Fasten- oder Passionszeit, Quadragesima, vor Ostern, und zugleich mit dieser ganz besonders die Charwoche.

4) die Adventszeit vor Weihnachten.

Die evangelische Kirche hat die besondere Bedeutung des Freitags auf den Charfreitag, und die Fastenzeit meist auf die Charwoche concentrirt; während in der katholischen, nach jüdischem Vorbilde, noch vier besondere Jahrestage, die Quatember, hinzukommen. Die Fastengebote, welche in der griechischen Kirche einen monströsen Character angenommen haben, sind in der römischen durch mancherlei Ausnahmen, so wie durch den Unterschied von eigentlichen Fasten und Abstinenz sehr gemildert worden[660]. In der evangelischen Kirche ist an die Stelle des Fastengebots nur eine Ermahnung zu freier Enthaltsamkeit[661] und das Verbot geräuschvoller Festlichkeiten, namentlich des Hochzeitsgeräusches und der Hochzeitschmäuse getreten. Dies leztere ist in beiden Kirchen die Bedeutung der s. g. geschlossenen Zeiten, tempora clausa[662], die sich jedoch nicht überall auf Hochzeitverbote beschränken[663].

C. Die Sacramente und die Sacramentalien.

247. Die besonderen, von dem Erlöser eingesezten, und von der Kirche unter dem Namen der Sacramente

---

lezteren mit dem Abend, sich manchen Conflict mit unabweislichen Ansprüchen des physischen Lebens ersparen.

660) Richter §. 290. Mejer §. 132 Num. 4. Walter §. 290.

661) Aug. Conf. tit. V. art. 26. Apolog. art. 8. Art. Smalk. III, 15. Jacobson a. a. O. S. 339.

662) vgl. Concil. Trid. Sess. XXIV, can. 11 de matrimon. cap. 10 de ref. matrim. Richter KR. §. 279 Note 20. 21. §. 290 Mejer §. 141 num. 2.

663) s. Kliefoths Bericht an die Eisenacher Kirchenconferenz, in Moser's Kirchenblat 1857. S. 325...328.

(μυστήρια) verehrten Gnadenmittel, deren in den beiden katholischen Kirchen jetzt sieben[664], in der evangelischen zwei (Taufe und Abendmal) anerkant werden, bilden insofern keinen eigentlichen Bestandteil der Liturgie, als sie auch unabhängig von der öffentlichen Feier des Gottesdienstes gespendet werden können. Für das Kirchenrecht aber kommen sie nur insofern in Betracht, als einerseits der Clerus nur unter gewissen Voraussezungen berechtiget ist, die Sacramente darzureichen oder zu versagen, andererseits aber einigen Sacramenten auch bleibende Wirkungen zugeschrieben werden, deren Eintrit durch die rechtliche Gültigkeit der vorgenommenen Handlung bedingt bleibt.

Von der ersten Frage ist schon allgemein bei der Kirchenzucht (§. 234...36) und speciell bei der Taufe (§. 32 ff.), der Firmelung (§. 41. 42), der Priesterweihe (§. 52 ff.) und der Ehe (Buch III, §. 117. 134) die Rede gewesen.

Die zweite Frage betrift den character indelebilis, welcher der Taufe, und bei den Katholiken der Firmung, Ordination und gewissermassen der Ehe zugeschrieben wird, und deshalb die Wiederholung dieses Sacramentes bei derselben Person ausschliest[665]. Als Bedingung jener Wirkung wird aber erfordert: 1) die materia sacramenti, d. h. die äusserliche Handlung, welche bei der Ehe erst durch Consummation derselben vollendet

---

664) Taufe, Firmung, Abendmal, Bufse, lezte Oelung, Priesterweihe und Ehe. Conc. Trid. Sess. VII. pr. et can. 1 de sacram. in genere. Ueber ältere abweichende Zählungen vgl. can. 84. C. I qu. 1. Gieseler Kirchengeschichte Bd. II, §. 77 Note r ff.

665) Bei der Ehe ist nur die Wiederholung der Benediction für den Wiederheiratenden ausgeschlossen (cap. 1. 3. X de Secundis nuptiis (4, 21), die aber in älterer Zeit für identisch mit dem Sacrament genommen wurde. Canon Nicaenus 7. Synod. Salamant. 11 u. a. m. s. Uhrig Eherecht S. 230...232. 613. 614. Das Concil von Trient Sess. VII c. 9 schweigt von der Ehe in dieser Beziehung.

wird[666]; 2) die forma sacramenti, d. h. die Worte, welche den Sinn der Handlung ausdrücken; 3) der minister sacramenti, d. h. die zur Vollziehung befähigte Person des Bischofs, des Pfarrers, bei der Nottaufe auch des Laien[667].

248. Die Sacramentalien, d. h. feierliche Salbungen, Besprengungen, Weihungen oder Segnungen ohne innerliche Heiligung, welche an Menschen, Thieren oder leblosen Dingen vollzogen werden[668], liegen an sich noch mehr auch ausserhalb des Rechtsgebiets. Doch können sie dieses leztere berühren, teils wenn Das, was allgemein üblich ist, einem Einzelen auf kränkende Weise versagt wird, theils auch, wenn der Misbrauch solcher Cärimonien einer Profanation zu gleichen scheint. Der erste Fall kan namentlich bei der, auch in der evangelischen Kirche nicht unbekanten Aussegnung der Wöchnerinnen eintreten, wenn sie zu einer Waffe gegen die gemischten Ehen benuzt wird; der zweite bei der Anwendung heiliger Gebräuche auf das Vieh und auf vergängliche Habe, wenn sie dem Aberglauben und dem Trödelhandel mit s. g. geweiheten Dingen Vorschub leisten müssen. Verbote dawider gab es bisher in Oesterreich[669], so weit das Rituale romanum überschritten wurde; eben so nötig wären sie in Rom selber, wenigstens für Tage wie den der Pferde- und Eselweihe, den 17ten Januar.

VII. Das kirchliche Unterrichtswesen[670].

249. Es ist schon früher (§. 15) gezeigt worden, dass die Schule ein gemeinsames Feld der Wirksamkeit

666) Uhrig Eherecht S. 236...239. 741...760.

667) s. überhaupt Richter §. 254 ff. Mejer §. 130 num. 4. 5. Walter §. 273.

668) s. oben §. 164. Richter §. 287. Walter §. 274.

669) Hofdecrete vom 5. März. 28. April 1784, im Codex Josephinus Th. II, S. 108. 134.

670) Richter §. 283. 284. Mejer §. 134. Walter §. 201...203. 336...340.

für Staat und Kirche bildet, auf dem es daher auch an Conflicten nicht ganz fehlen kan. Waren es anomale Zeiten, in denen die Kirche fast allein der Pflichten des Lehramts gedachte, so würden sie doch noch anomaler sein, wenn dieselbe sich dieses Amt gänzlich entwinden liesse[671]. Eben so darf aber auch der Staat selbst bei der Ausbildung der künftigen Geistlichen nicht unbeteiligt bleiben, wenn er ihnen künftig auch solche Functionen anvertrauen soll, die mit weltlicher Verwaltung des Staats oder der Gemeinden zusammenhangen.

250. Den weitesten Kreis der kirchlichen Lehrthätigkeit bilden die niederen Volks- oder Elementarschulen, welche eben deshalb in der Regel zugleich Parochialschulen sein sollen. Zwar können wegen ausserordentlicher Umstände auch besondere Schulsocietäten oder Schulgemeinden, sogar mit corporativen Rechten, gebildet werden (Note 357); aber zum Schulvorstande wird auch dann, neben der Ortsobrigkeit, der Pfarrer, wo möglich unterstützt von anderen Mitgliedern des Presbyteriums, immer gehören müssen. Die nächste höhere Behörde für mehrere Pfarrschulen bildet dann eben so naturgemäfs, neben der weltlichen Bezirksbehörde, der Landdechant oder der evangelische Superintendent.

Einer gewissen kirchlichen Mitaufsicht müssen aber auch die Privatelementarschulen und die einzelen Elementarlehrer unterliegen, schon darum, weil die von Staatswegen eingeführte Schulpflichtigkeit der Kinder nur darauf berechnet sein darf, denselben irgend eine Art von aufsichtsmäfsigem Unterrichte zu sichern[672].

---

671) Auch das preussische Landrecht II, 12 §. 1...53 hat dies in beschränkter Weise anerkant. Viel entschiedener wird aber der Anteil der Kirche am Schulwesen wieder hergestellt in den drei ministeriellen Schulregulativen für Preussen vom 1. 2. 3. Oct. 1854, über Einrichtung des evangelischen Seminar-Präparanden- und Elementar-Unterrichts.

672) Das Ende der Schulpflichtigkeit pflegt zwischen dem 12ten

Wer aber aus diesem Grunde allein auch in confessionell gemischten Gegenden alle gemischten Elementarschulen unbedingt verbannen wolte, der könte manche schwere Verantwortung auf sich laden. So wie die Zustände bei uns einmal sind, darf selbst die Parochialschule sich ihres bürgerlichen Charakters in so weit nicht entäussern, dass sie nicht im Notfalle jedem Schüler des Ortes geöfnet bliebe, ohne für ihn zur confessionellen Zwangsanstalt zu werden[673]. Nur die eigentlichen Simultanschulen, d. h. diejenigen, bei welchen die beiden christlichen Confessionen in dem Lehrerpersonal vertreten sein müssen, und insbesondere die paritätischen Schulen, bei welchen diese Vertretung mit völliger Rechtsgleichheit verbunden sein soll, sind mit dem Elentarschulwesen schwer zu vereinigen[674].

251. Noch weniger kan es eines exclusiv confessionellen Charakters für die besonderen Fachschulen und für die zu wissenschaftlicher Ausbildung bestimmten Gymnasien bedürfen, obwohl auch bei ihnen der Religionsunterricht sich der kirchlichen Oberleitung und Oberaufsicht nicht entziehen darf. Dieselbe pflegt, in Gemeinschaft mit den Provinzialregierungsbehörden, den Bischöfen oder Consistorien überwiesen zu sein.

Dass auch die Universitäten, so viel die theologischen Facultäten betrift, sich dem Einflusse der Kirche nicht ganz entfremden dürfen, das bedarf keiner besonderen Ausfüh-

---

und 16ten Jahre einzutreten; mitunter so, dass sie in der lezten Zeit auf den Besuch einer Sonntagschule beschränkt bleibt. Die Interessen der evangelischen Kirche sind sehr gefährdet, wenn die Schulpflichtigkeit vor dem confirmationsfähigen Alter (§. 41) aufhört, was freilich bei dem heutigen Fabrikwesen nicht immer zu verhindern ist.

673) Preuss. LdR. II, 12 §. 10. 11.

674) Nur diese solten in Preussen schon seit einer Cabinetsordre vom 4. Oct. 1821 nicht mehr begünstiget werden.

rung[675]. Ganz unconfessionell können demnach nur solche Lehranstalten bleiben, die nur für specielle ausserkirchliche Zweige des Wissens und nicht zugleich für die Erziehung des Lernenden bestimmt sind.

Uebrigens ist auch da, wo der ausdrükliche Wille des Stifters zu confessionellen Rüksichten nötiget, doch die Verwendung anderweitiger Zuschüsse in anderer Weise, namentlich bei der temporären Anstellung eines Hilflehrers, dadurch nicht ausgeschlossen. Soll der Anstalt nur ein überwiegend confessioneller Charakter erhalten werden, so wird dies hauptsächlich bei der Wahl des Directors entscheiden müssen.

Dem katholischen Clerus gegenüber können solche Limitationen um so notwendiger werden, als ihm überdies meist noch durch Zusicherung besonderer Priesterseminarien für jede Diöcese die Bürgschaft eines durchaus homogenen Nachwuchses gegeben ist[676], und als selbst die Verbote, die nach allgemeinen Erfahrungen gegen die Verwendung des Jesuitenordens für die Unterrichtszwecke ergehen musten, hier zurükgenommen, dort verachtet, wenn nicht verspottet werden. Sie werden wieder in Kraft treten — ob ohne Kämpfe, das ist eine andere Frage[677].

675) Bei dem Kirchenrechte ist schon seiner zwiefachen Bedeutung (§. 1. 13 ff.) wegen, auch die entgegengesezte Auffassung mindestens gleich berechtiget. Vielleicht wird in der nächsten Zeit noch oft daran zu erinnern sein, dass Kirchenrecht und kanonisches Recht nicht identisch sind.

676) Walter KR. §. 201...203. Richter §. 300.

677) Die Folgen des österreichischen Concordates (art. 5. 8. 17 und der dazu gehörigen Rauscher'schen Artikel 1...8) in diesem Punkte hatten nicht auf sich warten lassen. Die Verzweiflung über die Erdrückung der evangelischen Gymnasien in Ungarn, die Enttäuschung der Evangelischen in Wien, die selbst aus der hauptsächlich von ihnen gestifteten Handelsakademie die evangelischen Lehrer ausgestofsen sahen, — sie dürfen erst dann ganz vergessen werden, wenn das Concordat vollständig begraben ist.

252. Dass die Kirche mit ihrer Lehrthätigkeit auch den Kampf gegen die Ausbreitung des Irrglaubens und der Sünde, namentlich durch Bücher und Bilder, nicht scheuen darf, versteht sich von selbst. Die römische Kirche hat in dieser Richtung nicht nur die Büchercensur einer besonderen congregatio indicis übertragen[678], sondern sich auch in den Concordaten einer Mitwirkung der weltlichen Obrigkeit gegen die ihr feindlichen Lehren zu versichern gesucht[679]. Wo aber dies in Deutschland zu einer Verlezung der bundesgesezlichen Parität beider Confessionen und zu einer Beschränkung der selbständigen Darstellung und Entwickelung des evangelischen Lehrbegrifs führ etad, hätte der Bundestag seiner Verpflichtung entsprechen sollen, die bestehende Bundesverfassung vor solchen Eingriffen zu schüzen. Jezt werden die Landesverfassungen dergleichen Verträge nicht mehr zulassen.

Die evangelische Kirche pflegt ihre directen Einschreitungen im Ganzen nur gegen die Ausbreitung unevangelischer Lehren von Seiten ihrer eigenen Diener und Lehrer zu richten. So wenig dies im Princip zu beanstanden ist, so muss doch leider jezt auch wieder daran erinnert werden, dass nicht Alles, was über den Buchstaben der symbolischen Bücher hinausgeht, schon darum allein unevangelisch ist, und dass diese lezteren selber, indem sie die höhere Geltung des Evangeliums und die Möglichkeit einer weiteren Entwickelung der Bekentnisse ausdrüklich anerkanten[680], auch die freiere Forschung innerhalb der Kirche, namentlich von Seiten der akademischen Theologen, nicht verbieten konten.

---

678) Oben §. 94. Der erste index librorum prohibitorum ist vom J. 1557. vgl. Bangen die römische Curie S. 124 ff.

679) Baier. Concord. art. 13. Oesterreich. Concord. art. 9. 16 und Rauscher'sche Artikel art. 9. vgl. Richter KR. §. 240. Note 6. Böhmer I. E. P. lib. tit. V. 7.

680) Formula Concordiae Pars I, prooem. art. 1. 2. 7. vgl. oben §. 10...12.

VIII. Die kirchliche Armen- und Krankenpflege[681].

253. Eine Kirche ohne Liebeswerke wäre keine christliche Kirche mehr; selbst die gesamte Lehrthätigkeit in der Kirche soll ja eigentlich als Liebesdienst aufgefasst und nur darum von den übrigen Liebeswerken gesondert werden, weil die Gabe des Lehrens nicht so allgemein verbreitet ist, wie die Mittel zu geben und der leiblichen Not der Brüder zu pflegen[682]. Die Ordnungen der Kirche aber dürfen dabei nicht auf blos numerische Vermehrung der Liebeswerke hinwirken; sie müssen ihnen den Charakter und dasjenige Maas zu geben suchen, wodurch ihnen der rechte Erfolg und der nötige Einklang mit den Staatsanstalten für Armenpflege gesichert werden kan.

An und für sich sind diese Staatsanstalten eben so notwendig, aber sie beruhen auf einem ganz anderen Grunde. Sie kämpfen mit der leiblichen Not, weil diese dem bürgerlichen Gemeinleben als ein Feind gegenübersteht, dessen Vertilgung, wenn auch unerreichbar, doch immer anzustreben ist[683]; die Kirche dagegen erblikt in dieser Not oft nur das Symptom von gröfseren geistigen Schäden, oft auch ein willkommenes Mittel diese lezteren zu heilen. Ja die katholische Kirche hat sich, indem sie bei der Armen- und Krankenpflege zunächst nur das Heil des Pflegers im Auge hatte, auch den verdienten Vorwurf zugezogen, dass sie diese Uebel künstlich vermehre; und die evangelische kan eben so wenig sich rühmen, ihre wahre Auf-

681) Mejer §. 129. Walter 328. 329. Moser's Kblat 1862 S. 17...54. 121...175.

682) Matth. XXV, 34...40. Acta Apost. VI, 1...4.

683) „Extinction de la mendicité", war das Ideal der napoleonischen Armengesezgebung. — Sehr zu beherzigen sind die von der Eisenacher Conferenz im J. 1861 und 1865 gebilligten Grundsäze über kirchliche Armenpflege und ihr Verhältnis zur bürgerlichen. vgl. Amtsblat des Consistoriums zu Coblenz, 21. März 1866.

gabe immer so richtig erkant zu haben, wie etwa neuerdings in dem Prinzip der inneren Mission[684]. Zwar mag auch dieses Institut, wenn es der nötigen Zucht und Strenge vergafs, wohl schon einmal wieder zur Pflanzschule der Arbeitscheu oder des Hochmuts geworden sein; immer hat es doch die Verblendung beseitiget, als sei hier überhaupt nur eine Aufgabe der Armen- und Medicinal-Polizei zu lösen.

254. Zweierlei hat die Kirche bei ihrer öffentlichen Armenpflege in's Auge zu fassen: die nötigen Organe und die materiellen Mittel.

Die Organe muss jede Gemeinde aus ihrer Mitte stellen: es sind die Diaconen und Diaconissen[685], deren Abbild sich oft auch unter anderen Benennungen, als Armenvätern, barmherzigen Schwestern u. s. w. wieder findet.

Die Unterstüzungsmittel können nicht wohl aus laufenden Collecten allein entnommen werden, wenn sie in einer stetigen Weise verwendet werden sollen. So war es begreiflich, dass aus dem ursprünglich für die Armenpflege angewiesenen Viertel aller kirchlichen Einkünfte (§. 183) allmählig besondere Capitalbestände gebildet und nur die Pacht- oder Zins-Erträge derselben noch als verwendbar betrachtet wurden. Eben so nahe lag es aber auch, dass diese milden Stiftungen, die nur in dem Diöcesanverbande, und nicht in den einzelen Gemeinden wurzelten, sich mehr zu abgesonderten Vermögenssubjecten entwickelten (§. 169), und darum auch der Anziehungskraft des

---

684) Wichern, Nothstände der protestant. Kirche und die innere Mission. 844.

685) Acta Apost. VI, 1...4. Röm. XVI, 1. I Timoth. III, 8...13. vgl. oben §. 70. 93. 143. 146. Aktenstücke des Oberkirchenraths zu Berlin Bd. III, Lief. I, S. 9...12. Lief. II. S. 79...210. Bd. IV, S. 156...205.

Staates nicht mehr entgehen konten, als dieser die Armenpflege selbständig in die Hand nahm. Es war nur die Spize dieser einseitigen Richtung, die in Frankreich durch Gesez vom 27. Nov. 1796 die bureaux de bienfaisance entstehen lies, welche später sämtliche capitalisirte Armenfonds, die s. g. Bursen [686], ja sogar die kirchlichen Collectengelder (Klingelbeutel, Armenstok u. dgl.) in Anspruch nehmen konten, wenn man nicht vorwenden wolte, dass sie zu Cultusbedürfnissen der Kirche bestimmt seien [687]. Dahin war es in der preussischen Gesezgebung nie gekommen; das Landrecht bestätigt vielmehr dem Vermögen aller Armen- und Versorgungsanstalten die Rechte der Kirchengüter [688]. Für die Rheinprovinz aber mag es genügen, wenn jene Decrete für die Zukunft beseitiget werden [689]; die einmal bestehenden gemischten Armenfonds können höchstens wieder zu halbkirchlichen Vermögenssubjecten, etwa wie die Schulfonds (§. 170)

---

286) Hermens III, 282.

687) Decrete vom 25. Mai 1803 (Hermens II, 450), 12. Sept. 1806 (H. IV, 710), und 30. Dec. 1809 art. 36. 75 (H. II, 428. 448). Wurden diese Decrete buchstäblich ausgeführt, so war es rein illusorisch, dass die organischen Artikel des J. 1801 (oben Note 186) auch den katholischen Conseils de fabrique eine Armenpflege zugedacht hatten. So nimt es auch Merlin répertoire (1807) s. v. aumône. Es war vergeblich, wenn im J. 1806 der Graf Portalis beantragte, der Wohlthätigkeit keine beengende Schranken zu sezen. Hermens IV, 372...375. — vgl. Watteville législation charitable. ed. III, 849, und Code de l'administration charitable. ed. II. 847.

688) Preuss. LdR. II, 19 §. 42. 43. vgl. übrigens Simon preuss. Staatsrecht Th. II, S. 606...637.

689) Indirect ist dies bereits geschehen durch die rheinisch-westfälische Kirchenordnung §. 14 g. 17. 147 und Zusaz 10, und ausdrüklich für den Regierungsbezirk Düsseldorf durch Königliche Cabinetsordre vom 21. Mai 1823. (Hermens IV, 929. 930).

gemacht werden, zumal da sie auch confessionell gemischt sind, und jede weitere Auseinandersezung den politischen wie den confessionellen Frieden gefährden würde[690].

In solchen Fällen aber hat die Kirche sich doppelt zu hüten:

dass sie nicht allzu juristisch werde.

690) In dem katholischen Belgien hat bekantlich im Jahre 1857 der Streit um diese Institution das Ministerium gestürzt.

Nachwort, 3. November 1868.

Der Druk dieses Buches war seinem Ende sehr nahe, als die dritte Auflage von Mejer's Lehrbuch des deutschen Kirchenrechts (Erste Hälfte) erschien. Leider bleibt mir nur die Gelegenheit, das Buch noch nennen zu können; es zu benuzen, war nicht mehr möglich.

Register

mit Angabe der Paragraphenzahlen.

Druck von Carl Georgi in Bonn.